KB236317

부처를 만나면
부처를 죽여라

부처를 만나면 부처를 죽여라

초판 1쇄 발행 | 2004년 10월 1일
초판 4쇄 발행 | 2005년 4월 20일

지은이 | 도법
펴낸이 | 김도영
펴낸곳 | 도서출판 아름다운 인연

편집장 | 문종남
책임편집 | 양수정
마케팅 | 이경대

출판등록 | 제 300-2003-120호
등록일자 | 2003년 7월 3일
주소 | 서울시 종로구 견지동 45번지
전화 | 02 · 2011 · 1880~1
팩스 | 02 · 720 · 6019
E-mail | inyeon@buddhism.or.kr

ⓒ 2004, 도법
ISBN 89-955178-2-4, 03220

값 11,000원

부처를 만나면 부처를 죽여라

도 법 지음

아름다운인연

책머리에

"조실 스님! 어떤 것이 불법의 참뜻입니까?"

"뜰 앞의 잣나무이니라."

천 수백 년 전에 있었던 조주 스님과 수행납자의 선문답이다. 오늘은 선이나 화두의 입장이 아니고 역사의 관점에서 그 의미를 짚어 보고자 한다.

조주 스님 당시에는 이미 모든 불교사상이 중국 땅에 뿌리 내리고 꽃피워진 때이다. 불법의 정신이 당시 사회의 문화로 자리잡았었다. 연기, 중도 등의 불교용어들이 일상적 상식이 되어 있었다. 그런데 불교의 문외한도 아닌 전문 수행자가 불법의 참뜻을 진지하게 묻고 있다. 사무치는 까닭이 있지 않고선 나올 수 없는 물음이다. 뭔가 심상치 않다. 그 이유가 무엇일까?

일반적으로 선문답을 중국불교만의 특징 또는 선불교만의 위대성이라고 한다. 물론 선에 대한 일반적 관점을 부정하지 않는다. 하지만 선만의 특징과 위대성이라고 단정해 버리기에는 뭔가 석연치 않다.

당시 중국 땅에는 중중무진연기론도, 일심진여론도, 선불교의 돈점론도 넘쳐나고 있었다. 염불, 관법, 참선 등 온갖 수행론들이 다양하게 펼쳐지고 있었다. 그럼에도 불구하고 인생의 의문이 풀리지 않는다. 불교이론은 화려한데 사회적 고통과 중생들의 신음 소리는 절절하다. 수행론은 무수한데 수행자와 대중들의 회의와 방황은 끝이 보이지 않는다. 숨막히는 막다른 골목이다. 스승에게 묻는 일 말고 할 수 있는 일이 무엇이겠는가.

"조실 스님, 지금 매우 답답합니다. 가슴이 시원해지는 참된 진리란 어떤 것입니까?"

고뇌하던 수행자가 절규하듯이 내던진 물음이다. 사실 수행자의 절실한 물음은 특정인에게 국한되지 않는다. 양심적인 수행자라면 어느 시대 누구에게서나 나올 수 있는 공통적인 문제의식이다. 중국불교만의 특징이거나 선불교만의 위대성이라고 할 수 없다.

역사적 진실은 참선 수행자들이 그랬듯이 대승보살들이 그랬고, 고타마 붓다도 그랬었다. 붓다의 중도 선언, 보살의 대승 천명, 조사의 선불교 주창, 한국불교의 결사운동 등이 모두 다 한결같은 문제의식의 결과들이다.

우리가 구법의 길을 걷는 이유가 무엇인가.
진리를 추구하는 까닭이 어디에 있는 것인가.

삶의 문제에 대한 올바른 해답을 얻고자 함이다. 먼 훗날이 아닌 지금 이 순간 삶에 대해 눈뜨고자 함이다. 다른 곳이 아닌 지금 여기에서 고통으로부터 해탈하고자 함인 것이다.

불법이란 무엇인가.

바로 지금 존재의 실상에 대한 무지의 눈을 뜨게 하는 진리이다. 서 있는 그 자리에서 인생고로부터 해탈케 하는 큰 길이다.

일찍이 살인마 앙굴리말라는 붓다의 가르침을 듣고 바로 그 순간 진리의 눈을 떴다. 고뇌를 안고 행각하던 혜가는 달마의 법문을 듣고 바로 그 자리에서 편안해졌다. '지금 여기' 라는 진리의 현장성이 선명하게 드러난 좋은 예이다. 지금 이 순간이라는 진리의 역동성을 잘 보여주고 있다.

그 어떤 진리의 이론도 구체적 삶으로 이루어지지 않는 한 부질없는 관념의 유희에 불과하다. 지금 이 순간을 벗어난 진리는 이미 진리가 아니다. 진리란 지금 여기를 떠나 특별한 곳에 존재하는 신비한 무엇을 뜻하지 않는다. 참된 진리는 언제나 구체적인 삶의 현장에 함께하고 있다.

부처님은 분명하고 확고하게 말씀하셨다.

"진리란 매우 구체적이고 현실적이다. 나의 가르침은 지금 바로 볼 수 있고 실현되고 증명되는 것이다."

진리의 실천이란 언제나 지금 바로 볼 수 있고 실현되고 증명되도록 하는 것을 말한다.

매순간 일상적 삶으로 실현되지 않는 불교란 이미 관념화된 불교임을 의미한다. 연기, 중도의 진리가 구체적 삶이 되지 않는 것은 불교를 추상적으로 다루고 있음을 뜻한다.

그 귀결은 불을 보듯 명확하다. 관념화된 불교는 삶을 더욱 왜곡시킨다. 불교를 추상적으로 다루면 모순과 혼란이 더욱 확대된다. 혼신의 노력을 기울이지만 문제가 더욱 복잡해지고 어려워진다. 삶의 문제를 해결하고 삶의 질을 향상시키는 데 전혀 도움이 되지 않는다.

역사적 사실을 짚어 보자. 부처님에 의해 설파된 진리인 연기중도론이 세월과 함께 관념화되었다. 진리에 대한 왜곡이 나날이 심화되어 갔다. 모순과 혼란, 갈등과 대립이 확대 생산되어갔다.

현실을 직시하는 뜻있는 수행자들이 문제의식을 갖게 되었다. 뭔가 바른 모색이 절실했다. '불교가 구체적 삶으로 실현되도록 하는 중도의 정신을 회복해야 한다. 법의 논리가 일상적인 삶이 되도록 하는 중도의 길을 되살려야 한다.' 뼈를 깎는 문제의식들이 모여 천명된 것이 바로 보살의 대승불교 선언이다.

인간의 한계인가, 역사의 아이러니인가.

보살들에 의해 천명된 대승불교도 세월과 함께 관념화되어 갔다.

동체대비同體大悲의 보살도 정신도 추상적으로 다루어졌다. 마찬가지로 모순과 혼란, 갈등과 대립이 끝날 기미가 보이지 않는다. 현실을 직시한 양심적 수행납자들의 고뇌가 날로 깊어갔다. '대승불교의 본래 정신을 되찾아야 한다. 진리실현의 길인 보살도를 오늘에 살려내야 한다.' 절실하고도 치열한 문제의식들이 모여 이루어진 것이 바로 수행자들의 선불교 선언이다.

사회적 혼란과 대중들의 고통이 위험수위를 넘어서고 있다. 한국불교의 모순과 세속화 현상이 심화되고 있다. 수행자의 불성실과 무력함, 회의와 방황이 길어지고 있다. 길이 보이지 않는다. 천년 전 수행자들처럼 온몸으로 물음을 던지는 것 말고 달리 길이 보이지 않는다.

이 책은 천년 전 참선 수행자들의 문제의식에 뿌리가 닿아 있다. 심장이 찢기는 아픔으로 쏟아낸 수행자의 절절한 신앙고백이다. 숨막히는 답답함을 어찌하지 못하여 토해낸 한국불교의 하소연이다.

관념화된 이론으로서의 자타불이自他不二가 아니고 온 세상의 아픔을 자기 아픔으로 끌어안는 동체대비의 삶을 수행자의 삶이 되게 하고자 하는 간절한 염원이다. 추상적으로 다루어지는 깨달음이 아니고, 구체적으로 역사의 방향을 바르게 이끌어가는 대비원력의 삶을 한국불교의 살림이 되게 하고자 하는 끝없는 서원이다. 부처님 생애의 거울에 오늘의 자신과 한국불교의 현실을 비추어 보고 나아갈 방향을 찾고자 하는 순수한 몸짓이다.

벌써 십 수년 전의 일이다.

불교 잘 해보자는 뜻으로 도반들이 만났다. 중 노릇 제대로 해보자는 마음으로 대중결사 운동인 선우도량이 만들어졌다. 순수하고 뜨거운 열정들이 모여 첫 문을 연 일이 좌선정진과 부처님 생애의 공부를 함께 하는 것이었다. 좌선하는 여가 여가에 우리 자신을 비추어 볼 부처님 생애를 주제로 대화하고 토론하는 수행을 시작했다. 처음 하는 일이어서 의도한 만큼 잘 되지 않았다. 세월과 함께 흐지부지 되어 갔다. 어느 날 돌아보니 혼자 남아 있었다. 짐을 내려 놓고 싶었지만 왠지 내려 놓을 수가 없었다. 어쩔 수 없이 부처님 생애라는 주제를 짊어지고 끙끙거리며 오늘까지 왔다.

인연이 성숙했음인지 책을 만들게 되었다. 선우도량, 인드라망생명공동체, 도서출판 아름다운 인연 식구들의 수고가 많았다. 오늘의 인연이 더 좋은 인연으로 꽃피워지길 비는 마음 간절하다.

끝으로 살아온 날들을 돌아보며 두 손 모아 어머님과 은사 스님께 이 책을 공양 올린다.

마하반야바라밀

실상사 화림원에서 　道 法

차례

誕生
제1장
싯다르타의 탄생

1. 싯다르타의 탄생을 공부하는 우리의 입장

　절밥 먹고 살아온 세월이 삼십여 년을 훌쩍 넘어섰다. 출가장부의 길을 가기 위해 세속적 이상과 인연들을 돌아보지 않겠노라고 삼보전에 굳게 다짐했었다. 여래의 진실한 뜻을 분명하게 터득하려는 간절한 염원으로 경전을 붙잡고 밤을 지새웠다. 부처가 되겠노라는 높은 이상을 안고 도량을 넘나들며 뼈아프게 몸부림쳤다. 본래면목을 밝혀 내어 대자유의 삶을 살겠노라는 하늘을 뚫을 기개로 선방에 앉아 화두와 씨름했다. 역사의 문제, 중생의 고통을 해결하기 위해 허공계가 다하고 중생계가 다할 때까지 보현행자의 길을 가겠노라는 결연함으로 산중에 머물며 비원의 불꽃을 태웠다.

　언제나 처음 마음과 열정은 아름답고 뜨겁다. 그런데 아름답고 뜨거웠던 첫 마음과 열정은 오늘 어떤 모습을 하고 있는가. 멋진 이상과 의연한 용기는 지금 어떻게 되었는가. 삼십여 년 세월의 끝자락에 서서 지난 세월을 되짚어 본다. 가슴 한 구석이 허전하다. 무언가 부족하고 안타까운 회한이 남는다. 돌아갈 수 없는 세월을 붙잡고 끙끙거려 보아야 헛수고일 터이다. 길은 하나밖에 없다. 염치, 체면 모두 접어 놓고 처음 마음으로 다시 시작하는 것이다.

무엇이 문제일까? 털끝만큼이라도 어긋나면 하늘과 땅만큼 차이가 벌어진다는 말이 있다. 첫걸음에 오류가 있었다. 젊음의 패기와 열정에 휩싸여 첫걸음을 잘못 내디딘 것이다. 부처의 길을 따라가겠노라고 나섰으면서도 정작 부처님을 제대로 파악하려는 기초 작업을 소홀히 했다. 인간으로서의 부처님에 대한 이해가 부족했고, 역사인으로서의 부처님에 대하여 제대로 살피지 못했다. 또 종교인으로서의 부처님에 대하여 무지했다. 부처님을 잘 알지 못하므로 부처님의 길을 자신의 길이 되도록 하는 작업이 잘 안 된 것은 필연적인 귀결이다.

석가모니 부처님이 누구인가? 불교의 교주이다. 모든 불교사상과 정신이 부처님으로부터 시작되었다. 부처님은 모든 불교사상과 정신의 근본 뿌리이다. 부처님을 떠난 불교는 있을 수 없다. 부처님과 무관하게 따로 논할 수 있는 불교란 존재할 수 없다. 부처님을 모르는 채 불교수행을 하는 것은 뿌리 없는 나무를 가꾸는 것과 다를 바 없다.

그동안 우리들은 부처님을 올바르게 알지 못하는 한 바람직한 불교수행을 할 수 없다는 점을 간과해 온 것이다. 마치 일층과 이층은 짓지 않고서 삼층만 따로 지을 수 있는 것처럼 여겨온 것이 그간의 우리들이었다. 그래서 어리석었던 지난날을 뉘우치고 처음 시작하는 마음으로 부처님을 올바르게 파악하는 일을 차근차근 진행해 가고자 한다. 정상적이고 바람직한 불교수행의 먼 길을 떠남에 있어서 그 첫걸음인 부처님을 잘 이해하는 공부를 위해 정성을 바치려고 한다.

공자는 '삶을 모르는데 죽음을 어떻게 알겠는가' 라고 말했다. 덧붙여서 태어남을 모르고는 삶과 죽음을 제대로 알 수 없다는 해석을 해도 괜찮을 듯하다. 그런 의미에서 부처님의 태어남을 올바로 파악하고 이해하는 것은 바로 부처님의 삶을 제대로 아는 일이요, 불교의 세계관(인생관·가치관)을 확립하는 첫걸음이 된다고 할 수 있다.

부처님을 올바르게 파악하는 일은 불교수행의 첫 단추이다. 부처님을 올바르게 알기 위해 부처님의 탄생을 공부하는 일은 매우 중요하다.

이에 싯다르타의 탄생과정과 그 의미가 무엇인지 함께 공부할 수 있도록 경전자료를 간추려 정리하고자 한다.

2. 경전에 나타난 **싯다르타의 탄생과정**

석가모니 부처님이 이 세상에 살았던 생애는 팔십 년에 불과하지만 그가 끼친 영향은 세월이 지날수록 빛을 더하고 있다. 그는 불교라는 한 종교의 창시자이기에 앞서 인간의 무한한 가능성을 몸소 체험하고 그 자각을 선언한 최초의 인간이다. 생명과 존재의 실상을 깨닫고 지혜와 자비의 길을 열어 보인 구도자였다. 그는 신비의 장막에 가린 신이 아니고 인류의 역사 안에 살았던 한 인간이었다. 그가 일찍이 이 지상에 우리와 같은 인간으로 살았다는 사실은 우리들 모든 인간의 보람이 아닐 수 없다.

『불타석가모니』

부처님은 인류가 본받고 실현해야 할 대표적인 인간상으로 존경받을 만큼 인류 역사의 빛이었다. 존재의 실상을 밝혀냄으로써 우주적 생명의 길인 참 삶의 길을 열어 보였다. 인간의 주체성과 창조성을 보여줌으로써 진정한 자유와 평화의 길을 제시해 주었다.

그러면 모든 생명에게 영원의 의미와 희망을 갖게 해 준 부처님이 어떻게 태어났는지 경전을 통해 찾아보도록 하자.

"세존이시여, 여래께서는 지난 옛날에 몇 분의 부처님을 공양하고 깨달음을 구했으며, 어떤 부처님 곁에서 일체의 선근을 심으시고 미래세를 위하여 보리를 구하셨나이까?"

"아난이여, 나는 지난 옛날에 처음 연등 부처님 곁에서 선근을 심고 깨달음을 구했다오.… 다음엔 세무비 부처님께 공양하고 선근을 심고 깨달음을 구했다오.… 연화장 부처님… 최상행 부처님… 덕상명칭 부처님… 석가모니 부처님… 불사 부처님… 견일체리 부처님… 비바시 부처님… 시기 부처님… 비사문 부처님… 구류손 부처님… 구나함모니 부처님… 가섭 부처님께 공양하고 선근을 심고 범행을 닦아 미래 세상의 보리를 구했다오."

"세존이시여, 여래께서는 모든 부처님께 공양할 때 어떤 공양구로 공양하고 선근을 심고 보리를 구하셨나이까?"

"내가 기억을 더듬어 생각해 보니 지난 옛날 한량없는 세상을 지나서 항원왕이 있었고 그 왕은 복덕이 있고, 수명이 길고, 단정하고, 거룩하여 명성을 멀리까지 떨쳤다오.… 당시 연화성에 연등불이 출현하시니…항원왕이 군사를 이끌고 큰 위덕을 갖추어 성 밖으로 나와 연등불을 맞이했다오.… 그 때 설산 남쪽에 진보 바라문이… 오백 제자를 거느리고 있었는데… 상수 제자가 운동 자였다오.… 운동자가 스승을 위해 수가파산성의 무차회에 참석, 육만 바라문들과 토론하여 모두 물리치고 준비해 놓은 보시물을 받게 되었다오. 이 때 토론에 패배한 바라문들이 앙심을 품고 '세세생생에 반드시 오늘의 원수를 갚으리라' 했다오."

"아난이여, 그 때의 운동자는 지금의 내 몸이며 바라문의 대표 는 지금의 제바달다라오. 이런 인연 때문에 제바달다는 지난 옛 날부터 지금까지 나에게 어리석은 원한심을 풀지 않고 지내왔다 오. 그 때 운동자가 보시물을 받고 스승이 계신 설산으로 돌아가 는 길에 연화성에 들렀었다오. 마침 연등불이 오신다는 말을 듣 고 꽃을 준비하여 부처님께 공양하고… 여래가 지나가시는 진흙 길에 옷을 벗어 깔고 머리를 풀어 덮고 '원컨대 이 인연으로 미 래세에 성불할 때에는 연등 여래와 같아지이다. 또 연등불께서 나에게 수기하지 않으시면 나는 끝내 일어나지 않으리라' 하고 서원했다오.

그 때 연등불께서 내 몸과 머리털 위를 밟고 진흙 밭을 건넌 다음… '훌륭하고 훌륭하도다. 광대한 서원이 바다와 같구려.…

아승지겁을 지나 마침내 성불하여 이름을 석가모니불이라 하리라.···' 하고 수기를 주었다오."

"아난이여, 나는 그 때부터 번뇌 가운데 있으면서도 보살행을 닦아 용맹 정진했다오.··· 그 인연으로 한량없는 백천 세상에서 범천왕이 되기도 하고 제석천왕이 되기도 하고 전륜성왕이 되기도 했다오.··· 아난이여, 내가 생각해 보니 옛날에 승일체 여래가 출현했을 때 내가 공양 올리고 '미래세에 부처님과 같이 되어지이다' 하고 서원했다오. 그 때 부처님께서 '일억 겁을 지난 다음 성불하여 석가모니라 하리라' 하고 수기를 주었다오. 아난이여, 수기를 받은 다음 더욱 용맹스럽게 보살행을 닦았다오.··· 그 인연으로 한량없는 세상에 범천왕, 제석천왕, 전륜성왕이 되었다오.··· 옛적에 연화상 여래는 '십만 겁을 지나 성불하여 석가모니라 하리라' 수기하였고··· 최상행 여래는 천 겁 뒤에··· 상명칭불 여래는 오백 겁이 차면··· 제사 여래는 구십오 겁을 지나··· 불사 여래는 구십사 겁··· 일체 여래는 구십삼 겁···비바시 여래는 구십일 겁··· 시기 여래는 삼십일 겁··· 비사문 여래는 '삼십 겁을 지나 성불하여 석가모니라 하리라'고 수기했다오."

"아난이여, 내가 생각해 보니 지난 옛날 석가모니 여래 곁에서 범행을 닦은 것은 미래세의 깨달음을 구하기 위함이었다오.··· 옛날 가섭 여래 곁에서··· 미륵보살 곁에서··· 한량없는 공양구로 공양하여 선근을 심은 것은 보리를 구하기 위함이었다오.”

“아난이여, 지난 옛날 아승지겁을 지나 연등여래가 출현했고… 차례로 백억 겁을 지나 일체승 여래가… 오백 겁을 지나 최상명칭 여래가… 백 겁을 지나 석가모니 여래가… 구십사 겁을 지나 불사 여래가… 구십삼 겁을 지나 견의 여래가… 구십일 겁을 지나 비바시 여래가…삼십일 겁을 지나 시기 여래가…같은 겁 중에 선문 여래가 출현했다오.”

“아난이여, 저 연등불은 큰 바라문 집에 태어났고… 일체승불은 큰 찰제리 왕가에 태어났으며… 연화장불은 큰 바라문 왕가에 태어났고… 최상행불은 큰 찰제리 왕가에 태어났으며… 구류손불은 큰 바라문 집에 태어났고 나는 찰제리 종성 큰 왕가에 태어났다오.… 아난이여, 연등 여래에게 이백오십만 억의 성문 제자 대중이 모였고 열반한 뒤 칠만 년을 지나 비구들이 믿음과 부끄러움과 의심을 풀기 위한 물음이 없고, 법답지 못한 사람들을 벗삼아 놀아나니 삼보가 숨어 없어지고 나아가 경전이 사라졌다오.… 연화장불은 열반 후 정법이 십만 년 동안 유지되었고… 견일체리불은 열반 후 정법이 잠시 동안만 유지되었으며… 구나함모니불은 삼백만 성문의 집회가 있었고 열반 후 정법이 29일 동안 유지되었으며… 가섭 여래는 열반 후 정법이 7일 동안 유지되었으며… 나 호명보살은 가섭불 처소에서 범행을 닦아 익히고

목숨이 다한 다음 도솔천에 태어났다오.… 중생들은 목숨이 끝
날 때 업의 칼바람이 뼈 마디마디를 쪼개므로 고초와 고통이 심
하여 본래의 마음을 잃고 숙세의 행을 망각하여 어디로 가는지
아득하다오. 반면 보살은 목숨이 끝날 때에 바른 마음으로 자신
이 뜻한 곳에 가서 태어난다오.…나아가 일생보처 보살은 대부
분 도솔천에 태어나 마음이 기쁘고 지혜가 구족하다오. 중생들
은 선근 인연으로 도솔천에 태어나더라도 수승한 오욕락을 보고
마음이 미혹하여 본행과 전생의 업을 잊게 되지만 일생보처의
호명보살은 도솔천에 태어나 수승한 오욕락을 보더라도 마음이
미혹하지 않으므로 본래의 인연을 생각하고 하늘 대중을 위해
설법, 교화한다오.… 그 때 하늘의 수명이 다한 호명보살이 대중
들에게 말씀했다오. '내가 지금 때가 되어 도솔천에서 떠나게 되
었으니 무상과 고통을 생각하시오.… 몸의 더러움과 마음의 집
착을 관찰하여 내가 떠나는 것 때문에 근심하거나 괴로워하지
마시오.… 나는 이제 여기에서 내려가 인간 세상에 태어나 중생
들의 고통을 소멸케 할 것이오.… 내가 인간 세상에 내려가고자
함은 고뇌의 중생을 연민히 여겨 그들을 안락케 하고자 함이라
오.… 그대들은 이것이 내가 받는 최후의 몸임을 알아야 하
오.'… 그 때 호명보살은 한 마음, 바른 생각으로 도솔천에서 내
려와 정반왕의 부인 마야의 모태에 들어갔다오.… 그 때 마야부

인께서 잠자는 동안 한 마리 흰 코끼리가 옆구리로 들어오는 꿈을 꾸었다오.… 그 때 마야부인이 보살을 잉태하고 열 달이 차서 아기를 낳을 때가 되었다오.… 전통에 따라 아기를 낳기 위해 친정으로 가는 도중 룸비니 동산에서 아기를 낳았다오.… 보살은 태어난 즉시 땅에 서서 '이것이 내가 받은 최후의 중생 몸이오. 나는 마침내 성불하리라' 하고 말했다오.… 보살은 태어나서 사방으로 일곱 걸음을 걷고 '하늘 위와 하늘 아래 나 홀로 존귀하다. 삼계가 온통 고통스러우니 내가 마땅히 그들을 편안케 하리라' 하고 사자후 하셨다오."

『불본행집경』

이상이 석가모니 부처님의 전생 이야기 중의 한 부분이다. 여기에서는 공간적으로는 온 우주, 시간적으로는 삼세를 관통하면서 여러 형태의 삶이 전개되고 있다. 실제로 부처가 되기까지의 과정을 전부 다 설명하는 것은 불가능하다. 지금 인용한 것은 부처가 되는 과정의 마지막 부분이다. 연등불을 만나 발심하고 성불하기 위해 사바세계에 태어날 때까지의 과정만을 예로 삼아 간추렸다.

이제 그 안에 담겨 있는 의미를 정리해 보자.

3. 싯다르타의 **탄생**에 깃든 **불교적 사고**

먼저 경전자료를 어떤 관점에서 이해할 것인가에 대한 입장을 정리하는 것이 좋겠다.

대부분의 경전은 부처님과 제자가 묻고 대답하는 형식으로 되어 있다. 처음부터 문자로 기록된 것이 아니고 합송을 통해 전해 오다 뒷날 기록된 것이다. 때문에 어떤 형태로든 후대로 전해 내려오면서 상황에 따라 내용의 첨가와 삭제가 있었을 것이다. 경전마다 차이는 있겠지만 이런 문제로부터 자유로운 경전은 없다.

비록 그렇다 하더라도 경전 안에는 부처님과 제자들의 세계관과 정신이 녹아들어 있다고 보는 것이 타당하다. 따라서 부처님의 전생설화 내용에는 부처님과 제자들의 안목과 문제의식이 반영되어 있을 것임은 의문의 여지가 없다. 그렇기 때문에 경전자료를 해석할 때는 반드시 불교 세계관과 역사적 문제의식으로 경전 행간에 깃든 의미를 찾아내야 한다. 그렇게 했을 때 비로소 부처님의 뜻을 제대로 파악하고 이해할 수 있다는 사실을 깊이 새겨야 한다.

세계관

우리가 먼 길을 떠날 때, 가고자 하는 곳의 정확한 방향과 위치 그리고 가는 길과 방법 등을 알아야 한다. 이러한 것들을 얼마나 잘 준비했느냐에 따라 과정과 결과의 내용이 좌우된다. 불교수행의 길을 떠남에 있어서도 그 이치는 매 한가지이다. 삶을 가꾸어 갈 무대인 세계가 둥근지 모난지, 돌고 도는지 고정되었는지, 하나의 통일체인지 각각 분리·독립되었는지를 알아야 삶을 어떻게 꾸려갈 것인지 결정할 수 있다.

그런 의미에서 부처님이 깨달음의 안목을 갖고 자신의 경험을 되돌아보며 밝힌 언행과 탄생과정에 깃들어 있는 세계관을 파악하고 살펴볼 필요가 있다. 특히 부처님이 가신 길을 따라가고자 하는 사람들에게 부처님이 제시한 세계관을 올바로 이해하고 받아들이는 일은 매우 중요하다.

경전자료를 보면 우주는 공간적으로 무한하고 무수한 세계가 있다.

시간적으로 시작도 끝도 없는 영겁의 세월이 흐르고 있다. 세계는 무한과 영겁을 통해 인연에 따라 끊임없이 생성·변화하고 있다. 마치 바람이라는 인연에 따라 끊임없이 다양하게 활동하는 바다와 같다. 온 우주 삼라만상이 총체적이고 통일적인 관계 속에 영겁을 통해 생성·변화하고 있다. 무수한 그물코들이 하나의 그물을 이루고 있듯이 공간적으로는 다양하고, 시간적으로는 영겁의 세월을 함께 어울려 활동하는 것이 세계의 실상이다. 즉 우주는 인연이라는 관계의 그물코로 이루어진 유기적 생명공동체이다.

시간과 공간, 정신과 물질, 중생과 부처, 인간과 신, 너와 나, 인간과 자연 등 존재하는 모든 것들이 총체적 관계 속에 성립, 전개되고 있다. 영원에서 영원 저 너머에 이르기까지 총체적 관계 속에서 끊임없이 생성·변화하는 것이 우주다.

인생관

삶의 문제를 바람직하게 다루기 위해서는 삶의 주체인 자신의 존재를 바르게 파악하고 이해해야 한다. 자신의 존재가 신에 의해 창조되었는지, 정해진 운명대로 살아야 하는지, 세계와는 어떤 관계가 있는지, 주체적으로 삶을 창조해 갈 수 있는지를 잘 파악하고 이해해야 무엇을 어떻게 할 것인지에 대한 방향이 잡히는 것이다.

이에 부처님이 제시한 인생관을 확립하는 데 도움이 되도록 『불본행집경』의 내용을 몇 가지로 정리해 보자.

첫째, 시작을 알 수 없는 오랜 옛날부터 삶은 계속되어 왔다.

둘째, 인연에 따라 이 세계 저 세계에서 사람, 천왕 등 여러 형태의 몸을 받고 태어나 활동하고 있다.

셋째, 미혹의 업력으로 인해 중생살이를 되풀이하는 경우와 지혜와 자비의 실천으로 인해 부처의 삶으로 태어나는 경우가 있다.

넷째, 인연이 다하면 살던 곳에서 떠나 새로운 세상에 태어난다.

다섯째, 중생은 태어나고 죽을 때 심한 고통을 겪고, 나아가 자신의 염원과 행업을 망각한 상태에서 업에 끌려가 태어난다. 반면 보살은 태어나고 죽을 때 한 마음, 바른 생각으로 자신의 본원과 행업을 기억하며 원하는 곳에 찾아가 태어난다.

이상 살펴본 바에 의하면 인간이란 태어나면서 시작되고 죽으면서 끝나 버리는 허무한 존재가 아니다. 시작과 끝이 없는 영원과 무한 속에 인연 따라 끊임없이 활동하는 역동적인 존재이다. 언제나 우주 삼라만상과 한 몸, 한 생명으로 활동하며 주체적으로 자신의 삶을 책임지고 창조해 가는 당당한 존재이다. 부처님이 제시한 인생관으로 볼 때 인생의 실상이란 고립되고 초라한 허무의 존재가 아니다. 영원과 무한의 의미를 갖는 우주와 한 몸, 한 생명의 존재로서 위대한 가능성을 지니고 있다. 꿈과 희망의 역사를 가꾸어 갈 당위성을 갖고 있는 주체적인 존재가 바로 인간이다.

가치관

인간이 존재 이유와 가치에 대하여 의문을 갖는 것은 당연하다. '삶의 필연성을 이해하면 삶의 당위성을 갖게 된다' 는 말이 있다. 사실을 사실대로 파악하고 진실을 진실로 받아들일 때 존재 이유가 밝혀지고 존재 가치를 실현하는 길이 열리게 되어 있음을 뜻한다.

인생의 진실은 무엇인가? 영원과 무한 속에서 연기법에 따라 끊임없이 생성하고 변화하는 총체적 모습의 존재가 인간이다. 유·무형의 그 무엇도 고정불변하거나 완전히 분리·독립된 존재는 본래부터 있지 않았다. 하나의 그물 안에 무수한 그물코들이 서로 의지해 있듯이 온 우주 삼라만상들도 온전한 하나의 생명그물로 활동하고 있다.

현재 어디에 위치하고 있든지 구애받지 않는다. 하나의 그물코를 들면 전체 그물코들이 따라온다. 인간의 삶도 상호간에 총체적으로 영향을 주고받으며 흘러가고 있다. 인간들이 깨닫고 깨닫지 못하고에 관계없이 현장의 삶은 우주의 진리인 생명그물의 질서에 따라 이루어지고 있는 것이다. 너 없는 나, 나 없는 너는 처음부터 성립되지 않는다. 우주 없는 지구, 지구 없는 우주, 자연 없는 인간, 인간 없는 자연, 개인 없는 전체, 전체 없는 개인이란 찢어진 그물과 같다.

인간의 존재를 생명그물의 논리로 관찰해 보면 결코 허무하거나 왜소하지 않다. 영원과 무한의 의미를 갖는 우주와 한 몸, 한 생명의 존재로 활동하는 위대한 존재가 인간이다. 인간의 실상이 그렇다면 한 몸, 한 생명으로 활동하고 있는 인간 존재의 가치는 과연 어떤 것일까? 부처님은 그 해답을 어떻게 제시하고 있을까? 『불본행집경』의 내용을 토대로 부처님이 제시한 가치관이 어떤 것인지 정리해 보자.

첫째, 부처님은 발심과 실천에 따라 전륜성왕이 되기도 하고, 도솔천에 태어나기도 하는 등의 과정을 거쳐 결국 부처되는 모습을 통해 자신이 역사창조의 주인임을 제시하고 있다.

둘째, 미혹과 집착의 중생이지만 자신의 발심과 실천에 따라 전륜성왕이 되고, 보살이 되고, 부처가 될 수 있음을 통해 인간이 무한한 가능성의 존재임을 보여주고 있다.

셋째, 세세생생을 살아오면서 세속적 가치인 전륜성왕 · 범천왕 · 제석천왕의 지위를 버리고 부처가 되는 것을 최고의 가치로 삼는 모습을 통해 오직 지혜와 자비의 삶만이 진정한 희망의 삶임을 제시하고 있다.

넷째, 만족과 기쁨의 세계인 도솔천을 버리고 고통의 중생을 위해 사바세계에 내려옴으로써 가치 있는 삶을 실현하는 길이 어떤 것인지를 보여주고 있다.

다섯째, 미혹은 집착을 낳고 집착은 고통을 낳는다, 깨달음은 자유를 낳고 자유는 법열을 낳는다는 내용을 통해 깨달음만이 진정한 가치임을 가르치고 있다.

여기에는 법을 등불로 삼고 자신을 등불로 삼으라고 한 가르침의 정신이 잘 나타나 있다. 삶의 주인은 자기 자신이다. 삶의 주체인 자신의 발심과 실천에 따라 현실의 삶이 좌우된다. 무한한 가능성의 존재인 자신을 지혜와 자비로 가꾸어 가면 깨달음과 대자유의 삶이 실현된다. 진정한 가치는 지혜와 자비의 길 하나뿐임을 명확하게 제시하고 있다.

4. 싯다르타의 **탄생**에 깃든 **태어남의 의미**

부처님 탄생에 깃든 불교의 세계관과 인생관, 가치관이 어떤 것인지에 대해 살펴보았다. 불교의 근본인 연기법의 사상과 정신으로 보면 세계관과 인생관, 가치관은 분리될 수 없다. 하나의 그물처럼 이루어져 있는 것이 세계요, 삶인 만큼 따로따로 나누어져 있는 것은 처음부터 존재하지 않는다. 아울러 삶의 문제들을 나누어 사고하는 것은 불교의 길이 아니요, 바람직하지도 않다.

그럼에도 불구하고 이들을 나누어 살펴보는 까닭은 무엇인가? 이유는 간단하다. 나누어 설명하는 것이 사람들의 이해에 도움이 되기 때문이다. 또 현실적으로 불가피하게 나누어 설명하고 있지만 언제나 총체적 관계성의 논리로 설명되고 있다는 사실을 간과해서는 안 된다.

　　이에 위에서 정리해 본 관점과 문제의식을 갖고 본래 의도한대로 태어남의 의미를 올바르게 파악할 수 있도록 경전자료를 인용하고자 한다.

　　토론에 패배한 바라문들이 앙심을 품고 '세세생생에 반드시 오늘의 원수를 갚으리라' 했다오.… 그 때의 바라문의 대표가 지금의 제바닫다라오.… 이런 인연으로 제바닫다는 지난 옛날부터 지금까지 어리석은 원한심을 풀지 않고 지내왔다오.… 아난이여, 나는 그 때(발심)부터 번뇌 가운데 있으면서도 보살행을 닦아 용맹정진 했다오.… 그 인연으로 한량없는 백천세상에서 범천왕이 되기도 하고 제석천왕이 되기도 하고 전륜성왕이 되기도 했으며… 가섭불 처소에서 범행을 닦아 익히고 목숨이 다한 다음 도솔천에 태어났다오.…그 때 하늘 수명이 다한 호명보살은… '때가 되었으니 도솔천을 떠나 인간세상으로 내려가려 하오.… 그대들은 이것이 내가 받는 최후의 몸임을 알아야 하오.'

　　그 때 호명보살은 한 마음, 바른 생각으로 마야부인 모태에 들어갔다오.… 보살은 태어나서 사방으로 일곱 걸음을 걷고 '하늘 위와 하늘 아래 나 홀로 존귀하네. 삼계가 온통 고통스러우니 내가 마땅히 그들을 편안케 하리라' 하고 사자후 하셨다오.

『불본행집경』

인용한 자료를 토대로 중생들의 보편적 태어남의 의미와 특별한 뜻을 지닌 부처님의 태어남의 의미를 정리하고자 한다.

보편적인 태어남의 의미

첫째, '한량없는 옛날, 세세생생, 백천세상' 이라는 표현을 통하여 영원과 무한의 의미인 시작과 끝없음〔無始無終〕의 불교적 사고를 잘 나타내고 있다.

둘째, 여기에서의 죽음은 저기에서의 태어남으로, 저기에서의 죽음은 여기에서 태어남으로 나타나고 있다. 삶이 생명활동의 한 현상이듯이 죽음도 생명활동의 한 현상임을 보여줌으로써 태어남도 없고 소멸함도 없는 불생불멸不生不滅의 불교정신을 분명히 하고 있다.

셋째, 주체적인 자기 발심과 행위〔業〕에 의하여 전륜왕·범천왕·보살·부처로 태어난다. 무지와 집착에 의한 원한과 복수심의 노예인 제바닫다가 되기도 한다. 업의 주체성·창조성·역동성이 잘 나타나 있다.

다시 한번 되짚어서 정리해 보자.

세계와 인간과 삶이란 통상적인 의미의 시작과 끝이 존재하지 않는다. 관계의 조건에 따라 변화의 활동이 끊임없이 전개되고 있다. 태어남으로써 시작되고 죽음으로써 끝나는 것이 아니다. 본래 없었던 것이 새로 생기고 본래 있었던 것이 없어지는 일은 처음부터 있지 않다. 끊임없이 연기할 뿐 시작도 끝남도, 태어남도 죽음도 본래 없다. 바다의 출렁거림처럼 인연 따라 변화의 활동이 전개되고 있을 따름이다. 삶의 주체인 자신이 삼업三業 활동을 어떻게 하느냐에 따라서 희망의 방향인 보살·부처로 향상되기도 하고, 고통과 불행의 중생살이를 되풀이하기도 한다.

불교적 인생관으로 볼 때 태어남이란 영원과 무한 속에 진행되고 있는 생명활동의 커다란 변화 현상이다. 생명활동의 흐름에 나타난 새로운 출발점이다. 주체적으로 어떤 조건을 가꾸어 가느냐에 따라 삶의 내용이 향상되기도 하고 타락하기도 하는 열려 있는 중요한 계기이다.

특별한 태어남의 의미

보살이 처음 탄생했을 때 대지大地가 진동하고… 병든 자가 쾌차하고… 미친 사람이 정상을 되찾고… 눈먼 사람이 보게 되고 귀먹은 사람이 듣게 되고… 감옥에 갇힌 사람이 석방되고… 지옥 중생들의 고통이 멎고 축생들이 공포에서 벗어나며 아귀들

이 충족함을 얻었나니 보살이 처음 탄생할 때… 한량없이 희귀

한 일이 있었다오.

『불본행집경』

부처님의 탄생을 찬탄하는 경전의 한 부분이다. 천지가 진동하고 삼라만상이 환희용약하고 있다. 미혹의 중생이 깨달음을 얻고 고통의 중생이 큰 기쁨을 얻고 있다. 부처님 탄생의 의미가 어떤 것이기에 이처럼 천지가 진동하고 모든 생명들이 기쁨으로 맞이하는 것일까?

간추린 경전자료를 토대로 부처님에게만 있는 태어남의 특별한 의미를 정리해 보자.

첫째, 주체적인 자유의지가 왜곡되어 있는 중생들은 미혹과 집착의 업력에 이끌려 태어난다. 반면 부처님은 주체적인 자유의지의 대비원력大悲願力으로 태어남을 선택하고 있다.

둘째, 주체적인 발심과 실천에 의한 자기 완성, 즉 부처됨으로써 중생들에게 무한한 가능성이 있음을 제시하고 있다.

셋째, 미혹과 고통을 재생산하는 중생의 역사를 청산하고 깨달음과 대자유의 삶을 실현하는 역사가 시작되고 있음을 보여주고 있다.

넷째, 온 우주 삼라만상이 한 몸, 한 생명의 존재인 동시에 하나하나의 사물들이 자기 고유의 개성과 가치의 존재임을 탄생게를 통하여 설파하고 있다.

다섯째, 세계의 실상인 한 몸, 한 생명의 사상과 정신인 동체대비同
體大悲의 정신을 실천하는 것만이 인간의 길, 희망의 길임을 웅변하고
있다.

살펴본 바에 의하면 부처님의 탄생은 태어남 자체가 모든 생명을
위한 가능성이요 희망이다. 모순과 혼란의 역사를 청산하고 깨달음과
자유의 세상을 여는 역사적 출발점이다. 진정 어두움의 인류사를 밝
히는 찬연한 빛이요 바람이다. 고통과 불행의 흐름을 기쁨과 행복의
흐름으로 바꾸는 역사적 사건이다.

5. 반성되어야 할 우리의 자세

　역사현실은 한 그루의 나무와 같다. 나무란 씨를 뿌리고 지속적으로 가꿔가는 과정을 통해 큰 나무로 성장하며, 그 속에서 꽃을 피우고 열매를 맺는다. 튼실한 열매는 또다시 씨앗이 되고, 나무가 되고, 꽃이 되고, 열매가 된다. 역사는 이처럼 끊임없이 흐르고 또 흐르는 활동의 과정이요 상태이다. 불교역사라고 하여 예외일리 없다. 불교역사의 주체이자 구성원인 수행자들도 그 흐름으로부터 자유로울 수 없다.

　현실적으로 불교역사는 부처님으로부터 시작되었다. 부처님은 불교역사의 뿌리요 원천이다. 뿌리가 튼튼해야 나무가 무성하게 자라나는 것은 상식이다. 마찬가지로 불교역사의 뿌리인 부처님을 잘 알고 따라야 건강한 불교적 삶이 이루어진다.

부처님의 본래 사상과 정신에 입각하여 오늘의 문제를 다루려는 문제의식으로 살아야만 살아있는 불교적 삶이 가능하다. 부처님이 뜻한 바 본래의 사상과 정신을 우리 삶의 척도로 삼을 때 개인의 수행과 불교의 역사가 활력을 갖게 된다.

덧붙여 설명하면, 불교를 바르게 알고 바람직하게 수행하는 길은 부처님을 온전히 아는 데서부터 시작된다. 불교역사의 뿌리인 부처님을 인간·역사·종교적 측면으로 종합하여 온전하게 파악하고 이해하지 않은 채 불교를 제대로 알고 수행도 순탄하게 할 수 있다고 믿는 것은 어리석은 일이다.

그런 점으로 미루어 볼 때 한국 불교수행자들이 갖고 있는 부처님에 대한 기본적인 이해의 태도에 어떤 문제들이 있었는지 반성적으로 살펴보는 것이 좋을 듯하다.

첫째, 부처님을 온전하게 아는 일을 떠나서는 불교를 올바르게 알고 수행을 바람직하게 할 수 없다는 사실에 대해 깊이 살피지 않았다.

둘째, 부처님을 온전하게 알기 위한 첫걸음인 부처님 탄생의 의미를 면밀하게 살피려고 하지 않았다.

셋째, 부처님 탄생게 속에 담긴 불교의 세계관, 인생관, 가치관, 수행관에 대한 폭넓은 이해가 없었다.

넷째, 부처님 탄생이 인류사적으로 얼마나 큰 사건인지에 대하여 정확하게 인식하지 못하고 있다.

다섯째, 부처님 탄생게의 반쪽만 강조하므로써 탄생게 내용 자체가 불교사상과 정신의 전부임을 깨닫지 못하여 세간과 출세간, 불교와 역사, 개인과 전체, 수행과 활동, 깨달음과 교화를 통일적으로 실천하지 못하는 오류에 빠져 있다.

이쯤에서 반성적으로 살펴본 내용을 간단하게 정리해 보자.

불교의 뿌리인 부처님을 온전하게 알고 따르는 일은 불교수행자들에게는 선택의 여지가 없는 큰 길이다. 부처님을 잘 알기 위한 첫 출발점인 부처님 탄생의 의미를 간과하고서는 부처님을 올바르게 알 수 없다. 참된 수행자가 되기 위해, 한국불교의 희망을 싹틔우기 위해, 구원의 빛인 불교로 거듭 태어나게 하기 위해 부처님 탄생이 갖는 참뜻을 정밀하게 살피는 발심이 절실히 요구된다.

첫 단추를 잘 꿰어야 한다고 했다. 불교수행의 첫 단추인 부처님을 올바르게 아는 일에 정성을 쏟아야 하겠다. 천릿길도 한 걸음부터 시작된다고 했다. 부처님을 올바르게 알기 위한 첫걸음인 부처님 태어남의 의미를 면밀하게 살피고 새겨야 할 것이다. 첫 마음으로 시작하고 접근할 때 참다운 불교수행, 희망적인 불교의 미래가 가능하다는 사실을 직시해야 할 때이다.

제2장
별심

1. 싯다르타의 **발심**을 공부하는 **우리의 입장**

　이런대로 어제 하루가 가고, 그런대로 오늘 하루도 보냈다. 적당히 즐기고 정진하는 모습을 유지하였다. 뚜렷한 책임감도 없고 사무치는 아픔도 없다. 별 탈 없이 무난한 나날을 보내고 있다.

　지금 우리는 출가수행의 연륜만큼 수도자답게 성숙되어 가고 있는가? 구세대비救世大悲의 수행자로서의 역할을 제대로 하고 있는가? 양심적으로 돌아보면 한숨이 절로 나온다.

　신심은 날로 나약해지고 생활은 무기력함으로 흐르고 있다. 구세대비의 실천은 오간 데 없고 쓸데없는 자기 중심의 이기심만 무성하다. 불성실과 무책임, 적당주의와 무사안일에 빠져 있다. 오만과 독선, 권위의식과 편견만 더 깊어져 가고 있다. 출격장부의 뜻으로 수도의 길을 선택했는데 왜 이렇게 되어 갈까? 냉철한 자기 진단과 새로운 모색이 있어야겠다.

그동안 우리들은 부처님의 삶을 경이롭게 바라보았다. 싯다르타로 하여금 결연한 출가와 뼈를 깎아 내는 6년 고행을 감내하게 한 힘은 무엇일까? 목숨을 바칠 만큼 치열하고도 한결같은 수행을 가능하게 한 힘은 어디에서 나온 것일까? 이 세상 그 무엇도 원인 없는 결과는 있을 수 없다. 경전에서는 이를 한 마디로 '수행자의 보리심'이라고 정의하고 있다. 이는 대비원력의 발심에 의하여 결연한 출가와 목숨을 건 수행이 가능했음을 뜻한다. 모순에 찬 역사현실을 직시하고 신음하는 대중을 구제하려는 대비원력의 발심에 의하여 붓다의 위대한 출가수행이 이루어진 것이다.

그렇다면 목숨 바쳐 출가수행하지 않을 수 없도록 하는 근원적 힘인 싯다르타의 발심은 어떻게 형성되어졌고 구체적인 내용은 무엇인가? 싯다르타의 발심과정과 내용을 정확히 짚어 보면 오늘날 수행자의 문제가 어디에서 기인하는지 가닥을 잡을 수 있으리라 생각한다. 이에 싯다르타의 발심내용을 면밀하게 살펴보고자 한다.

2. 부처님을 믿는 우리의 자세

　우리는 진실로 우리의 인간상이요, 스승이신 부처님을 제대로 이해하고 온전한 믿음으로 대하고 있는가? 그렇다면 부처님은 과연 어떤 분이시며, 자신이 갖고 있는 믿음의 내용은 어떤 것인가? 사실 이 문제는 수행자의 기본상식에 속하는 일이다. 하지만 안타깝게도 우리의 현실은 이런 기본상식이 무너지고 있다. 한국불교의 수행풍토의 문제점이 바로 여기에서 비롯되고 있는 것이다.

　진정 부처님을 바람직한 인간상으로 삼고 스승으로 여기고 있다면, 그분의 사상과 정신, 고뇌와 문제의식에 대한 깊은 이해가 있어야 옳다. 그분이 갖고 있었던 문제의식과 삶 자체를 자기 것으로 만들려고 노력해야 마땅할 터인데 우리들이 부처님을 믿고 대하는 내용은 전혀 다르다. 그분의 사상과 정신에 대한 깊은 관심은 찾아보기 어렵고 초인적이고 신비한 부처님만 있다. 영험하고 복을 주는 부처님으로만 대접한다. 무언가 빌기만 하면 듬뿍 안겨 주는 부처님, 하소연하기만 하면 운명을 바꿔 주는 부처님을 믿고 있을 뿐이다.

역사의 문제를 자기 문제로 인식하고 그분의 사상을 자신의 사상으로 심화시키려는 의지는 그 어디에도 없다. 중생의 고통을 자기 아픔으로 끌어안고 살아간 그분의 삶을 자신의 삶으로 만들려는 문제의식이 없다. 늘 부처님의 삶이라는 큰 바닷물을 자신의 필요에 따라 '나'라는 작은 그릇으로 담아내려고만 한다. 자신의 전부를 바쳐 그 바다 안으로 뛰어들어가 부처님처럼 되려고 하지 않는다. 부처님을 향해 자신의 전 존재를 바쳐 지심귀명례 하려고 하지 않는다. 부처님을 인간상으로 삼고 살아가는 모습을 볼 수가 없다.

더 늦기 전에 부처님을 올바르게 알고 믿을 수 있도록 해야 한다. 처음 발심하는 마음으로 돌아가 접근하는 겸허함과 진지함이 절실하다.

> 연등불이 보살로 있을 때 도솔천에서 하강하여 오른쪽 옆구리로 어머니 태 안에 들어가 열 달을 머물렀으며, … 보살의 어머니는 하늘을 우러러보며 오른손으로 나뭇가지를 잡으려 하자 가지가 곧 내려와 드리웠고, 왕의 부인이 오른손으로 나뭇가지를 잡자 오른쪽 옆구리에서 한 동자가 나왔다.
>
> 『불본행집경』

저 부처님께서 보살로 모태에 있을 때와 탄생할 때, 일곱 걸음
을 걸을 때, 동자의 몸으로 궁중에 있을 때, 보리수 아래에서 정
각을 이룰 때, 법륜을 굴려… 중생을 교화·조복할 때, … 등을
내가 다 똑똑히 기억하여 잊음이 없으며….

『화엄경』, 법정 역

부처님 탄생에 대한 내용을 인용하는 의도는 무엇인가? 부처님을
바르게 알기 위해서는 부처님 생애를 전체적으로 파악할 필요가 있기
때문이다. 인용문에서 볼 수 있듯이 부처님의 삶〔八相成道〕은 출가수
행에서부터 시작되는 것이 아니다. 멀리는 본생에서부터이고 가깝게
는 역사적인 탄생에서부터 열반에 이르는 전 생애를 성도의 삶으로
표현하고 있다.

부처님 생애의 앞뒤 맥락으로 보면 중생인 싯다르타가 부처로 태어
나는 전환점은 발심이다. 대비원력의 발심에 의하여 부처의 삶이 실
현되고 있다. 부언하면 부처되게 하는 원동력이 바로 발심인 것이다.
그러므로 싯다르타가 출가 이전에 갖고 있었던 고뇌와 발심의 내용을
정확히 파악하여, 자신의 발심이 되도록 하는 일은 대단히 중요하다.

부처님을 인간상으로 삼는 수행자들은 최우선적으로 싯다르타의
발심을 정확하게 이해하고, 그 문제의식을 자기 것으로 만들기 위해
노력해야 한다. 출가를 결행하고 깨달음을 이루게 한 싯다르타의 발

심을 자신의 것으로 온전히 이해하고 받아들이려고 노력해야 한다. 그렇게 할 때 비로소 부처님의 제자로서 바른 믿음을 갖고 있다고 할 수 있는 것이다.

이런 점들로 미루어 볼 때 깨달음의 모태인 발심의 중요성을 간과해 온 그동안의 태도는 옳지 못하다. 마치 씨앗과 뿌리는 방치해 둔 채 꽃과 열매만 기대하는 것과 같다.

바른 문제의식(보리심=발심=불교 세계관)을 확립하려는 노력없이 오로지 수행과 깨달음만 강조하면 되는 것처럼 비과학적인 접근 방법에 빠져들었다. 그 결과 출가연륜만큼의 법에 대한 안목과 확신이 깊어지지 않고 오히려 신심이 흔들리고 수행은 점점 더 무기력해졌다. 삶의 내용은 날로 안일과 타락의 방향으로 흐르게 되었다.

첫걸음이 틀리면 천리만리 어긋난다는 옛말처럼 부처님 탄생의 첫걸음인 대비원력의 발심을 바르게 확립시키지 않는 한 출가연륜은 전혀 의미가 없다. 아니, 오히려 열정이 넘치는 초발심 때보다도 신심이 더 퇴전退轉하게 될 것임은 명백하다. 그러므로 '우리의 인간상인 부처님의 생애 중 발심의 문제를 어떻게 이해하고 받아들일 것인가?' 하는 문제는 수행자에게 있어서 매우 중요한 기본 과제이다.

따라서 무조건 출가수행과 깨달음만을 본받으려고 했던 기존의 믿음과 접근방법을 철저히 반성하여야 한다. 나아가 싯다르타의 발심을 자신의 문제의식으로 심화시켜 가는 데 우선적으로 관심을 모아야 한다. 부처님의 생애를 바르게 이해하고 온전한 믿음으로 받아들이는 일은 여기에서부터 시작되어야 한다. 싯다르타의 발심을 자기 것으로 받아들이는 작업은 출가의 출발이자 수행의 전부임을 깊이 인식해야 한다.

3. 발심의 형성과정과 그 내용

부처님 생애에 대한 자료들을 살펴보면 분명한 계기에 의해 문제의식이 싹트고, 점점 발전해서 대비원력의 발심으로 확립되고 있다. 발심과정에서 보이는 싯다르타의 치열한 고뇌와 몸부림은 너무나 인간적이다.

어쩔 수 없는 부분이 있을 수 있겠지만 부처님 전기를 다룬 작가들이 싯다르타의 천재성에 압도되어, 인간적인 고뇌와 몸부림의 과정을 가볍게 처리한 점은 지적되어야 한다. 출가수행과 깨달음의 위대성에만 초점을 맞춘 결과, 발심의 중요성을 극명하게 드러내지 못한 점도 비판되어야 한다. 모순된 조건에 의해서 고통받는 역사현장의 문제를 면밀하게 드러냄으로써, 싯다르타의 출가가 바로 역사인으로서의 실천임을 드러내지 못한 점도 반성되어야 옳다.

이와 같은 점을 염두에 두면서 경전을 통해 싯다르타의 발심이 형성되어 가는 과정을 정리해 보자.

그 때에 태자 탄생한 지 7일이 되었다.… 마야부인께서는 기운이 쇠잔하고 그 형체가 야위어져 도리어 목숨을 마치고 말았다.

『불본행집경』

이모이신 마하바사바제 왕비께서 젖을 먹이심도 버리지 못하옵니다. 성자께서는 또한 은혜를 모르는 사람으로 옛날 양육하던 때를 생각하지 않음이 되나이다.

『불본행집경』

싯다르타가 태어나고 일주일 만에 어머니가 돌아가셨던 것은 사실인 듯하다. 이모에 의하여 양육되었다는 것도 부처님 생애를 다루는 대부분의 사람들이 동의하고 있다. 앞뒤 정황들을 종합해 볼 때, 어머니의 죽음이 어떤 형태로든 싯다르타에게 영향을 미쳤을 것이다. 어머니에 대한 그리움이 절절했다. 인생에 대한 의문들이 꼬리를 물었다. 어머니의 죽음은 삶에 대한 원초적인 문제의식을 싹트게 하는 동기로 작용했을 가능성이 매우 높다.

싯다르타는 일반 가정의 자녀들과는 다르게 학문·무예 등 왕자로서 갖추어야 될 다양한 수업을 받으며 성장했다. 싯다르타는 12살 때 부왕을 따라 참석한 농경제에서 모순과 고통에 찬 삶의 현실을 목격하게 된다.

농부들은 벌거숭이로 신고를 겪으면서 소에 보습을 매어 밭을 가는데, 소의 걸음이 늦으면 고삐로 후려쳤다. 날이 뜨거워 헐떡거리고, 땀을 흘리며 사람과 소가 다 주리고 목말랐다. 또는 몸이 수척하여 뼈만 있으며,… 뭇새들이 날아와 벌레들을 쪼아 먹었다.

보습을 끄는 소가… 채찍에 얻어맞고… 가죽과 살이 터지는 것을 보았으며, 또한 농부들이 햇볕에 등이 타서 벌거숭이 몸에 먼지와 흙이 엉겼고, 까마귀와 새들이 날아와 다투어 벌레들을 잡아먹는 것을 보았다.

「불본행집경」

부귀영화 속에서 살고 있는 자신의 처지와, 굶주리고 헐벗은 채 극심한 고통을 감수하며 살아가는 농민들의 모습은 극명한 대조를 이루고 있었다. 작열하는 태양 아래서 매를 맞고 헐떡거리며 쟁기를 끄는 소의 비참한 모습은 가슴을 아프게 했다. 밭이 갈리면서 튕겨 나온 벌레들을 새들이 서로 잡아먹으려고 싸우는 약육강식의 살벌함은 두렵기만 했다.

아아, 세간의 중생들은 극심한 괴로움을 받나니 늙고, 병들고, 죽으며 겸하여 갖가지 고충을 당하면서 그 가운데 전전하여 떠나지 못하는구나. 어찌하여 모든 괴로움 버리기를 구하지 않으며,… 어찌하여 나고, 늙고, 병들고, 죽는 괴로움의 원인을 벗어나려고 생각하지 않는가?

『불본행집경』

형언할 수 없는 측은함이 가슴에 사무쳐 왔다. 불평등과 고통 속에 살 수밖에 없는 운명적인 인간 존재가 불쌍했다. 죽이고 죽임을 당하며 뺏고 빼앗기는 아귀다툼의 생존경쟁과 약육강식의 모순된 생존형태를 보며 싯다르타는 전율한다. 모순되고 고통에 찬 삶을 살 수밖에 없는 저들이 한없이 측은했다. 동시에 '인생이란 무엇인가, 왜 살아야만 하는가, 궁극적인 해결책은 없는 것인가, 있다면 어디에 있는가?' 하는 의문들이 가슴 깊은 곳에서부터 일어나는 것을 주체할 수가 없었다.

지금까지 싯다르타의 의식 속에서 작용했던 생각들을 정리해 보자.

첫째, 생모의 죽음, 농부들의 비참한 삶, 냉엄한 약육강식의 생존형태를 보며 '생이란 무엇인가?' 라는 존재에 대한 근원적인 의문을 갖게 된다.

모순과 고통에 찬 삶의 비참함이 바로 자신의 문제로 느껴졌다. 동시에 무한한 연민과 두려움을 느끼지 않을 수 없었다. '삶은 무슨 까닭으로 모순과 고통에 차 있는가, 왜 이런 삶을 살아야만 하는가, 도대체 인간이란 무엇이고 삶이란 무엇인가, 궁극적인 해결책은 어디에 있는가?' 이 문제에 대한 근원적인 해결을 모색하지 않는 삶은 맹목적이고 무의미하며 더 나아가 인간으로서 양심 없는 삶이라고 믿었다.

둘째, 삶이 모순과 고통에 찬 것임에도 불구하고 구차하게 살아가야 한다는 것이 싯다르타로서는 납득이 되지 않았다.

자기가 살기 위해 약한 것을 잡아먹고, 왕실의 안락을 위하여 농민들의 피맺힌 고통을 당연하게 여기는 불평등한 현실을 이해할 수가 없었다. 고통과 모순에 찬 삶을 숙명처럼 받아들일 뿐, 적극적으로 극복하려고 하지 않는 까닭이 무엇인지 의아스러웠다. 우리 모두에게 지워진 무거운 짐을 벗기 위한 길을 찾는 것이야말로 인간이 선택해야 할 유일한 길이라고 생각하였다.

여기에서 우리는 싯다르타가 삶을 깊이 사랑했으며 그만큼 삶의 문제를 면밀하게 관찰하고 있음을 알 수 있다. 나아가 자신의 안락이 농민들의 고통 위에서 누리는 모순된 것임을 꿰뚫어 보는 싯다르타의 뛰어난 현실인식 능력을 확인할 수 있다. 이렇게 움트기 시작한 문제의식은 보고, 듣고, 경험하는 모든 것을 바라보는 척도가 되었다.

"만약 집에 있으면 반드시 전륜성왕이 될 것이요, 출가하면 반드시 위없는 도를 성취하리라 하지 않았는가.… 어떤 방편을 지어서 출가하지 않도록 할 것인가?"

"대왕이여! 이제 빨리 태자를 위해 따로 궁실을 짓고 유녀들과 즐겨 놀도록 하소서. 그러면 태자는 출가하지 않을 것입니다."

"이러한 방편으로 우리들 석가족이 흥성하면 일체가 공경·존중하고 조무래기 왕들에게 업신여김을 당하지 않을 것입니다."

『불본행집경』

인용문은 석가족이 싯다르타의 출가를 막기 위해 얼마나 가슴 졸였는가를 잘 보여주고 있다. 강대국 사이에서 위기를 느껴야 하는 가비라국의 처지를 생각하게 한다. 약소국의 설움을 감내하며 살아온 국민적인 한과 소망을 실감케 한다.

왕은 태자를 위하여 삼시전三時殿을 지었다. 첫째는 난전暖殿이니 겨울을 지내려는 것이요, 둘째는 양전凉殿이니 여름 더위에 쓰려는 것이요, 셋째 전각은 봄·가을 두 계절 동안 쓰려는 것이었다. 겨울에 거처하는 전각은 따뜻하기만 하고, 여름에 거처하는 전각은 시원하기만 하며, 봄·가을에 거처하려는 전각은 온화함이 알맞아 차지도 않고 덥지도 않았다.… 어떤 이는 태자를 안

마하고, 어떤 이는 향유를 바르고, 어떤 이는 목욕시키고 ….

『불본행집경』

약소국의 민족적 염원을 실현하기 위해 싯다르타의 출가를 막으려고 노력하는 정반왕의 모습은 참으로 진지하다.

이런 정황들을 고려해 볼 때 왕자로서의 수학 내용은 더 구체적이었을 것이다. 특히 수없이 흥망성쇠를 거듭해 온 국가 간의 처절하고도 냉엄한 사건 등 복잡 미묘한 인간사의 자취들은 싯다르타의 마음을 더 무겁게 했을 것으로 짐작된다. 정치·사회적인 역사현상은 생존경쟁과 약육강식의 끝없는 악순환이자 소모전의 반복일 뿐이었다. 인간의 문제를 보편적 입장에서 해결하는 경우를 찾아볼 수 없었다. 이런 것들을 보고 겪을 때마다 싯다르타의 절망은 더 깊어져 갔고 보고, 듣고, 배우는 만큼 사고력이 성장해 갔다. 고뇌의 깊이와 무게에 따라 문제의식이 더더욱 확고해졌다.

이 무렵 부왕은 결혼을 서두른다.

그대들은 잘 살펴보라. 어느 석가족의 딸이 우리 태자 싯다르타의 비가 될 만한가.

『불본행집경』

우리 석가족에는 대대로 내려오는 법이 있으니, 만약 기능이
모든 사람보다 우수하다면 딸을 출가시키지만 만약 기능이 없다
면 딸을 줄 수가 없습니다.

『불본행집경』

싯다르타는 왕자로서 또는 훌륭한 재능의 소유자로서 기대와 선망
의 대상이기는 했다. 하지만 생의 회의에 빠져 있거나 향락에 도취되
어 지내는 무기력한 싯다르타가 좋은 사윗감으로 비춰지지는 않았던
것 같다. 인용문의 내용을 보면 당시의 결혼풍습을 짐작할 수 있다.
나라를 짊어질 왕자로서, 웅대한 뜻을 갖고 있어야 할 청년으로서 학
문과 무예를 열심히 닦지 않고 생의 문제에만 골몰해 있는 싯다르타
는 신랑감으로는 실격이었던 모양이다.

태자시여! 저의 참회를 받으소서. 제가 먼저 태자님이 여러 가
지 기술과 예능을 모른다고 마음에 의심을 내어 딸을 주지 않으
려고 하였습니다. 저는 이제 다 알았사오니, 원컨대 제 딸을 받아
비를 삼으소서.

『불본행집경』

싯다르타는 예상과는 다르게 실제 경쟁에서 상대를 물리치고 당당

하게 승리함으로써 주변의 염려와 우려를 말끔히 해소시켰다. 대신은 학문과 기예를 겨루는 시합이 끝난 후 자신의 경솔함을 사과하고 딸과 결혼할 것을 승낙하고 있다.

대신의 딸 야수다라는 이름 드날려 온 나라가 다 알았네. 좋은 날 가려 비로 취하여 궁 안에 맞아들였네.

『불본행집경』

싯다르타는 부왕의 뜻에 따라 당시의 풍습인 여러 가지 경쟁을 거쳐 야수다라와 결혼하게 된다. 주변의 모든 사람들로부터 선망과 축하를 받으며 성대하게 결혼하지만 생에 대한 근원적인 회의는 뇌리에서 떠나지 않았다.

싯다르타가 보고, 듣고, 배워 온 내용과 현실적인 경험을 통해서 확인한 것은 태어난 자는 필연적으로 허무하게 죽을 수밖에 없다는 사실이다. 생존경쟁과 약육강식의 고통에 찬 삶을 살 수밖에 없는 모순된 현실이다. 그럼에도 불구하고 기존의 방식에 매달려 우왕좌왕하는 인간들의 어리석음이 딱하게만 느껴졌다. 싯다르타는 이와 같은 현상을 볼 때마다, 사회·역사라는 전체의 흐름 속에서 자신의 존재 의미와 역할은 무엇이며, 구체적으로 어떻게 해야 할 것인가를 놓고 더 깊은 고민을 하게 된다.

이 무렵 원초적인 회의에 대한 해답과 고통을 낳게 하는 모순이 지배하는 사회문제에 대한 해결의 길을 찾고자 하는 싯다르타에게 충격적인 계기가 찾아온다.

정반왕이 칙명을 내려… 늙고, 병들고, 죽었거나 장님, 벙어리 등 육근에 결함이 있어 갖추지 못한 자는 다 쫓아내고… 길상치 못한 것은… 보이지 않게 하라.

『불본행집경』

싯다르타의 문제의식을 조장시킬 만한 것을 사전에 단속함으로써 자식의 출가를 막으려는 정반왕의 노력은 눈물겹다. 그런가 하면 당시 고통과 불행으로 얼룩진 사회 모순과 비참함의 단면을 읽게 하는 예이기도 하다.

착한 어자여! 이것은 어떤 사람인데… 팔과 발목이 가늘고 파리하고 누렇게 떴으며… 혹은 아아! 어머니,… 아아! 아버지하며 슬프고 간절하고… 남의 몸을 의탁해 겨우 일어나는가?

『불본행집경』

이것은 병자라 이름하나이다.… 이 병이라는 법은 홀로 한 집뿐만 아니라, 일체 하늘과 인간과 중생 잡류도 다 이런 법을 면치 못하나이다.

『불본행집경』

나도 이 병을 벗어나지도 면하지도 못하고 저와 같은 일을 당하게 되리라. 아아 두렵고, 두렵구나!… 나는 이제 동산 숲에 나가 유람하고 즐길 겨를이 없다.… 나는 깊이 생각해 보리라.

『불본행집경』

이와 같은 정경은 길바닥에 쓰러져 있는 늙은이를 만나고, 유족들의 곡성이 사람의 가슴을 울리게 하는 죽음의 장례행렬을 목격하는 형태로 계속된다. 사문유관四門遊觀이라는 충격적인 사건은 싯다르타로 하여금 문제의식의 중요성을 확신케 한다. 그 해답과 해결책을 찾지 않으면 안 된다는 의지가 더더욱 확고해지는 계기로 작용한다.

지금까지 살펴본 과정을 거쳐 오면서 확립된 문제의식을 경전에서는 '보리심'이라고 했다. 일반적으로는 발심이라는 표현을 사용했고 구체적인 의미를 대비원력이라고 정의해 왔다. 그렇다면 '대비원력의 발심〔문제의식〕'이란 과연 무엇이며 어떤 것을 뜻하는 것일까? 그것은 인간의 원초적 의문인 존재의 이유〔생로병사〕를 규명하려는 진지한 문제의식과 모순 속에서 고통받고 있는 자들을 향한 뜨거운 연민

심이다. 존재의 이유에 대한 궁극적인 해답과 인간 역사의 모순과 고
통의 문제를 반드시 해결하려는 위대한 결심이다.

4. 반성되어야 할 우리의 문제의식

　진정한 보리심의 삶이란 고통받는 이웃과 고락을 함께 하며 존재에 대한 궁극적인 해답을 찾기 위해 노력하는 것이다. 전도된 세계관에 의하여 전개되는 사회 · 역사의 모순을 해결하기 위하여 헌신함이다. 이웃들이 법다운 삶을 살 수 있도록 보호하고 인도하고 사회를 법답게 이끌어 가기 위해 자신의 전부를 바치는 삶이다.

　그런데 오늘을 살고 있는 수도자들이 이러한 대비원력의 문제의식을 갖고 있는지 의심스럽다. 만일 수도자들이 진정한 문제의식을 갖고 있다면 구체적인 일상 속에서 그것이 어떻게 실천되고 있는지 자문해 볼 필요가 있다. 사적 소유를 부끄럽게 생각하고 대중의 이익을 최우선으로 하던 승가의 전통은 지금 어디에 있는가. 도반의 정진을 돕고자 세심하게 마음쓰고, 게으른 도반에게 진정한 애정으로 조언해 주던 수행자의 청신한 우정은 지금도 살아 있는가. 가난을 미덕으로 여기며 솔선해서 궂은 소임만을 맡았던 선원에서의 보살정신은 어떻게 계승되고 있는가. 싱싱하게 살아 있어야 할 수행정신은 노스님들께 들었던 옛날 이야기로만 전해오고 있다.

언제나 도반에게 수행자로서의 모범을 보여주고 서로 격려하며 고무해 주던 탁마정신은 실천되고 있는가. 시주의 은혜를 무섭게 생각하고 사중의 정재淨財를 아끼고 보호하려는 공심은 얼마나 지켜지고 있는가. 대중을 화합하게 하기 위하여 정성을 다하는 승가의 본래 정신은 지금도 유효한 것인가? 우리들에게 꿈과 희망인 건강한 수행풍토는 이제 경전과 어록에서나 볼 수 있을 뿐이다.

일찍이 우리는 사적 실리와 자신의 안일을 모색하는 것 말고, 곁에 있는 도반과 승단을 위하여 무엇을 했는가. 승려의 입장에서 자신과 승단의 이익을 뒤로 하고, 진정 대중의 고통을 대변하고 사회의 혼란을 바로잡기 위하여 어떤 일들을 했는가. 중생의 고통을 책임져야 할 수도자의 양심으로, 혼탁한 역사의 흐름과 그 방향을 안타까워하며 구체적으로 책임질 수 있는 어떤 대안을 내놓았는가.

오늘날 한국불교 수행자들이 이와 같은 물음에 대하여 얼마나 떳떳할 수 있을지 궁금하다. 솔직히 입이 백 개라도 할 말이 없다. 현실이 이런데도 산중불교냐 도심불교냐, 선禪이냐 교敎냐, 돈오냐 점수냐, 이판이냐 사판이냐, 수행이냐 포교냐를 논하는 것이 무슨 의미가 있

는가? 수행을 명분으로 한 개인적이고도 이기적인 사고와 삶의 태도
들이 자신의 수행과 사회적 고통의 문제를 해결하는 데 현실적으로
어떤 도움이 되는 것인지 알 수가 없다.

역사적 예를 생각해 보자. 소림굴에서 면벽한 달마와 천촌만락을
누비고 다닌 원효는 서로 상반된 모습이다. 그럼에도 불구하고 그들
은 한결같이 인류 역사의 문제와 아픔을 자신의 것으로 삼는 대비원
력의 문제의식으로 살았다. 법의 정신으로 세상을 구제하는 수행자로
서의 빛깔은 다르지 않았다. 이 점을 직시하고 명심하지 않는 한 불교
수행자들의 혼미와 혼란은 더욱 깊어질 것이다.

싯다르타의 문제의식을 공부하는 동안 하나의 확신이 생겼다. 자기
중심의 이기적인 사고로 수행과 깨달음만을 앞세우는 한국불교의 수
행풍토는 철저히 반성되어야 한다. 중생의 고통을 자기 아픔으로 삼
는 대비원력의 문제의식 확립을 우선 가치로 여기는 근본적인 전환이
필요하다.

싯다르타는 출가 이전에 그런 과정을 철저하게 밟아 온 반면 오늘
의 출가자들은 이에 대한 모색과정이 빈약하다. 이 점을 솔직하고 겸
허하게 인정해야 한다. 그리고 부처님 가르침과 그 사상에 입각하여
대비원력의 문제의식이 확립될 수 있도록 구체적인 과정을 밟아 가야
한다. 그렇게 할 때, 수행자와 승단의 방향이 바로잡혀 가게 된다.

이 점을 간과하는 한 출가수행 연륜은 무의미하다. 뿐만 아니라 세

월과 함께 신심이 점점 뒷걸음질치게 될 것이다. 나아가 자신도 타락하고 후학도 크게 그르치며 세상을 속이는 결과가 되고 말 것이다. 부처님의 어머니는 마야부인이 아니라 대비원력의 발심(문제의식)이었음을 명심해야 한다.

아울러 오늘의 우리들은 법과 중생을 위하여 자신의 모든 것을 바칠 수 있는 대비원력의 문제의식이 얼마나 확고하게 자리잡고 있는지 적시해야 한다. 그리고 철저한 자기 반성과 비판에서부터 문제의 실마리를 풀어 가려는 겸허함과 지혜가 요청되고 있음을 알아야 한다.

제3장
출가

1. 싯다르타의 **출가**를 공부하는 **우리의 입장**

전통적으로 출가를 '위대한 포기·버림·떠남'이라고 한다. 미혹과 고통을 생산하는 중생적 삶을 버리고 깨달음과 해탈을 내용으로 하는 부처의 삶을 선택하는 것을 의미한다. 출가는 인간과 역사에 대한 근원적이고도 보편적인 해답을 찾기 위하여 자신의 모든 것을 바치는 대비원력의 실천이다. 삶에 대한 투철한 문제의식으로 치열한 고뇌의 과정을 거쳐 내려진 숭고한 결단이다. 전도된 세계관에 의해 빚어지는 모순에 찬 삶의 문제에 대한 근원적인 해결을 위하여 선택한 길이다.

따라서 싯다르타의 출가는 우리 모두의 희망을 실현하고자 하는, 큰 가슴의 위대한 포기이자 동시에 위대한 선택이다. 그러므로 당시 모든 사람들에게 신선한 충격을 주었다. 역사를 뛰어넘어 오늘의 우리들에게까지 하나의 귀감이 되고 있다.

그런데 싯다르타의 출가에 비추어 오늘을 살고 있는 우리 출가자들은 부끄럽다. 그동안 우리는 싯다르타와 같은 사무치는 대비원력의 문제의식을 갖고 살아왔는가. 올바른 문제의식의 확립을 위하여 얼마나 진지하게 노력했는가. 이웃들에게 삶의 가치에 대한 확신과 새로운 전환의 계기가 되도록 감동을 느끼게 하는 그 무엇을 보여준 적이 있는가. 불교신자들로부터 '우리 스님 제일'이라고 하는 인사치레를 듣는 것 말고, 일반 대중에게 어떤 감화를 주고 어떤 역할을 담당하고 있는가.

오늘날 출가자들은 기꺼이 가난을 선택함으로써 물질적 가치에 매몰된 사람들에게 각성의 계기를 제공하는 것 같지도 않다. 소박한 인간애를 실천함으로써 풋풋한 인정을 느끼게 하지도 못한다. 역사를 꿰뚫어 보는 통찰력으로 삶의 방향과 미래의 대안을 제시함으로써, 사람들에게 도움을 주지도 못한다. 친절한 자비의 한마디, 조건 없는 인내와 자애의 나눔도 넉넉하지 않다.

순수하고 소박한 인격으로 탈속한 출가자의 모습을 보여주지도 못한다. 모순에 찬 사회문제를 기꺼이 짊어지고 책임지려는 역사의식으로 대중들의 의지처가 되지도 못한다. 세인들로부터 존경받을 만큼 청정함과 성실함이 돋보이지도 않는다. 줄기찬 정진력으로 사람들을 고개 숙이게 하는 뛰어난 힘을 보여주는 것 같지도 않다. 부끄럽고 안타까운 일이다.

부모형제와 세속적인 소망들을 모두 내던지고 산중으로 들어와 출가수행자로 살아가는 모습은 예나 지금이나 다를 바 없다. 하지만 위대한 포기, 위대한 선택의 의미를 갖고 있는 출가에 어울리는 내용을 가꾸지 못하고 있다. 사람들로 하여금 옷깃을 여미고 고개 숙이게 하는 출가자의 의연한 기상을 찾아보기가 어렵다.

부처님의 생애를 살펴보면 싯다르타를 부처님으로 태어나게 한 것은 마야부인이 아니다. 중생의 고통을 자신의 고통으로 삼는 대비원력의 문제의식이 부처님을 낳았다. 부처님의 경우를 미루어 생각하면, 오늘날 수행자의 무기력한 모습은 대비원력의 문제의식 확립을 위한 구체적인 모색이 없다는 데 그 원인이 있지 않은가 싶다. 다시 말해서 바람직한 문제의식을 확고히 세우고 출가를 했다면, 그 일상적 삶이 대비원력의 역동적 실천으로 나타났을 것이다. 나아가 만나는 사람들에게 위안과 희망의 선물을 안겨 주었을 터이다.

이런 점으로 미루어 볼 때 무엇보다도 먼저 서둘러야 할 것이 있다. 바로 대비원력의 문제의식을 확립하는 일이다. 대비원력을 확립하지 않는 출가란 자신의 인생을 공허하게 하고 후학을 그르치게 된다. 교단과 사회를 혼탁과 혼미의 늪으로 빠져들게 하는 죄인이 되고 만다. 세심한 살핌이 있어야 옳다.

늦었다고 생각하는 그 순간이 적기이다. 다시 출가하는 심정으로

올바른 발심을 확립하기 위한 모색이 필요하다. 싯다르타의 출가 내
용을 면밀하게 살펴보면서 우리 자신들의 출가 내용을 점검하고 재정
리해 보아야 한다.

2. 출가정신

경험적으로 볼 때 역사를 움직여 온 기존의 세계관〔자아 중심=탐·
진·치〕은 바른 길이 아니다. 그 길을 통해 삶의 문제를 근원적으로 해
결하는 것은 불가능하다.

싯다르타의 문제의식을 분석해 보면 크게 두 가지로 정리할 수 있
겠다.

첫째, 필연적으로 짐지워진 생사의 굴레로부터 벗어날 길이 없다.
존재 이유와 의미에 대한 근원적인 해답을 찾을 수가 없다.

둘째, 생존경쟁과 약육강식의 사고에 의한 끝없는 악순환의 연속일
뿐이다. 그 어디에서도 인간의 문제가 근원적으로 해결될 가능성을
찾아볼 수 없다.

싯다르타는 거듭 따져 보았지만 결론은 언제나 한결같았다. 지금껏

보고 배우고 익혀온 기존의 세계관과 삶의 방식을 따라가는 한 불행의 악순환과 맹목적인 소모전이 연속될 뿐이었다. 자신의 인생을 기존의 관행에 맡겨 두는 것은 인간이기를 포기하는 것과 다를 바 없는 일이었다. 더 이상 머뭇거려서 될 일이 아니었다. 뭔가 확실한 대책이 필요했다. 새로운 길을 찾지 않으면 안 된다는 확신이 생겼다. 그래서 싯다르타는 고민과 모색 끝에 출가의 길을 선택했다.

이제 확인해 보자. 싯다르타는 무엇을 찾아 출가를 한 것일까?

싯다르타의 출가의 내용을 잘 정리해 보면 진정한 출가가 무엇인지 드러날 것이다. 동시에 오늘의 출가자들의 문제가 어디에서 기인하는지도 찾게 될 것이다.

싯다르타는 생모의 죽음을 알면서부터 자기 정체에 대한 의문과 불안이 싹트기 시작한다. 농경제에서 인생의 현실이 비참함을 목격함으로써 삶에 대한 문제의식이 더욱 뚜렷해진다. 이에 더하여 전륜성왕의 길을 준비하는 수학과정에서 많은 문제점에 대하여 눈뜨게 된다. 과거에도 인간은 죽어 갔고 삶을 고통스럽게 하는 모순도 있어 왔다. 현재 상황도 예전에 비해 달라진 것이 전혀 없으며 미래에도 해결될 가능성이 없음을 알게 되었다.

『불교의 역사와 기본사상』이라는 책에서는 당시 상황을 다음과 같이 묘사하고 있다.

지배적 지위를 획득한 크샤트리아 출신 왕은 도시의 경제적 발전을 배경으로 하여 강대한 권력을 장악하였다.… 안으로는 전제적 행정으로 주민의 이익을 수탈하고 밖으로는 인접한 소국들을 무력으로 병합하였다.… 전제군주가 주민에게 끼친 압제는 횡포였다.… 농민들은 강제 노동에 시달렸다.… 국왕의 난을 도둑의 난과 같이 보았으며, 세금과 노동의 두 재난으로부터 벗어나기 위하여 출가하는 자가 많았다.

『불교의 역사와 기본사상』

인용문에 나타나 있듯이 예나 지금이나 대중들의 삶의 현장은 살벌함과 비참함의 연속일 뿐이다. 근원적인 해결의 실마리는 어느 구석에서도 찾아볼 수 없다.

'인간이란 무엇이며, 어떻게 살아야 할 것인가, 궁극적인 해결의 길은 어디에 있는가?' 원초적 고뇌를 안고 괴로워하던 싯다르타는 사문유관이라는 충격적인 사건을 겪게 된다. 이제 더 이상 머뭇거릴 이유가 없음을 확신한다. 이와 함께 자유사상가인 사문과의 만남을 통해서 새로운 길이 있을 것이라는 가능성을 발견하고 자신감을 갖게 된다. 늙고 병들고 죽어야 할 인간은 무엇이며, 왜 태어났는가. 인간을 불행의 질곡으로 몰아넣는 모순된 사회제도는 왜 생겼으며, 누구를 위하여 있는 것일까. 이런 결과를 가져온 원인은 무엇이며, 그 해결의 길은 어디에 있는가.

명확한 해답을 찾아야 한다. 존재의 이유와 가치를 모르는 삶은 허무하고 무의미하다. 삶에서 가장 중요한 일은 존재의 이유와 가치를 밝히는 일이다. 어떤 상황에서도 미루거나 회피해서는 안 되는 일이 바로 존재의 이유와 가치의 문제이다. 인간이기를 포기하지 않는 한 이 문제를 붙잡고 살아야 한다. 이 문제를 붙잡고 살아갈 때 인간다운 삶이 가능해진다. 희망찬 삶의 길이 열려온다.

인간의 경계는 환란이 많으며, 왕으로서 세상을 다스려 마음대로 하더라도 병들고 죽음을 면치 못한다. 이 세상은 살귀가 다스리는 곳으로서 왕들도 안락을 얻지 못한다.

『불본행집경』

차익아!… 아버지가 나를 사랑하듯이, 나도 아버지를 사랑하며,… 친족과 권속들을 버리고자 하지 않으며,… 두려워하는 것은 생사를 받음이며,… 미래세에 서로 이별하지 않으려는 까닭이니라. 만약 세상에 태어남과 죽음이 없고, 사랑하는 이와의 이별, 원수와의 만남이 없고, 경계가 진실하며,… 탁하고 더러움이 없다면 나도 세상 삶을 즐기리라.

『불본행집경』

세간의 오욕락을 알지 못함이 아니다. 나는 세상 일체 모든 일에 대하여 분명히 알았노라. 이 세상이 무상하고 파괴됨을 알았노라. 세상 영화가 비록 쾌락을 주지만 나고, 늙고, 병들고, 죽음이 있도다. 만약 이 네 가지가 없다고 하면 어찌 내 마음 기쁘지 않으리.

『불본행집경』

싯다르타는 성장하는 과정에서 보고, 배우고, 경험한 것을 종합하여 검토하였다. 기존의 사고와 삶의 방식에 매달려 있는 한 더 깊은 타락과 파멸이 있을 뿐이라고 확신했다. 그는 결코 인간적인 정서가 메말라 버린 사람이 아니었다. 향락을 싫어하거나 삶을 즐길 줄 몰랐던 것도 아니다. 다만 그것은 허무할 뿐이고, 더 많은 고통의 원인이 되어 커다란 불행의 모순을 낳게 될까 두려웠다.

세상을 전혀 모르고 있던 싯다르타가 어느 날 우연하게 출가하게 된 것이 아니다. 그는 학문적으로, 역사적으로, 현실적인 경험으로 인간과 사회의 문제가 무엇이며 그 원인이 어디에 있는지를 정확하게 파악하고 있었다. 새로운 해결의 길을 모색하지 않으면 안 된다는 현실인식을 확고히 하고 있었다.

나고, 늙고, 병들고, 죽는 법. 이 네 가지 법에 머물면서 즐거운 마음을 낸다면 뭇 짐승과 다름이 없다 하리라.

나는 열반을 구하고자 하는 까닭에 차라리 친척을 버리고 떠나 출가하려 하노라. 미래에 죽음의 귀신이 사람을 겁탈할 적에 목숨이 한번 그 입에 들어가면 먹혀 다하느니라.

『불본행집경』

대왕이여! 자식의 출가할 마음을 막지 못할 것입니다.… 태어남이 있는 모든 사람은 마침내 이별이 있습니다.… 헤어지는 법이 있음을 깨닫고도 그를 버리지 못한다면, 이것은 이로운 것이 아닙니다.

『불본행집경』

이제 싯다르타의 의지는 분명하고도 단호하다. 고통의 삶, 불행의 삶, 모순의 삶을 낳게 하는 기존의 모든 것(자아(탐 · 진 · 치) 중심의 세계관과 삶의 방식)을 기꺼이 내던져 버린다.

그 길은 인간의 삶을 파괴하고 더 큰 고통과 깊은 타락으로 끌고 가므로 어떤 슬픔, 어떤 아픔이 따른다 하더라도 반드시 버려야 한다고 확신했다.

세간의 즐거움은 잠시뿐이라 오래지 않아 모두 잃어버리고 큰
근심과 고뇌를 내지만, 법을 위해 힘을 내는 일은 매우 어려운 것
이라…. 나는 이제 세간을 위하여 해탈을 구하고자 출가 수도하
리니,… 내가 출가함은 모든 세간과 또 너희들 무리를 위하여 큰
이익을 짓고자 함이니라.

나는 이제 모든 천상과 인간을 위하여 이익을 짓고자 하기 때
문에 마음 내어 출가하노라.

『불본행집경』

봉록이 적은 까닭도 아니요, 천상에 태어나기를 구하는 것도
아니요, 오직 중생들이 어둡고 미혹하고 삿된 길로 가는 것을 보
고 광명이 되어 생사의 법을 소멸하고자 함이며, 세간을 이롭게
하고 걱정과 근심 없는 곳을 구하고자….

『불본행집경』

싯다르타는 자식으로서 부모형제를 나 몰라라 한다, 왕자로서 나라
와 백성을 버리고 떠나려고 한다, 저 혼자만 생각하는 몰인정한 사람
이다라는 비난과 원망의 소리를 귀가 따갑게 들었다. 자신이 가고자
하는 길이 진정 자신만의 안락을 위함인지, 자신은 정말 몰인정한 개
인주의·이기주의자인지 고민하고 또 고민하지 않을 수 없었다.

따라서 사회와 역사라는 전체의 흐름 속에서 자신의 존재 의미는 무엇이며, 그 역할은 무엇인지 거듭 자문하며 심사숙고했다. 그리고 자신을 향한 반문으로 불철주야 고심했다. 인간의 생사와 사회모순에 대한 궁극적인 해결의 길을 찾는 것이야말로 만인을 위한 만인의 길이요, 영원하고도 참된 길임이 의심의 여지가 없다고 판단했다.

인용문은 그 정황과 싯다르타의 심경을 적나라하게 나타내고 있다. 이는 싯다르타의 출가가 뭇 중생을 불쌍히 여기는 대비원력의 문제의식을 실현하기 위한 것임을 명료하게 보여주고 있다.

저는, 이제 참으로 부왕의 은혜 깊음을 아오나 깨달음을 얻기 위하여 떠나왔을 뿐입니다. 깨달음을 이루면 곧 돌아가 서로 기쁘게 부왕을 뵈올 것입니다. 저 때문에 크게 걱정과 근심을 하지 마소서. 저는 반드시 크고 착한 이익을 이루고, 다시 돌아와 어머님과 기쁘게 서로 뵈올 것입니다.

나는 무명의 어두운 그물을 깨뜨리고자 하는 것이니 궁극에는 지혜의 밝음을 증득하고 나서 다시 가비라성에 돌아가리라.

『불본행집경』

싯다르타가 '기어이 떠나리라', '반드시 돌아오리라' 하고 확고하게 의지를 천명한 것은 무엇을 말함인가? 삶을 깊이 사랑하는 역사인임을 나타내고 있다. 사랑하는 이들이 불행의 질곡으로 빠져드는 것을 방관할 수가 없다. 좋아하는 이웃들이 위험에 처해 있는데 모르는 척하는 것은 무책임하고 비겁한 일이며 사람으로서 있을 수 없는 일이다. 그 길이 아무리 험준하더라도 죽음이 없는 삶, 죽음으로부터의 자유로운 삶을 찾아내야 한다. 불행과 모순, 고통과 슬픔이 없는 길—새로운 세계관에 의한 삶의 길—을 찾아내야 한다. 이 길은 부모 형제를 사랑하고 사회와 역사 속에서 역할을 제대로 다하는 최고의 길이다.

이런 확신에 의한 선택이므로 그는 생살이 찢기는 아픔을 각오했다. 몰인정하다는 비난과 원망도 기꺼이 감수했다. 기존의 모든 것들을 과감히 버리고 새로운 길을 찾아 단호히 출가하지 않을 수 없었다.

부인들의 형용은 다만 이런 것이로구나. 부정하고 추악한데 무엇을 탐낼 것이 있는가. 겉으로 분과 연지며 영락과 의복이며 화관과 비녀 팔찌로 꾸며 거짓 몸을 장엄했도다.… 부인의 몸과 체성이 공하여 주인 없음이 마치 꿈과 꼭두각시 같구나.

아아, 세간에는 이런 큰 우환이 있도다. 아아, 두렵구나. 무엇을 탐낼 것이 있으리오.

『불본행집경』

밤늦게까지 마시고, 노래하고, 춤을 추던 유녀들이 흐트러진 자태로 정신없이 잠자고 있다. 그 모습은 마치 시체들이 쌓여 있는 무덤 속과 같았다. 싯다르타의 마음은 허무의 심연 속으로 빠져들어 갔다. 가슴 속에는 정체를 알 수 없는 허허로운 바람만 불어왔다. 정말 떠나야 할 때가 왔다는 생각이 들었다. 주체할 수 없는 슬픔과 고통의 절규가 싯다르타의 입에서 흘러나왔다.

> 차익아! 너는 나를 거역하지 말라. 말 건척을 끌고 나오되 일체의 석가족들이 말소리를 듣지 못하게 하라.
> 나는 이제 출가 · 수도하리니, 너는 잘 노력하고 용맹한 힘을 내어 민첩하고 빨리 달려가라. 너 건척아! 힘써 나를 태우고 달려라. 천상과 인간의 이익을 주고자 출가하노라.

『불본행집경』

출가를 결행하려는 순간, 마부 차익과 말 건척에게 명령하고 당부하고 있다. 이 대화 속에는 석가족에게 들켜 출가를 제지당하면 어쩌나 하고 초조해 하는 싯다르타의 모습이 나타나 있다.

경전을 보면 싯다르타의 출가를 막기 위한 부왕과 석가족들의 노력은 철저했다. 인간의 도리를 내세우기도 하고, 권력과 미녀로 유혹하기도 했다. 여러 가지 방법으로 설득했지만 이래도 안 되고 저래도 안 되었다. 결국 정반왕은 성문을 튼튼히 하여 허술한 점이 없도록 명령을 내렸다. 곳곳에 경비를 세워 지킴으로써 출가를 막으려고 했다.

이와 같은 앞뒤의 정황으로 볼 때, 왕궁을 탈출하여 출가하는 것은 거의 불가능했다. 그럼에도 불구하고 출가하지 않을 수 없었던 싯다르타의 심정이 어떠했는지 충분히 짐작할 수 있을 것이다.

> 내 이제 성왕의 지위를 버린 것은 오직 얽매임에서 해탈되기를 구하는 때문이다. 차익아! 나는 이제 왕위를 취하지 않으니 마음이 크게 기쁘다.… 출가함이 이런 이익 있음을 보았기에 그것을 끊어 버리고 산 숲에 들어왔으며,… 나는 이제 생사해탈을 구하고자 하노라.
>
> 『불본행집경』

경전에는 사람들 몰래 성을 빠져 나오는 과정이 자세하고도 실감나게 묘사되어 있다. 위의 인용문은 성을 탈출하여 산에 들어온 직후 싯다르타의 입에서 저절로 흘러나온 독백이다. 출가를 결행한 다음에 안도의 기쁨을 감추지 못하는 모습이 선명하다. 출가를 단행하기가 얼마나 어려웠으면, 미지의 미래에 대한 불안도 잊은 채 저와 같이 좋아할 수 있을까.

산과 들에 있는 어진이여! 그대는 가사물이 든 옷을 나에게 줄 수 있겠는가?… 그대는 이처럼 추하고 떨어진 의복과 가사가 무엇에 필요한가. 내 이제 당신에게 주겠으며 참으로 인색하려 하지 않나이다.

나는 이제 비로소 진정 출가자라 이름하리라.

『불본행집경』

싯다르타는 한밤중에 몰래 성을 넘어 집을 빠져 나온 후 머리를 깎고 가사를 입었다. 출가가 비로소 구체적인 현실이 되었다.

지금까지 살펴본 바에 의하면 싯다르타의 출가의 의미를 두 가지로 말할 수 있다. 첫째는 기존의 것을 버리고 떠남이며, 둘째는 새로운 길을 선택함이다. 생사에 얽매이고, 고통의 질곡 속에 빠지며, 불평등의 모순을 낳는 사고와 삶의 방식을 버린다. 생사로부터 자유롭고 이치에 맞는 평등함으로 모두 함께 행복할 수 있는 새로운 세계관과 삶의 방식을 찾아 나선다.

그 구체적인 실천형태는 왕궁 속에서 대중 속으로, 소유에서 무소유로, 풍족함에서 검소함으로, 화려함에서 소박함으로, 방종에서 절제함으로, 귀족에서 서민으로, 오욕락에서 고행으로, 특권에서 평등으로, 자기 중심에서 이웃과 함께 함으로, 받아 누림에서 나누어 줌으로, 권위의 군림에서 겸허함으로, 지시함에서 몸소 실행함으로 나타났다.

그는 생사의 고통과 불행의 모순을 낳게 하는 전도된 세계관의 문제를 정확하게 통찰했다. 더 깊은 질곡으로 빠져들게 하는 인습적인 사고와 삶의 방식 속에 숨어 있는 위험들을 잘 알고 있었다. 따라서 그는 철저한 포기·버림·떠남의 출가를 실행하게 되었던 것이다.

싯다르타가 포기하고 버리지 않으면 안 된다고 판단한 출가의 내용을 몇 가지로 정리해 보자.

① 인간을 파멸시키고 고통의 늪으로 빠져들게 하는 기존의 실체론적 자아 중심의 세계관에 의한 사고와 삶의 방식이다. 이를 버리지 않고 연연해하는 한 불행은 계속될 수밖에 없다는 투철한 현실인식이다.

② 전도된 세계관에 자신을 맡겨 놓은 채 모순의 질곡 속에서 아귀다툼하는 이웃들에 대한 뜨거운 연민이다. 즉 인간적인 양심과 투철한 역사의식을 바탕으로 그 책임과 역할을 다하지 않으면 안 된다는 자각이었다.

③ 이에 대한 궁극적인 해답과 해결책을 모색하지 않는다면 그 어떤 삶도 무의미하다. 인간임을 포기하지 않는 한 어떤 아픔을 치르더라도 반드시 극복되어야 한다는 신념이었다.

④ 그렇기 때문에 이 한 몸 바쳐서라도 반드시 궁극적인 삶의 길을 찾아낼 것이다. 근원적인 해답을 찾아 돌아올 것이라는 확고한 의지의 실천으로 나타난 것이 싯다르타의 출가인 것이다.

3. 반성되어야 할 우리의 문제

    오늘을 살고 있는 우리들의 출가내용은 어떠한가. 물론 일률적이지는 않을 것이다. 조금은 막연하게 모순에 찬 현실을 벗어나 새로운 길을 추구하겠다는 생각으로 뛰쳐나오는 것 같다. 하지만 거기에는 고통과 불행의 원인인 전도된 세계관이 갖고 있는 문제의 심각성에 대한 구체적인 현실인식이 결여되어 있다. 진정 버리고 떠나야 할 것이 무엇인지에 대하여 치밀하게 정리되어 있지 않다.

    대부분 자신이 겪는 고통과 모순으로부터의 막연한 출가이다. 그 내용을 면밀히 관찰해 보면 개인적이고도 이기적인 행위의 범주를 크게 벗어나지 못하고 있다. 자신과 이웃의 고통이 하나의 문제임을 인식하는 통찰력이 부족하다. 이웃과 사회를 향하여 평등하게 열려 있는 대비원력의 문제의식이 형성되어 있지 않다. 사회 · 역사라는 전체의 문제를 자신의 것으로 짊어지려는, 역사인으로서의 책임과 역할에 대한 자각이 결여되어 있다. 그렇기 때문에 출가하여 모습이 달라졌음에도 불구하고 기존의 자기 중심적인 세계관에 의한 이기적 사고와 삶의 방식을 그대로 답습하고 있다.

더욱 심각한 것은 구태의연하게 세속적인 사고와 삶의 방식에 젖어 있다는 점이다. 출가인으로서 자아도취적인 권위의식에 사로잡혀 있는 그들의 사고와 삶은 이웃과 역사라는 전체의 흐름과는 무관하게 자신의 안일과 이익만을 위하여 행동하는 초라한 모습이다.

자신의 인생이 옹색해지고 승단의 모순과 혼란이 더욱 깊어져 갈수록 대중들은 불신한다. 출가수행에 대한 회의론이 확대되는 것은 매우 서글픈 일이며 우리 모두의 불행이다. 이대로는 안 된다. 분명 길이 있을 것이다. 그것을 찾아내야 한다.

이제 우리들이 가꾸어야 할 출가정신과 그 실천의 문제를 간단하게 정리해 보자.

첫째, 극복되어야 할 것이 무엇인가에 대한 정확하고도 구체적인 현실인식이 있어야 한다. 부처님은 그것을 직면한 현실, 즉 '고苦에 대한 바른 인식'이라고 했다. 필연적으로 짐지워진 생사고와 모순된 조건 때문에 겪어야 하는 현실적인 고통의 문제에 대한 철저한 자각이 없는 한 형식적인 출가가 되고 만다는 점을 깊이 성찰해야 한다.

둘째, 버려야 할 것이 무엇인지 정확하게 파악해야 한다. 부처님은 그것을 고통과 모순을 낳는 원인에 대한 바른 앎이라고 했다. 기존의 전도된 세계관에 입각한 그 어떤 사고와 노력도 이기적일 수밖에 없다. 문제의 원인에 대한 사무치는 인식이 없는 출가는 또 다른 세속적인 안주를 낳고 만다는 점을 명심해야 한다.

셋째, 실체론적 세계관에 의존해 있는 한 궁극적인 해결은 불가능하다는 것을 인식해야 한다. 동시에, 새로운 세계관〔연기론적(동체적) 세계관〕에 의한 사고와 삶의 방식으로 전환해야 한다. 세계관과 가치관의 전환이 없다면 출가인으로 평생을 산다 해도 바람직한 해결의 길은 열리지 않는다는 사실을 분명히 알아야 한다.

넷째, 위대한 버림 또는 위대한 선택의 의미를 갖는 출가정신은 끊임없이 현실생활에 실천되어야 한다. 인간은 일생을 통하여 수없이 새롭게 태어나야 된다. 출가란 우리를 미혹케 하는 그 어떤 허상도 타파하려는 구체적인 실천이다. 언제 어디에서나 자기 중심의 이기성에 의한 정신적·육체적·관습적 허상을 타파하기 위한 출가정신의 실천이 생활화될 때 비로소 참된 출가라 할 수 있다.

이렇게 볼 때 '버릴 것이 무엇인지, 왜 버려야 하는지'에 대해 정확하게 아는 일은 매우 중요하다. 버림에 대한 확고한 문제의식이 없이 세상을 떠나오는 것만으로 출가가 이루어진다고 여겨서는 안 된다. 만일 그랬다면 그것은 자신의 삶 그리고 역사 속의 한 인간으로서 불성실하고 무책임한 태도이다.

지금까지 정리한 내용에 의하면, 승단이 서둘러야 할 일이 분명해진
다. 출가 동기에 관계없이 출가한 모든 사람들에게 '버리고 떠나야 할
것이 무엇인지'에 대한 이해와 자각을 심어 주는 일이다. 극복되어야
할 현실문제에 대한 바른 인식과 버려야 할 대상과 그 이유를 바로 알
게 하는 기초적인 작업이 선행되어야 한다. 그렇지 않을 경우 세속을
떠나는 행위는 무의미한 형식적인 출가일 뿐 그 이상의 다른 뜻은 있
지 않다. 기초를 올바르게 다지지 않는 출가수행은, 이기적인 자아도
취에 빠져 스스로를 그르치고 타인으로부터 비난과 경멸을 받게 된다.

중생과 고락을 함께 하는 보살행도 예외가 아니다. 자칫 잘못하면
보살행이라는 명분을 내세워 이기적인 욕망을 합리화시키는 형태로
표출된다. 스스로를 세속화[물량적 가치] 시킬 뿐만 아니라 이웃들을
오도하게 된다. 참으로 정신차려야 한다.

궁극적 가치를 창조해 내는 참된 출가는, 진실한 버림의 실천을 통
해서만 가능하다. 극복해야 할 고[현실]와 버려야 할 문제의 원인[탐·
진·치]을 바르게 인식하여 참되게 버릴 수 있도록 체계적인 교육이 실
행되어야 한다. 싯다르타와 같은 사무침은 없다 하더라도 그를 닮아 가
려는 의지와 노력이 있다면 그나마도 양심적인 출가인이라 할 것이다.

냉정하게 우리 자신에게 물어 보자. 우리는 지금 무엇을 어떻게 버
리며 살고 있는가? 맛있는 음식, 편리한 생활, 감각적인 즐거움 등 탐
욕에 자신을 맡겨 놓고 있지는 않은가. 맛있고, 편리하고, 즐거운 것

들을 향한 욕망의 흐름을 면밀하게 성찰하고 있는가. 기꺼이 버리고 떠나려는 노력을 지속적으로 실천하고 있는가. 욕망에 연연하는 자신을 부끄러워하며 얼마나 뼈아프게 고뇌하고 있는가.

우리의 의지처인 승단이 불교적인 가치관을 상실하고 혼미와 혼란을 거듭하고 있는데 우리는 어떤 책임감으로 어떤 역할을 하고 있는가. 기껏 총무원·종회·본사·원로·중진 스님을 원망하며 책임을 묻고 있는 것은 아닌지 모르겠다. 승단의 모순과 혼란에 대한 자신의 책임과 역할은 없는 것처럼 착각하고 있는 것은 아닌지 의심스럽다. 한 걸음 더 나아가 자신이 승단의 타락을 조장하고 혼란스럽게 하는 데 한 몫을 하고 있는 것은 아닌지 돌이켜볼 일이다.

출가자라면 이기적이고도 안일한 사고는 내던져야 한다. 오늘의 승단문제에 대해 책임지려는 헌신적인 큰 가슴을 가져야 한다. 중생의 아픔을 자기 아픔으로 인식하는 양심이 살아 있지 않다면 출가정신이 살아 있다고 할 수 없다. 승단현실에 대한 절실한 책임을 느끼지 못한다면, 그 자신도 승단문제의 원인 제공자로 비판받아 마땅하다.

역사현실은 인간의 원초적인 바람을 비웃는 듯하다. 법의 정신과는 정반대로 흘러가고 있다. 출가자는 고통과 불행으로 점철된 역사문제를 자기 문제로 인식하는 자비심을 가져야 한다. 그렇지 않을 경우 출가는 자신과 세상을 속이는 일이 되고 말 것이다. 출가정신이 일상 속에 실천될 수 있도록 성찰을 통한 버림과 새로운 선택을 위한 노력을 해야 한다. 이러한 노력은 틀림없이 자신의 삶을 가치 있게 하고 이웃을 감동시킬 것이다.

곰곰이 생각해 보면 기존의 낡은 것을 부정하고 새로운 것을 찾으려는 출가정신은 문제아의 기질과 상통하는 점이 있다. 어떤 의미에서 문제의식의 기질은 생명력 넘치는 에너지라고 할 수 있다. 이 생명력 넘치는 에너지인 문제의식의 기질을 창조적으로 잘 다스려야 한다.

역사적으로 볼 때 부처님을 위시한 성자와 현자들은 거의가 다 문제의식의 기질을 소유한 사람들이었다. 이들이 역사 속에서 존경받는 까닭은 바로 문제아의 기질을 창조적으로 다스리고 조절하기 위하여 전심전력했기 때문이다. 반면 문제아의 기질을 창조적으로 승화시키지 못할 경우에는 자신의 인생을 그르칠 뿐만 아니라 사회와 역사에 피해를 끼치는 사람이 되고 만다.

문제는 어떻게 문제아의 기질을 창조적으로 승화시켜 활용할 것인가에 있다. 물론 제일 중요한 것은 당사자의 주체적인 자각과 노력이다. 주변의 선후배와 동료들의 깊은 애정과 협조도 필요하다. 안과 밖의 조건이 갖추어지면 그 가능성은 현실이 되어 나타나게 된다.

같은 맥락으로 볼 때 참된 출가를 위한 기초 작업과 구체적인 실천에 관심을 갖는 일은 매우 절실하다. 투철한 문제의식으로 출가의 길을 갈 때 오늘의 출가자와 승단문제가 조금씩 가닥이 잡혀갈 것이다. 이에 대한 진지한 모색이 있었으면 하는 바람이다.

修行
제4장
수행

1. 싯다르타의 **수행**을 공부하는 **우리의 입장**

절집 안에서 오가는 이야기를 듣노라면 어떤 것이 바람직한 수행자의 길인지 종잡을 수가 없다. 이쪽 이야기를 듣다 보면 이쪽이 옳은 것 같고, 저쪽 이야기를 듣다 보면 저쪽이 옳은 것 같다. 판단의 기준이 법(法, 가르침)에 있는 것인지, 사람에 있는 것인지 어지러움을 느낀다.

객관적으로 살펴보면 오히려 절집 안에서 독선적이고도 편협한 사고, 거칠고 무책임한 언어들이 사용되고 있는 것을 볼 수 있다. 겸손이나 너그러움, 부드러움과는 거리가 멀다. 부지런하고 검소하지도, 헌신적이지도 않은 생활태도가 그대로 노출되고 있다. 그럼에도 불구하고, 수행납자라는 이유만으로 자신이 올바른 수행자인 것처럼 생각한다. 일반적으로 주변에서도 그렇게 동의하는 경향들이다.

평생 경전을 연구하고 후학을 가르치며 '중은 부처님 경전공부를 하지 않으면 안 된다' 고 강조하시던 강사 스님들도 기회가 있을 때마다. '경전공부해 봐야 소용없어. 참선해야 돼' 하고 스스럼없이 말하곤 한다.

정화종단이 탄생된 후 비구승단으로서의 기강을 세우기 위하여, 계율을 스승 삼으라고 하신 부처님의 유언을 상기시키는 등 '계율이 살아 있어야 승단도 살게 된다' 고 열정적으로 설득하시던 스님도 '나는 율사가 아니여' 하며 계율공부한 것을 부끄럽게 여기는 것 같은 인상을 풍긴다. 주지로서의 권위를 내세우며, 주지하기 위하여 온갖 열정을 쏟는 주지 스님도, '주지가 별수 있어, 나는 사판 중이여' 하며 자조적인 표현을 거리낌 없이 내놓는다. '포교하지 않으면 안 된다, 곳곳에 포교당을 지어야 한다' 고 열변을 토하며 포교를 위하여 동분서주하는 스님도 '난 말 팔아먹는 장사꾼이여' 하며 쑥스러워한다. '중이 탁자밥은 내려 먹을 줄 알아야 해' 하며 지극 정성으로 불공, 제사, 시다림 하시는 스님도 '난 재바지 중이여' 하며 멋쩍어한다.

살펴본 바대로 오늘날 승가대중의 사고와 삶의 태도가 과연 괜찮은 것인지 또는 출가수행자란 어떤 사고와 생활태도를 견지해야 옳은 것인지 종잡을 수가 없다. 수행자답지 못한 몰상식도 파격의 무애행이라는 이름으로 정당화된다. 비불교적인 부당함도 어른 스님이라는 이유로 반성적인 비판의 말 한마디 할 수 없다. 원칙과 상식이 무너져버린 승가풍토가 불교와 당사자 그리고 우리 모두를 위하여 괜찮은 것인지 반문하지 않을 수 없다. 수행이라는 이름 아래 비인격·몰상식·무책임·비수행자적인 행위가 정당화되거나 묵과되어도 무방한 일인지 납득이 가지 않는다.

불조의 가르침에 의하면 수행은 일상적인 사고와 언어, 행동과 무관하게 따로 존재하는 것이 아니다. 고불고조께서는 '간절함과 정성스러움이 가득하지 않는 한 수행이 될 수 없다'고 하셨다. 불조의 가르침인 간절함과 정성스러움은 격내格內인가, 격외格外인가? 우리 수행자들은 어느 쪽을 선택해야 할 것인가?

양심적으로 반문해 보자. 자아 중심의 이기적 사고, 거친 언어, 무책임하고도 불성실한 행동을 해도 참선만 하면 되는 것인가. 편협하고도 배타적이며 자아도취적인 권위의식에 사로잡혀 있어도 수행자라는 이유만으로 합리화될 수 있는 것인가. 상식적으로 있을 수 없는 일이다. 솔직히 그런 수행자는 불교와 세상을 위해 있어야 할 이유와 가치가 없다.

'선방 가야 돼, 난 율사가 아니여, 난 사판이여, 난 장사꾼이여, 난 재바지 중이여' 절집에서 오가는 이야기 어디에도 불교적 가치관과 수행자로서의 신념이 보이지 않는다. 불교적 가치관과 신념이 결여된 수행자의 사고·언어·행동·생활 속에 진실이 깃들어 있을 리 만무하다. 무책임한 수행자의 생활은 위선일 수밖에 없다. 대부분의 수행자들이 자아도취적인 편견에 사로잡혀 있다. 서로의 전문성과 역할에 대한 필요성과 중요성에 대해 올바른 인식이 없다. 서로 존중하고 격려하기보다 상대를 불신하고 배척하는 몰골 사나움을 드러내고 있다.

뿐만 아니라 불조의 가르침 중 어디에 근거한 것인지, 사고와 언어, 행동을 비롯한 생활이 불교적이며 수행자적인지는 논하지 않는다. 개인 토굴을 마련하여 일없이 지내는 것을 마치 선 수행의 전통처럼 여긴다. 아무 책임 없이 조용하게 지내는 것을 순수한 수행자의 삶으로 평가한다.

수행자란 과연 어떤 모습이어야 하는 것일까? 타성에 젖은 수행자들의 삶이 불교를 꽃피게 하고, 중생들을 해탈의 삶으로 이끌어 올릴 수 있다면 걱정거리가 되지 않는다. 미혹의 역사를 깨달음의 역사로 전환시키는 데 바람직하다면 논란의 여지가 있을 수 없다. 그런데 오늘날 불교계 내외 그 누구도 '한국불교가 이대로 좋다'고 믿는 사람은 없다. '불교의 미래는 밝다'고 여기는 사람을 찾아보기 어렵다. 이런 점들을 생각할 때 수행관과 수도자상의 혼란을 바로잡는 일은 중요하고도 시급한 일이다.

이에 출가수행의 원형인 싯다르타의 수행이 어떤 것인가를 정리해보고자 한다. 이 일은 오늘날 수행자들이 안고 있는 문제에 대한 반성과 나아가야 할 방향을 찾아보기 위해 반드시 필요하다고 본다.

2. 싯다르타의 **수행과정**

　깨달음에 뜻을 둔 수행자들이 부처님 생애 중에 깊은 관심을 갖는 부분은 싯다르타의 수행과정과 내용이다. 그럼에도 불구하고 싯다르타의 수행과정에 대하여 면밀하게 살피지 않는다. 막연하게 6년 고행과, 고행을 버리고 중도中道를 선택한 행동의 위대함을 강조할 뿐이다.

　정작 놓쳐서는 안 될 중요한 내용인 싯다르타의 수행 목적과 방법에 대한 깊은 천착이 없다. 그리고 종교적 신비체험이 궁극의 길이 아니라고 하는 싯다르타의 문제의식이 어떤 것인지에 대하여 관심을 기울이지 않는다. 중요하고도 핵심적인 내용들은 덮어 둔 채 한쪽은 싯다르타가 포기해 버린 고행주의苦行主義 형식에 집착한다. 만사 제쳐 놓고 은둔수행만이 부처님 자취를 본받는 유일한 길임을 고집한다.

또 다른 쪽은 중도에 대한 왜곡된 이해로 무사안일과 적당주의로 흐르고 있다.

물론 이 글도 문제제기의 수준을 벗어나기는 어려울 것이다. 비록 그럴지라도 싯다르타의 문제의식과 수행과정을 정리하다 보면 수행자들이 버리고 극복해야 할 것이 무엇인지를 찾아낼 수 있을 것이다.

> 모든 대중들은 귀의할 데가 없고, … 생사에 얽힌 바 되어도, … 무상을 싫어하여 버릴 줄 모르는구나. 내 이제 … 고뇌의 세간을 구호하기 위하여, 마땅히 세간을 위해 생사가 다한 법을 설하리라.
>
> 『불본행집경』

싯다르타가 왕사성에 들어가 걸식하면서 비참한 사회현실을 목격하고 출가의 본뜻을 거듭 확고히 하는 모습이다. 싯다르타의 발심이 어떤 내용인지 잘 나타나 있다.

경전에서는 거의 통일적으로 보리심菩提心〔깨달음의 마음〕이라고 하고 있다. 보리심의 내용은 대비원력을 뜻한다. 전통적으로 출가수행의 기본입장을 계승해 온 선가에서는 생사발심生死發心이라는 표현을 써 왔다. 같은 맥락에서 반야 선사般若禪師는 대자비심이 없으면 참된 수행이 될 수 없다고 단언하였다.

전통적인 관점에서 생각해 보자. 궁극적인 존재의 이유와 가치에 대한 문제의식인 대비원력의 보리심이 수행의 첫 출발이자 마지막 도달점이다. 옳고 그름, 삿되고 바름을 판단하는 척도이다. 보리심의 정신으로 보면 싯다르타가 직접 경험한 선정체험이 궁극적인 깨달음이 아님이 드러난다. 고행이 바른 수행방법이 아님을 알고 떠날 수 있었던 힘이 바로 대비원력의 보리심이다. 과감하게 새로운 길을 모색하게 한 힘도 역시 보리심이었다.

나는 지금 왕위를 버리고 권속과 나라성을 버리고도 후회하지 않노라. 이 일-출가-이 이루어졌으니 상相을 멸하는 법이로다.

『불본행집경』

싯다르타는 머리를 깎고 가사를 입은 다음 심경의 일단을 이렇게 드러내었다.

싯다르타는 수행자 사회에서 들은 정보에 따라 바가바 선인의 처소를 찾아가 수행자들의 고행 모습을 둘러보고 가르침을 청했다.

나는 … 도를 구함이 오래지 않으므로 나를 위해 법행法行을 해설해 주오.… 나도 따라 행하리다.

쇠똥을 먹으며, 가시 위에 누우며,… 불을 섬기며,… 머리털

을 뽑는 고행의 공덕으로 천상,… 인간에 태어나고,… 안락을
얻는다.

『불본행집경』

하늘에 제사지내기 위해 중생 살해함이 적지 않고 후에 낙 받
기를 구한다.

『불본행집경』

그 시다림은 네 가지 무리들이 평등하게 몸을 보시하는 복덕
의 땅이요,… 이 곳에 몸을 보시하는 사람은 … 천상에 태어나 …
낙을 받게 된다.

『불본행집경』

싯다르타는 미래를 보장받기 위해 현재를 희생시키는 수행자들의
고행이 납득되지 않았다. 마치 죄수들이 더 크고 튼튼하고 편안한 감
옥을 새로 짓는 것처럼 어리석고 무모하게 여겨졌다.

고오타마여! 수행하고자 하는 자는… 출가의식에 따라 걸식하
고,… 계행을 지키며… 분수에 맞게 완구를 마련하고, 고요한 곳
에 홀로 거닐거나 앉습니다.… 탐진치의 허물을 보고 멀리 떠나

며, 모든 욕망의 쾌락을 싫어하고, 모든 근根을 조복하여 선정에
듭니다.… 초선 · 재선 · 삼선 · 사선 · 무소유처정無所有處定을 증
득합니다.

『불본행집경』

싯다르타는 아라라 선인의 지도를 받고 열심히 정진하여 최고의 경
지인 무소유처정에 도달했다. 그리고는 무소유처정이 존재의 실상을
밝히는 궁극의 경지가 못된다고 비판한다.

그 행은 정할 수 없으며 형상을 다할 수 없습니다. 그러나 무
상사無相師 · 선정주禪定主가 세운 바이니 대범천大梵天이 이것입
니다.

『불본행집경』

싯다르타로부터 비판받은 아라라 선인이 궁극의 세계는 대범천에
의해서 건립되는 것이라고 대답한다. 싯다르타는 아라라 선인으로부
터 함께 지도자로 지내자는 제안을 받았다. 하지만 정중하게 사양하
고 우타라 선인을 찾아 길을 떠난다.

고오타마여! 무릇 상相과 상相 아님을 취한다면 그것은 큰 근

심이요.… 크게 어리석고 어두움이니,… 만약 미세하게 생각하면 곧 미세한 체를 받으며,… 그 과로서 비상비비상처非想非非想處에 이르는데,… 나는 가장 뛰어난 묘한 법을 행한다오.

『불본행집경』

우타라 선인의 가르침이다. 싯다르타는 우타라 선인의 지도를 받고 수행에 전념하여 궁극의 경지라고 하는 비상비비상처정을 체험한다. 훨씬 심화된 선정체험을 했지만 여전히 삶의 문제에 대한 답답함이 철의 장막 같았다. 싯다르타는 생의 실상을 밝히는 궁극의 경지가 아니라는 비판적 문제제기를 한다. 싯다르타의 비판에 대해 우타라 선인은 끝까지 비상비비상처정이 궁극의 경지라고 주장하며 함께 지도자로 지낼 것을 제안한다.

무소유처정과 비상비비상처정 등 두 차례의 종교적 신비체험은 싯다르타에게 어느 정도 마음의 평화를 가져다 주었다. 인생의 실상實相을 밝혀내지는 못했지만 일정 기간 마음의 안정과 희열을 누릴 수는 있었다. 하지만 그것은 마치 돌로 풀을 눌러 놓은 격일 뿐, 생사의 근원을 밝혀내는 길은 아니었다.

두 선인으로부터 지도를 받고 깊은 체험을 했으나 궁극의 경지가 아님을 확인한 싯다르타는 이제 어떻게 해야 하는가 하는 고민을 한다. 가야산에 올라가 몸과 마음을 수습 한 후, 지금까지 보고, 듣고,

경험한 수행자들의 문제를 자세히 검토해 보았다.

첫째, 사문과 바라문들이 몸과 마음이 방일하고 욕망에 집착하면 비록 고행할지라도 도에 이를 수 없다.

둘째, 몸을 제어하여 욕락을 행하지 않더라도 마음으로 욕락을 탐착하면 비록 고행하나 도에 이를 수 없다.

셋째, 몸을 제어하여 욕락에 탐착하지 않고 모든 번뇌(마음)를 제어하여 적정한 가운데 고행하면 곧 세상을 벗어나는 승지勝智를 증득하게 된다.

『방광대장엄경』

수행의 문제를 정리한 싯다르타는 가야산에 자리를 잡고 앉아 예로부터 지금까지의 고행을 돌이켜보면서 더 철저한 고행을 시작했다.

나는 지금 정진하는 마음으로 게으름을 버렸으며 최상의 고행, 최승의 난행을 할 것이다.

『방광대장엄경』

보살은 이렇게 관찰하고 바른 생각으로 자리에 앉은 뒤 입을 다물고,… 생각을 모아 몸과 뜻을 조복하며,… 입으로 쉬는 숨과 코기운을 제거하였다.… 내 이제 손바닥에 즙을 조금 담아 마시고 목숨을 이어 가리라.… 보살이 적게 먹고 고행하므로… 마치 익지 않는 박이 꼭지가 끊어져 살이 마르고 껍질이 쭈그러진 듯하며,… 쭈글쭈글한 가죽에 싸여 있는 늑골이 마치 낡은 마구간 위에 서까래가 붙어 있음과 같았다.

『방광대장엄경』

기존의 수행법을 검토한 다음 최고의 고행법을 선택하여 실천한 것 중 중요한 부분만을 인용해 보았다.

고행의 내용과 진행과정을 정리해 보자.

첫째, 자세를 잡고 앉아 신체의 어느 부분도 움직이지 않는다. 몸과 마음의 집중이 어느 정도 이루어졌을 때, '나는 움직이지 않는 삼매에 들었구나' 하는 생각을 한다.

둘째, 호흡을 정지시키는 고행에 들어간다. '나는 다시 움직이지 않는 삼매에 들리라' 하며 정진한다. 호흡이 정지되는 것을 체험하고는 '이제 다시 움직이지 않는 삼매에 들었다' 고 생각하며 더 치열하게 고행한다.

셋째, '나도 일체 음식을 끊고 정행淨行을 행하리라.… 내 이제 손바닥에 즙을 조금 담아 마시고 목숨을 이어 가리라' 하고 뜻을 세운 다음 단식 고행에 들어간다.

싯다르타는 6년 동안 움직이지 않음, 호흡 정지, 단식 등 상상을 뛰

어넘는 고행을 해 나갔다. 보는 사람들마다 "이미 목숨을 마치었구
나" 하고 안타까워할 만큼 고행은 처절했다.

내 몸이 부스러져… 가루가 되더라도 스스로 이익 되고 남을
이익 되게 하지 못하는 한 끝내… 게으름을 내지 않으리.

『방광대장엄경』

목숨을 건 고행으로 인해 몸은 야윌 대로 야위어 갔다. 하지만 생에
대한 의혹과 불안의 어두움은 사라지지 않았다. 그 누구도 하지 못한 고
행을 하며 죽기 직전까지 왔는데도, 궁극적인 해답을 얻지 못했다. 싯다
르타는 지금까지의 고행에 대해 곰곰이 돌이켜보며 지난날을 떠올렸다.

내 생각컨대 지난날… 밭가는 것을 보았을 때, 서늘한 염부수
그늘 밑에 앉아… 적정을 즐겨 큰 기쁨을 내고 초선初禪을 증득하
였다. 나는 다시 그 선정을 생각하리라.… 이 길이 바로 보리에
향하는 길이로다.

『방광대장엄경』

무소유처정無所有處定과 비상비비상처정非想非非想處定의 종교체험
을 했고 죽음에 이르는 고행도 했다. 하지만 인생고의 근원이 밝혀지

지 않았다.

지나온 과정을 반성하면서 새로운 길이 없을까 하는 마음으로 자기 정리를 한다. 그리고 이래선 안 되겠다, 새로운 길을 찾아야겠다는 입장을 정했다. 고행을 포기한 싯다르타는 공양을 받고 건강을 회복했다. 보리수 아래에 자리잡고 앉아 최후의 결의를 다지며 정진에 들어갔다.

싯다르타가 지금까지 걸어온 길을 포기하고 새로운 길을 모색하지 않으면 안 되는 까닭을 파악하기 위하여 그동안의 수행내용을 정리해 볼까 한다.

① 생천生天, 환생還生을 위하여 가시나무 위에 눕는 등의 육체적 고행, 희생물을 바치는 제사, 불을 섬기는 의식 등은 범신梵神사상과 무속성이 습합된 형태로 나타나고 있다.

② 위와 같은 범신사상의 변질과 타락상을 비판하며, 순수성과 전통성을 회복하려는 측면에서 무소유처정과 비상비비상처정 등 범신사상에 입각한 수정주의修定主義가 제시되고 있다.

③ 기존의 범신사상을 비판하는 신흥 사상가들에 의하여, 적취설積聚說에 입각한 고행苦行과 수정修定이 병합된 고행주의를 주장하고 있다.

『불본행집경』의 내용을 중심으로 기존의 수행방법을 버리게 된 이유를 간추려 보자.

무속적인 고행을 비판하고 버림.

㉠ 생천 · 환생 등 목적이 옳지 않다.

㉡ 육체적 고행과 무속적 제사 등 방법이 그릇됐다.

㉢ 범신사상이 무속성과 습합되면서 변질되고 타락한 형태이다.

무소유처정 등 수정주의를 비판하고 버림.

㉠ 실체론에 입각한 범신사상에 뿌리를 두고 있다.

㉡ 자기 몰입을 통한 선정체험을 절대시하고 있다.

㉢ 범신사상의 정통성과 순수성을 지켜 가려는 입장의 수정주의이다.

고행주의를 반성하고 정리함.

㉠ 실체론에 입각한 욕망의 논리로 깨달음에 대해 다루고 있다.

㉡ 번뇌—욕망 · 육체—를 제거해야 할 실체로 보고 있다.

㉢ 극단적이고도 형식적인 고행주의로 흐른다.

㉣ 심신心身이 경직됨으로 불안, 초조가 가중된다.

비상비비상처정의 종교체험을 하고 죽음에 이르기 직전까지 고행
을 했다. 허나 지금 여기 현실적인 삶의 문제가 근원적으로 해결되지
않았다. 살아온 세월을 돌아보았다. 뭔가 새로운 모색이 필요했다. 기
존의 방법을 반성적으로 정리했다. 어린 시절 농경제 경험을 떠올리

며 하나하나 검토해 보았다. 검토한 내용을 몇 가지로 간추려 보자.

농경제 때 체험한 선정을 생각함.

㉠ 고통받는 중생에 대한 따뜻한 연민심이 가득함.

㉡ 무한한 연민심으로 간절히 몰입함.

㉢ 정신과 육체가 균형과 조화를 이룬 상태에서 자연스럽게 집중과
통찰이 이루어짐.

단순하고 막연한 고행의 포기가 아니다. 지금까지의 경험을 토대로
수행하는 몸과 마음씀을 바로잡았다.

보리수 아래에서 새로운 수행을 함.(농경제 때의 체험과 함께 묶어서 이
해되어야 함.)

㉠ 순수한 초발심 – 중생 고에 대한 순수한 연민의 초발심을 회복함.

㉡ 원만한 마음씀 – 전인적인 입장에서 조화롭게 마음씀.

㉢ 유연한 마음씀 – 안정된 자세와 부드러운 마음가짐.

㉣ 음식을 섭취함 – 육체의 건강과 안정을 유지함.

㉤ 연민심은 집중으로, 문제의식은 통찰로 심화됨.

이렇게 볼 때 6년의 수행과 고행이 많은 한계와 문제가 있었음에도

불구하고 깨달음의 수행에 중요한 밑거름이 되었다고 볼 수 있다. 경험해 온 것들을 종합·검토한 후 계승할 것은 계승하고, 버릴 것은 단호히 버리는 싯다르타의 태도는 우리들에게 많은 것을 생각하게 한다. 바른 수행을 위해 초발심으로 돌아가는 모습은 시사하는 바가 매우 크다. 이 점을 이해하는 데는 『화엄경』의 내용이 도움이 될 듯하다.

세존께서 모든 보살의 마음에 생각하는 바를 아시고 대비大悲로 몸을 삼고 문門을 삼고, 대비大悲로 머리를 삼으며, 대비법大悲法으로 방편을 삼아 허공에 가득히 두루하여 사자빈신 삼매에 드시었다.

『화엄경』

『화엄경』의 내용에 의지해 볼 때 싯다르타가 초발심의 경험에 주목하고 무한한 연민의 초발심으로 돌아가는 것은 매우 현명하고 용감한 일임이 분명하다.

이에 더하여 첫 설법에 나타난 수행법을 살펴보는 것도 도움이 될 듯 하다.

그대들은 여래를 고오타마라고 부르지 말라.… 나는 이미 감로의 법을 증득하였으며, 감로의 도를 증득하였노라.… 나는 이

미 생사를 끊었으며, 범행이 서고 할 일을 다 하여 다시는 후세의
유有를 받지 않으리라.

『불본행집경』

부처님이 함께 고행하던 다섯 친구들을 찾아갔을 때 '고오타마여!'
하고 부르는 다섯 수행자들에게 하신 첫 말씀의 한 대목이다.

장로 고오타마여! 옛적에 고행을 행하였으나 상인上人의 법을
증득하지 못하였고, 모든 성인과 지견이 같지 못하였습니다. 하
물며 나태를 내어 선정을 잃고 해태解怠함이 몸을 얽었음이겠습
니까?

『불본행집경』

죽음 직전까지 고행했어도 깨달음을 얻지 못했는데 고행을 포기하
고 깨달음을 얻었다는 것은 있을 수 없는 일이라는 태도들이다.

그대들은 여래가 해태하다고 말하지 말라. 여래는 선정을 잃
은 것이 아니며 몸이 해태함에 얽힌 것도 아니니라.… 나는 깨달
음을 이루었고 감로의 도를 알았노라. 그대들은 내가 가르치는
법으로 일깨움을 받으라. 가르치는 법을 듣고 따라 행하여 어기

지 않으면,… 미래에 후유後有를 받지 않으리라.

『불본행집경』

싯다르타가 고행을 포기하는 것을 보고, '타락한 자에게 무엇을 기대할 수 있느냐'고 비난하며 떠나간 다섯 수행자들의 태도는 대단히 완강했다. 스스로 여래임을 선언하고 깨달았노라고 강조했지만, 고행을 포기한 타락자가 깨달음을 얻었다는 것은 말도 안 된다는 자세들이다. 타락한 자가 깨달음을 얻었다는 것은 있을 수 없는 일이라고 여기는 이들을 설득시키기까지 부처님도 상당한 어려움이 있었던 것 같다.

출가수행자가 반드시 버려야 할 두 가지 장애가 있다.… 첫째는 마음이 욕망의 경계에 집착하여 쾌락을 탐닉하는 것이니, 이는 어리석은 범부들이 좋아하는 바이므로 버려야 한다. 둘째는 자신의 육체를 괴롭히는 데 열중하는 고행이니, 이는 성인들이 찬탄하지 않는 바 스스로 이익을 얻지 못하고 남에게 이로움을 주지 못하는 것이므로 버려야 한다.

『불본행집경』

수행자들이여! 나는 두 가지를 버리고 중도中道가 있다고 말하노라. 내 스스로 증득해 알았으며,… 깨달음을 위하고,… 열반을 위한 까닭에 이를 성취하였느니라. 중도란 무엇인가? 여덟 가지 바른 길이니 정견正見 · 정분별正分別 · 정어正語 · 정업正業 · 정명正命 · 정정진正精進 · 정념正念 · 정정正定이니라.

『불본행집경』

깨달음을 얻은 다음 다섯 수행자에게 하신 첫 설법내용을 간추려 보면 다음과 같다.

① 범부들이 좋아하는 쾌락주의와 성인들이 좋아하지 않는 고행주의는 자신에게 이롭지 않고 타인에게 이로움을 주지 못하는 타락의 길이다. 아무 이익이 없는 길이므로 반드시 버려야 한다.

② 스스로 터득한 바 중도의 길이 있다. 자신에게 이롭고 타인에게도 이로운 깨달음의 길, 열반의 길로서 성인들이 찬탄하는 길이다. 반드시 그 길을 가야 한다.

③ 중도의 길은 무엇인가? 연기무아緣起無我의 길이다. 팔정도八正道에 대한 바른 이해와 실천이다.

이제 싯다르타의 수행과정 전체를 정리해 보자.

① 전통적인 바라문 사상인 전변설에 입각한 고행주의와 수정주의를 버린다.

② 신흥 사상가인 사문들에 의하여 제시된 적취설에 입각한 수정주

의와 고행주의를 버린다.

이상은 자신과 타인에게 이롭지 못하고 성스럽지 못한 길이며, 성자들에 의해서 부정되는 길임을 명확히 천명하고 있다.

③ 자신과 타인에게 이롭고 성스러운 길이며 성자들에 의해 찬탄되는 길인 중도를 실천할 때 깨달음은 실현된다고 선언하고 있다.

깨달음은 연기법의 정신에 입각한 팔정도의 실천을 통해서만 가능하다. 깨달음 이전의 고행과 선정체험은 불교가 아니다. 따라서 불교인이 믿고 따라야 할 것은 깨달음 이전의 6년 고행 따위가 아니다. 오직 부처님이 깨달음을 선언한 다음에 펼치신 가르침만이 참된 불교이다. 즉 팔정도에 대한 올바른 이해와 확신에 근거한 실천인 것이다. 우리가 믿고 가야할 길은 오직 이 길뿐이다.

3. 반성되어야 할 우리의 문제

　싯다르타의 수행을 이끌어 온 힘은 법과 중생을 향한 대비원력의 보리심이다. 보리심은 깨달음의 원천적인 힘이기도 하지만 실현해야 할 궁극적 목표이기도 하다. 그러므로 중생구제의 길을 찾아 죽도록 고행했는가 하면, 비난에도 아랑곳하지 않고 고행을 포기하기도 했다. 언제나 진리를 향한 구도심으로 일관하며 중생을 향한 자비심으로 자타가 함께 이로운 길을 찾고자 혼신의 노력을 했다.

　사고와 언어, 행동 하나하나가 보리·중생·실제에 회향되고 있다. 바르고 참된 수행이란 어떤 것인가를 잘 보여주고 있다. 특히 주목되는 점은 자타를 유익하게 하는 깨달음의 길이라고 판단했을 때는 전심전력했다는 점이다. 반면 길이 아니라고 판단했을 때는 단호히 버리고 떠나는 출가정신이 거듭 실천되고 있다.

세간을 버리고 출세간을 선택함, 고행을 포기하고 중도를 찾아 나섬, 깊은 선정체험에 의미를 부여하지 않고 근원적 해결을 향하여 정진함 등 버리고 떠남과 새로운 선택을 위한 출가의 실천이 바로 수행의 전부임을 강조하고 있다.

이와 함께 기억해 두어야 할 것이 있다. 경전자료 어디를 보나 출가수행자의 일상적 삶의 태도는 한결같다. 밖으로 드러나는 부처님의 생활 모습은 깨달음 이전과 이후의 차이점은 어디에도 나타나지 않는다. 사고와 언어, 행동들이 지극히 합리적이다. 지극한 정성스러움으로 자신을 향상시키고 만나는 사람들을 감동케 하고 있다.

이제 구도자로서의 싯다르타의 수행과정과 자세를 정리하면서 확인된 것들을 전제로 반성되어야 할 우리의 문제들을 간추려 볼까 한다.

6년 고행을 본받으려는 수행풍토

그동안 우리는 산중불교, 선 수행의 전통적 출발점을 부처님의 6년 고행에서 찾았다. 시시비비의 역사현실을 버리고, 산중으로 숨어 들어가 수행하는 것을 능사로 삼았다. 대비원력의 수행관에 입각하여 수행과 생활을 통일시키지 못한 채 전통과 순수의 명분으로 오히려 편협하고도 배타적인 수행풍토를 정착시켜 왔다.

그런데 부처님은 기존의 수행방법은 자타를 이롭게 하는 깨달음의 길이 아니므로 단호히 버렸다. 깨달음 이후의 가르침 어디에도 편협하고 경직된 6년 고행을 본받으라고 한 곳은 없다. 여기에서 자타를 함께 이롭게 하는 중도의 길을 가야 한다는 부처님 가르침의 뜻이 분명하게 드러난다. 생활 자체가 수행이 되고 수행이 생활로 온전히 드러나게 하는 전인적 수행풍토를 형성하기 위한 모색이 절실하다.

중도에 대한 왜곡된 이해와 폐단

불교인이면 누구나 할 것 없이 연기법의 정신에 입각한 중도를 말한다. 싯다르타가 고행을 포기하고 중도를 실천함으로써 깨달음을 실현한 만큼 중도야말로 가장 위대한 가르침이라고 한다.

그런데 버려야 할 고행주의와 선택해야 할 중도에 대하여 피상적으로 이해하고 있는 것이 문제이다. 대부분의 수행자들이 고행주의에 대한 피상적 이해 때문에 거의 맹목적으로 개인 은둔 수행에 집착하고 있다. 중도에 대한 이해 부족으로 인하여 적당주의, 무사안일주의로 흐르고 있다.

본래 부처님이 뜻한 중도란 존재의 실상에 입각한 바름, 참됨, 조화로움, 정성스러움 등 많은 의미가 함축되어 있다. 동시에 기존의 인간

적인 꿈을 포기하고, 부글거리는 욕망을 절제해야 하는 중도수행의
일상은 엄밀하게 말하여 끊임없는 인욕수행의 연속이다. 극단적 고행
주의를 부정할 뿐 그 누구도 인욕수행을 부정한 일은 없다는 사실을
명심해야 한다. 전통과 순수의 이름으로 개인 은둔수행에 대한 집착
은 과감히 청산되어야 한다. 중도의 이름 아래 무사안일과 적당주의
에 빠져드는 경향도 철저히 반성되어야 한다.

사람에 의지하고 법에 의지하지 않음

절집에는 '중 보고 중 노릇하지 말라' 는 이야기가 오래 전부터 전
해져 왔다. '법에 의지하고 사람에 의지하지 말라' 는 가르침이 육화肉
化되어 나타난 것이 아닌가 한다. 사람이란 세월따라 바뀌지만 법이
란 시공을 뛰어넘어 영원하다. 필경 믿고 의지해야 할 곳은 법일 수밖
에 없다. 그럼에도 불구하고 오늘날 수행집단에서는 법은 안중에도
없다. 대부분의 수행자들이 전통과 순수의 이름으로 잘못된 인습에
매달려 있거나 권위, 직위, 돈, 사람에 의지하고 있다.
　이는 법의 정신으로 비추어 볼 때 분명 옳지 않다. 그런데도 종정,
방장, 조실, 원장, 주지, 문중 때문에 어떤 문제제기도 불온하게 여긴
다. 분명 법에 맞지 않는데도 예전부터 전해 온 관행이기 때문에 지켜

야 된다는 고집들이다. 안타까운 것은 권위와 힘에 의하여 옳고 그름이 결정되고 있는 현실이다. '법에 의지하라' 는 가르침과 파사현정破邪顯正의 정신은 옛 이야기일 뿐이다.

돌아갈 수 있는 길도, 머뭇거릴 시간도 없다. '중 보고 중 노릇하지 말라', '법을 스승 삼으라', '법에 의지하고 사람에 의지하지 말라' 는 정신과 전통을 회복하는 데 관심을 모아야 한다. 승단의 혼미와 혼란, 수행자의 회의와 방황을 해결하는 길은 이 길뿐임을 명심하고 바짝 정신차렸으면 한다.

편협한 전문성과 획일주의

초기교단의 수행승들의 활동 모습을 보면 전문성과 다양성이 잘 조화되어 있다. 예를 들어 보면 십대제자의 다양한 개성들이 서로 인정 또는 존중되고 있다. 두타제일의 가섭이 다문제일의 아난을 부정한 적 없고, 다문제일의 아난이 두타제일의 가섭을 배척한 적도 없다. 다문제일의 아난이 지계, 좌선, 두타행을 소홀히 했을 리 만무하고, 두타제일의 가섭이 듣고, 배우고, 토론하고, 전법하는 것을 가볍게 취급하지 않았다. 전문성이 다르다 하더라도 서로 이해하고 신뢰하며 서로를 존중했다. 갈등과 대립은커녕 서로 보완하고 격려하며 고무해 주었다. 균형과 조화의 바탕 위에 역동적으로 펼쳐지는 수행과 전법 활동이 세계 종교로서의 불교역사를 확립해 간 원동력인 것이다.

그런데 오늘날 한국불교의 승가풍토는 어떠한가? 선사, 율사, 강사, 전법사, 행정승으로 표현되어지는 전문성은 지극히 편협하고도 배타적이다. 다양성은 무시된 채 선 중심의 획일주의로 치닫고 있다. 선사는 자신의 분야만을 고집하며 다른 분야의 역할을 이해하려고 하지 않는다. 따라서 청정화합이 무너져 내리고 분열과 대립의 골이 깊어진다. 이러한 상황에서 불교의 힘이 사분오열되는 것은 필연적인 귀결이다.

엄밀하게 말해서 수행하지 않는 자는 진정한 승가의 강사, 율사, 전법사, 행정승일 수 없다. 교리에 대한 무지, 전법에 대한 무관심, 불교의식에 대한 이해 부족, 계율에 대한 경멸, 행정에 대한 방관 속에 독선적인 자아도취에 빠져 있는 선 수행자 또한 진정한 의미에서의 불교수행자가 아니다.

상식적으로 생각해 보면 길은 단순 명료하다. 배타적이고도 편협한 전문성과 획일주의에 사로잡힌 승가풍토는 반드시 극복되어야 한다.

수행과 생활의 이원화

싯다르타의 수행과정은 대비원력의 사상과 정신이 일상적인 사고,

언어, 행동으로 나타나고 있다. 대비원력의 정신이 생활화됨으로써, 그 향기는 자신을 향상시키고 타인을 감동시킨다. 대비원력을 근본으로 하는 진실하고도 부드러운 언어, 겸손하고도 의연한 자세, 청빈한 생활은 자기 완성의 수행으로 심화된다.

수행과 생활이 하나되는 삶은 뭇 중생들에게 희망이 된다. 그런데 요즈음의 수행풍토는 어떠한가? 수행과 생활의 이원화가 왜 문제인지조차도 깨닫지 못하는 듯하다. 산사山寺의 법당과 선실에서 정진하는 수행자의 모습은 지극히 고결하다. 반면 시시비비와 이해득실의 현실문제에 직면했을 때의 모습은 초라하고 남루하다. 지나치게 자기 중심의 이기적 사고에 집착하며 거친 언어, 몰염치한 행동 등을 보인다. 상식적인 사람들로서는 도저히 이해할 수 없는 무원칙과 몰상식이 거침없이 자행된다. 이미 수행자이기를 포기해 버리지 않았나 하는 의구심이 들 때도 있다. 그뿐만이 아니다. 그들의 수행 연륜을 볼 때 수행에 대한 근원적인 회의가 들기도 한다.

일상적인 사고와 언어, 행동을 창조적으로 가꾸지 않아도 참선, 간경, 기도 등의 수행이 가능한 것일까? 진정한 수행이란 수행이 생활화되어 자신의 삶을 변화시키는 것은 물론이고 다른 사람들에게 감화를 줄 때 의미를 갖는다.

오늘날 승가 안에서의 수행과 생활의 이원화 현상은 매우 심각하다. 그 원인은 불교 수행관의 왜곡, 즉 전인적 수행관을 확립하지 못했기 때문이다. 결국 수행과 생활이 일치되도록 하는 전인적 수행관을 모색하는 일은 매우 중요하고 시급하다.

지금까지 싯다르타의 수행과정과 내용을 살펴보면서 반성되어야 할 우리의 문제를 정리해 보았다. 이를 통해 우리는 모두 불교상식에 무지하고 불성실하다는 사실을 새삼 확인하였다.

위에서 정리해 본 반성의 내용들은 불교수행에 있어서 상식 이상의 것들이 아니다. 대부분 특별히 깊고 높은 것이 어디 따로 있는 것처럼 생각하는데, 바로 여기에 문제의 함정이 있다. 깊고 높음은 다른 데 있지 않다. 다시 말해서 불교의 기본이요 상식적인 것들을 정확하게 파악하여 바르게 이해하고 그것이 생활로 옮겨져야 한다. 기본상식을 생활로 심화시키는 것이 진정한 깊고 높음이다. 인습화, 형식화되어 버린 기존의 관행들을 법의 정신으로 철저히 반성하고 정리하려는 노력이 필요하다.

종합적이고도 체계적인 불교관을 확립함으로써 전인적 인격의 수행자, 수행과 생활이 하나된 수행자, 청정화합의 수행자가 될 수 있는 길을 찾아야 할 때이다. 바람직한 수행관을 모색하기 위한 구체적인 작업이 있을 때 한국불교의 미래는 밝을 수 있다. 가람 중창·제도 확립 따위가 중심이 되어서는 안 된다. 불교사상을 체계화하고, 불교수행과 정신을 바로 세우는 중창 불사에 관심을 기울여야 한다. 불교가 세상의 등불이 되는 길은 이를 통해서만 가능하다.

제5장
깨달음

1. 싯다르타의 깨달음을 공부하는 우리의 입장

출가의 궁극적 목적은 깨달음이다. 깨달음을 최고의 법칙으로 삼고 살아가는 삶이 출가수행이다. 그런데 대부분의 사람들은 깨달음의 대상에 대해 정확하게 알지 못하고, 그 과정이 어떠해야 하는지에 대한 이해도 부족하다. 깨달음의 내용과 생활이 구체적으로 어떤 것인지에 대해서도 제대로 알고 있지 못하다. 그로 인하여 많은 사람들이 오류를 범하고 있다. 불교수행의 혼란이 야기되고 심하게는 승단의 혼란과 무질서의 원인으로 작용하기도 한다.

오늘날 승단 현실에서 문제가 되고 있는 몇 가지 예를 살펴보자.

첫째, 깨달아야 할 대상이 정확하게 무엇인지에 대하여 정리되어 있지 않다. 막연하게 법·진리·마음·본성·본래면목·진여·여래장·존재의 실상 등으로 표현되고 있지만 구체적으로 무엇을 지칭하고 있는

지에 대해서는 모호하다. 흔히 손가락을 통해서 달을 보아야 된다고 한다. 하지만 달이 어디에 있는 무엇을 뜻하는지에 대해서는 명쾌하지 않다. 상식적인 일이 문제가 되고 있다. 있을 수 없는 일이 현실의 문제가 되고 있는 것이다.

지리산 등반을 예로 들어 보자. 도달해야 할 목적지인 지리산이 어디에 있는지, 어떻게 가야 하는지 아는 바 없다. 그런데도 무조건 열심히 가는 것이 중요하니 있는 힘을 다하여 밀어붙이면 된다는 식이다. 그 결과는 헤매임의 연속일 뿐이다. 불안과 초조가 가중되고 온갖 억측과 혼란이 깊어진다. 불교수행도 이와 크게 다르지 않다.

둘째, 과정이야 어찌 되었든 깨닫기만 하면 된다. 과정이 무시되어도 깨달음은 가능하다고 생각한다.

대부분 『열반경涅槃經』의 백정이 법문을 듣고 칼을 내던지며 "나도 천불 중의 한 사람이다"라고 한 것, 또는 육조 스님과 영가永嘉 스님의 '일문천오一聞千悟' 한 것을 예로 든다. 즉 언하대오言下大悟, 일초직입여래지一超直入如來地의 논리이다.

기록에 나타나는 옛 스님들의 기연機緣은 그 과정에서의 방법과 내용에 대해 잘 설명되어 있지 않다. 그렇기 때문에 합리적이고도 체계적이며, 구체적이고도 성실한 수행생활 과정을 자세하게 파악하기가 쉽지 않다. 또 깨닫는 한순간의 통쾌한 장면만 접하게 되어 자칫 잘못하면 엉뚱한 착각을 하거나 오해를 하는 경우가 생긴다.

현재 보고, 듣고, 말하고, 침묵하고, 활동하는 일상적인 생활과는 무관하게 깨달음이 가능한 것처럼 여긴다. 마음씀씀이가 탐욕에 싸여 있고 몸으로는 함부로 행동하며 입에서 나오는 대로 말하면서도 참선 (간경·염불·기도·참회)만 하면 깨달을 수 있다고 여긴다. 무심히 들으면 당연한 것처럼 들리지만 이런 생각은 대단히 위험하다. 곰곰이 더듬어 보면 커다란 자체 모순과 자기 기만이 숨어 있다.

옛 스님들의 가르침으로 미루어 보자. 옛 스님들은 '큰 의심 아래 큰 깨달음이 있다', '간절하게 의심을 일으켜야 참된 참구가 된다'고 말씀하셨다. 몸과 마음을 온전히 다 바치는 정성스러움으로 일관하지 않는 한 참된 수행이 불가능함을 뜻한다.

만일 옛 스님의 가르침 대로 전 존재를 집중하여 참선을 한다면 삼독심이 어디에 발붙일 것인가. 감히 거친 생각과 거친 언어, 거친 행동들이 나타날 수 없다. 그런데 수행자들이 삼독심에 젖어 있으면서도 스스로 열심히 수행하고 있다고 생각하는 경우가 많다. 이러한 생각은 스스로를 기만하고 세상을 기만하는 것이다. 수행자들이 자기모순과 기만에 빠지는 것은 전인적인 수행관을 갖고 있지 않기 때문이다. 대비원력의 문제의식을 올바로 확립시키려고 하지 않는 탓이다. 수행의 기초가 준비되지 않은 채 무턱대고 수행에 뛰어들어 맹목적인 신비체험을 위한 실천수행만을 강조하는 데 문제의 원인이 있다. 마치 나아갈 방향은 살피지 않고 앞으로만 나아가면 된다는 식이다.

이에 대해 원효 스님은 "어리석게 수행하는 것은 모래로 밥을 지으려는 것과 같다"고 날카롭게 비판하고 있다. 아무리 해도 제대로 될수 없음을 뜻한다. 합리적이고 체계적인 토대 위에서 성실한 일상 생활이 유지될 때 바람직한 수행이 가능하다.

진중하게 모색하지 않을 경우 수행연륜만큼의 법에 대한 믿음과 안목이 형성되지 않는다. 오히려 진전 없이 고생만 하게 되고 나아가 엉뚱한 방향으로 빠지게 되므로 원효 스님의 지적은 의미심장하다.

셋째, 초견성의 논리와, 견성하고 나면 파격적인 행동이 나와야 된다는 입장이다.

우리는 지난 수십 년 동안 주변에서 초견성했다는 이야기를 자주 들었다. 견성했노라고 호언장담하며 부처를 죽이고 조사를 꾸짖거나, 견성했으므로 걸림이 없어야 된다며 함부로 말하고 행동하는 것을 여러 번 목격했다. 이럴 때마다 '견성이란 저렇게 비인격적이며 비도덕적인 것인가, 정말 그래도 괜찮은 것인가?' 하는 의문과 함께 고개를 갸우뚱하기도 했다.

혹 고불고조古佛古祖의 행적을 들어 문제를 제기하면 경허, 만공, 전강 스님의 예를 든다. 파격적인 언행을 못하는 사람은 참된 수행자가 아니라며 호된 질타를 한다. 전부 그런 것은 아니지만 견성했노라 큰소리치던 상당수의 수행자들이 뒷날 방탕과 방종으로 흘러갔다. 삿된 소견에 빠져 자신의 공부를 그르치고 절집 전체에 구정물을 일으키는 경우가 허다했다.

넷째, 깨달음이란 먼 미래 생에나 가능하다는 입장이다.

지금은 인연을 맺고 참회하며 복 짓고 원을 세움으로써 다음 생을 기약함이다. 그 예로써 사십팔대원을 세운 법장 비구의 인행과 석가모니불의 본생을 말한다. 현재의 불성실함이나 게으름 또는 부도덕하고 부족함을 어쩔 수 없는 것으로 치부한다. 현재 자신의 문제는 죄업이 소멸되고 원이 성취되는 먼 훗날 저절로 해결된다고 생각한다.

맹목적인 신념으로 불사佛事를 하고 복 짓는 현상적인 일에 수행의 의미를 부여한다. 깨달음과는 거리가 먼 유위법有爲法의 공덕에 파묻혀 버린다. 이는 깨달음과 원력, 참회의 참뜻을 잘못 이해하고 파악한 데서 비롯된 것으로 수행자에게 대단히 심각하고도 위험스러운 일이다.

깨달음과 원력, 참회란 먼 훗날에 이루어지는 것이 아니다. 지금 당장의 일상적인 생활 속에서 어떻게 생각하고, 말하고, 행동하는가에 달려 있는 것이다. 완전과 불완전을 논할 것도 없다. 깊게 하면 깊게, 낮게 하면 낮게, 완전하게 하면 완전하게 즉시에 실현되는 것이 불교적인 깨달음인 것이다.

지금 여기에서 바로 이루어지지 않는 것은 불교수행이 아니다. 바로 실현되도록 할 때 비로소 깨달음을 구하는 수행자, 참된 원력행자願力行者, 참회행자懺悔行者인 것이다. 나아가 참된 불사佛事, 참된 전법傳法을 한다고 할 수 있다. 원이 성취되는 먼 미래를 기다리는 것이 아니라 오로지 지금 여기 매순간 본원本願의 실천에 자신의 전부를 바칠 때 비로소 아미타불이 되고 석가모니불이 되는 것이다.

지금까지 일반적인 불교수행자들이 갖고 있는 깨달음에 대한 문제를 정리해 보았다. 깨달아야 할 대상, 깨달음의 과정, 깨달음의 내용, 깨달음의 생활 등에 대해 정리하는 일은 꼭 필요하다. 그러기 위해서 영원한 우리의 인간상이요, 수행자상이신 부처님의 자취 속에서 그 내용을 찾아보기로 하자.

2. 싯다르타의 깨달음 과정과 내용

 '견명성오도見明星悟道, 활연대오豁然大悟' 라는 표현 속에는 수행과정에서의 면밀한 마음씀, 말 한마디, 행동 하나하나의 의미가 모두 함축되어 있다. 고불고조古佛古祖의 본생과 인행因行을 보면 저절로 된 미륵, 저절로 된 석가는 계시지 않았다. '고기 곁에 채소를 좋아한다' 고 하신 육조 스님도 '일찍이 파계조사破戒祖師는 있지 않았다' 고 했다.

 깨달음에 이르는 과정에서의 싯다르타의 마음씀, 말 한마디, 행동 하나하나가 어떠했으며, 깨달음의 확인과 깨달은 다음의 삼업 활동〔생활〕은 어떠했는지 옛 스님들의 가르침을 염두에 두고 경전내용을 살펴보자.

수행과정에서 나타나는 싯다르타의 생활상

첫째, 생사고生死苦라는 현실을 정확하게 직시하고 모순과 고통의 문제를 깊이 인식하고 있다.

고통에 신음하는 중생들에 대해 무한한 연민심을 갖는다. 자신의 전 존재를 바쳐 궁극적인 해답을 얻어내고야 말리라는 굳건한 대비원력〔신심=발심〕의 문제의식이 확고하다.

둘째, 기존의 자아 중심의 세계관으로는 궁극적인 해답의 길을 찾을 수 없다는 확인작업 끝에 새로운 길을 찾아 출가한다.

> 출가의식에 따라 밥을 빌고, 큰 서원으로 계행을 닦으며, 분수에 맞게 의식衣食과 와구臥具를 마련하고,… 탐·진·치의 허물됨을 보아 멀리 떠나며, 모든 욕망의 쾌락을 꺼려하고 육근六根을 조복하여 선정禪定을 닦습니다.
>
> 『불본행집경』

경전 어디를 보나 출가수행자의 일상적 생활내용은 거의 공통적이다. 밖으로 드러나는 부처님의 생활은 깨달음 이전과 이후의 차이는 거의 보이지 않는다. 깨달음 이전과 이후의 사고와 언어, 행동들이 지극히 합리적이다. 친절, 겸손, 정성스러움으로 만나는 사람들을 감동시키고 있다. 선배, 스승의 지도를 따라 무소유처정·비상비비상처정을 체험했다. 일찍이 그 누구도 경험하지 못한 6년 고행을 했지만 근원적인 문제의 해답을 얻을 수 없었다. 결국 고행을 포기하고 비장한 결의로 보리수 아래에 정좌한다.

이상 정리해 보면 싯다르타의 수행과정에는 대비원력의 문제의식이 일관되게 나타난다. 먼 미래가 아닌 지금 여기에서 사람을 감동케 하는 진지하고도 성실한 수행생활을 했다. 깊은 종교적 체험을 자신의 종교적 양심과 원초적 문제의식에 비추어 보아 궁극적인 체험이 아님을 알고 기꺼이 버리고 떠난다. 어느 한 구석에도 자만의 흔적이 보이지 않는다. 자아도취에 빠져 안주하거나, 먼 훗날로 미루는 안이함이 없다. 더 나아가 선정체험에 깨달음의 의미를 부여하여 만족해하지 않았다.

깨달음의 확인과 생활

부처님 생애를 공부하면서 거듭 감탄하게 되는 것은 경전 편찬자들의 뛰어난 안목과 자비심이다. 이들은 밖으로 드러나는 역사적 사실들에 매달리지 않았다. 현상의 이면에 숨어 있는 중요한 종교적 의미를 살려내고 있다. 후대의 사람들로 하여금 그르치지 않게 하려는 자비심의 배려가 깊고 매우 감동적이다.

'가죽을 벗겨 종이를 삼고 뼈를 쪼개어 붓을 삼으며, 피를 뽑아 먹물을 삼아서 경전 쓰기를 수미산처럼 쌓이도록 했나니 법을 중요시하는 까닭에…' 라는 보현행원품 내용을 실감케 한다.

경전을 면밀하게 살펴보자. 경전에는 대부분의 학자들이 문제삼는 것처럼, 부처님의 인간적인 면이나 역사적인 사실성을 결코 소홀히 취급하지 않았다. 부처님을 신격화하는 데 경도되지 않고 오히려 당시 대중들의 구미에 맞게 하려고 고심했을 뿐이다.

인간적이고도 역사적인 요소들을 신화적으로 윤색함으로써 사실의 이면에 깃들어 있는 종교적 의미들을 살려내고 있다. 중생을 향한 자비심과 현실적인 문제의식이 잘 나타나 있다. 그 정신은 오늘을 살아가는 우리들에게도 전승되어야 한다. 불교를 바르게 알고 실천하는 길이 여기에 있다.

이 욕계 안에는 저 마왕 파순이 주인 되어 마음대로 거느리니, 내 이제 마땅히 그에게 알리리라. 만약 그에게 알리지 않고 깨달음을 증득한다면 나는 대각大覺이라고 이름하지 못하리라. 왜냐하면 마왕을 항복 받고 그를 섭수攝受하려 하기 때문이다.

『불본행집경』

깨달음은 지금 여기의 일이다. 현실이 아닌 다른 곳에서 이루어지는 것이 아니다. 언제나 지금 여기에서 견문見聞, 각지覺知하는 그 자체를 바로 직시함으로써 가능하다. 탐욕·분노·어리석음의 마왕으로부터의 도피가 아니라 부글거리는 번뇌 마왕의 실상을 명료하게 통찰함으로써 참된 깨달음이 이루어진다. 이를 『화엄경』에서는 '생사를 두려워하거나 회피하지 않을 때 비로소 보살행이 완성된다' 라고 설하고 있다.

> 내 이제 마왕을 항복케 하리라.… 애욕·진애·우치 등 모든 번뇌를 끊으리라.… 청량한 법을 증득하리라.
>
> 『불본행집경』

지금 여기에서 현실문제와 정면으로 마주 서서 그 실상을 직시하고 있다.

> 비록 내 몸의 피와 살이 다 마르고 피부와 힘줄과 뼈가 다 부서지더라도, 깨달음 이루기 전에는 결단코 가부좌를 풀지 않으리라.
>
> 『방광장엄경』

싯다르타는 현실적인 인간고의 문제를 회피한 적이 없다. 적당히 덮어 둔 채 편안함을 찾으려고 하지 않았다. 기존의 전도된 세계관과 수행법들을 모두 치열하게 경험하였다. 그런 다음 보다 직접적이고 근원적인 모색을 한다. 새로운 길을 찾아, 문제의 주인공인 마왕—존재의 실상에 대한 무지와 자기 중심적 사고—과 정면으로 마주한다.

> 투쟁하는 마음을 쉬고 자비의 연민심을 일으키며 살해하는 마음을 끊고 비애심을 내었다.
>
> 『불본행집경』

싯다르타는 생사(무지의 욕망)의 대적大敵인 마왕과의 전쟁에 임하면서 다시 한 번 자신을 무장하는데, 그 무기는 끝없는 자비의 연민심이었다. 대자비심으로 무장한다는 사실은 매우 주목된다.

> 딸들은 내 말을 들으라!… 석가족의 아들 곁에 가서 그의 마음에 욕정이 있는가 없는가를 시험해 보라.
>
> 『불본행집경』

> 미소를 지어 흰 이빨을 내보이고,… 손으로 유방을 만지며 희롱하고,… 속옷을 들어 궁둥이를 드러내며,… 노래하고 춤추며

허리통을 흔들고,… 옛날 성행위를 하며 누워 자던 자태를 생각
하게 하며,….

「불본행집경」

그 때 보살은 고요한 마음으로 눈을 잠깐도 놓치지 않고 우리
를 자비로이 지켜 볼 뿐 욕심이 없었소. 우리를 보아도 성내는 마
음 없이 우리 몸을 생각하되 어리석지 않고, 우리의 뜻과 몸을 살
펴보되 여자의 우환을 자세히 알기에 그래서 마음으로 오욕을 행
하지 않았네.

「불본행집경」

너의 첫째 군대는 탐욕이고, 둘째 군대는 증오이며, 셋째 군대
는 갈애, 넷째는 애착, 다섯째는 권태와 수면, 여섯째는 공포, 일
곱째는 의혹, 여덟째는 허영과 고집이다. 내가 문자풀을 입에 물
것-항복의 뜻-같은가! 속된 생은 달갑지 않다. 나는 도피해서
사는 것보다는 차라리 싸워서 죽으리라.

「룸비니에서 구시나가라까지」

오욕의 모든 근심을 알았노라. 무상하고 괴롭고 공하고,… 마
치 해골 무더기 같아서 추악하고 부정하며,… 마치 짐승들이 고

깃조각을 탐내어 서로 다투고 죽이는 것 같으며…."

『불본행집경』

마왕의 군사들은… 산과 돌·나무·철퇴·도끼·창들을 가지
고 보살을 향하여 던졌으나 자연히 부서져 가루가 되며,… 벼락
을 치며 우박과 돌을 비 오듯 내렸으나,… 꽃비로 변하였다.

『불본행집경』

마왕은 미녀로 유혹하고 성욕을 자극시켰다. 협박도 하고 무기로도
공격해 봤지만 싯다르타는 전혀 동요하지 않았다. 지극한 자비심으로
그윽이 지켜 볼 뿐이었다.

마왕의 실상이 드러나고 허상이 무너져 내렸다. 탐욕·분노·어리석음
이 산산조각이 났다. 싸움이 끝났다. 태풍이 지나간 곳에 아름다운 해탈
의 꽃이 피어났다. 무지와 삼독심의 존재인 중생이 부서졌다. 고요한 열
반의 바다가 펼쳐졌다. 아름다운 부처의 꽃이 피어났다. 싯다르타가 삼
독심을 타파하고 부처의 삶으로 대전환하는 장면이 잘 나타나 있다.

그는 깊은 명상에 들어가 사선정四禪定을 체험함으로써, 온갖
분별심을 여윈 조용하고 평화로운 마음 위에 드러나는 생명의 실
상을 있는 그대로 관찰하였다. 이런 상태에서 초저녁에 천안통天

眼通을 얻어 천상과 지상과 지옥 등 일체 중생들이 생사의 악순환에 빠져 허덕이는 현상을 관찰한다. 한밤중에 이르러 다시 숙명통宿命通을 얻어 하나의 생에서부터 우주생성의 모든 시대를 통하여 모든 존재들이 형성 변화하는 과정을 관찰한다. 마침내 새벽녘 그는 드디어 누진통漏盡通을 얻어 존재의 실상을 꿰뚫어 봄으로써 윤회의 사슬을 산산이 부수어 버리고, 만 생명을 제도할 큰 능력을 체득한다.

"이 순간… 어둠은 영영 사라졌도다. 이제 다시 생사의 길 따르지 않으리. 이것을 고뇌의 최후라 선언한다."

『룸비니에서 구시나가라까지』

진실로 열의를 기울여 사유하는 성자에게 법의 참된 모습이 밝혀질 때 일체의 의혹이 모두 사라졌나니 연기의 법을 알았으므로….

『자설경』

고요히 명상에 잠긴 수행자에게 진실의 법칙이 선명하게 드러났다. 그 순간 모든 의혹이 사라졌으니 괴로움의 발생과 소멸의 원인을 알아낸 까닭이다.

『마하박가』

존재의 실상인 연기법을 깨달음으로써 인류 역사의 미망이 청산되었다. 깨달음의 역사로 전환하는 새 길이 열렸다.

깊은 종교적 체험〔깨달음〕을 한 이후의 부처님 삶에 대해서는 더 이상의 설명이 필요하지 않다. 굳이 말한다면 완전한 지혜와 자비의 삶이었다.

> 수행자들이여! 이제 길을 떠나라. 중생의 이익과 행복을 위하여, 세상을 연민히 여기고 사람과 신들의 이익·안락·행복을 위하여 떠나가라. 두 사람이 한 길로 가지 마라. 원만구족하고 청정한 행동을 보여주어라. 사람들은 법을 듣지 못하면 악에 떨어지고 법을 들으면 깨달으리라. 나도 법을 설하기 위하여 우루벨라의 세나니가마로 가리라.
>
> 『룸비니에서 구시나가라까지』

부처님은 팔십 년이라는 생애를 오로지 신과 인간의 이익과 안락, 행복을 위해 살았다. 언제나 청정한 수행생활을 몸소 보여주었다. 논리정연한 법을 전하는 데 자신을 온전히 바쳤다.

우리가 부처님의 깨달음을 강조하기에 앞서 마음써야 할 것이 있다. 깨달음을 위해 먼저 극복, 소멸되어야 할 것이 무엇인지를 정확하게 인식해야 한다. 어떻게 해야 탐진치가 극복, 소멸될 수 있는지 자세히 살펴야 한다. 이 점을 절대 놓쳐서는 안 된다. 그런 의미에서 부처님의 깨달음을 항마降魔로 표현하고 있는 점은 깊이 새겨 음미해야 한다.

깨달음이란 어떤 신비한 실체가 있어서 불쑥 나타나는 것이 아니다. 존재의 실상에 대한 무지의 극복과 탐·진·치의 소멸 그 자체가 깨달음이다. 번뇌의 소멸을 떠나서 별다르게 깨달음이 있는 것이 아니다. 불교수행의 기본 토대는 전인적 수행관 확립이다. 기본 토대도 없이 수행만 하면 된다는 비과학적 태도는 대단히 위험하다.

현실적으로 올바르고 바람직한 수행이란 어떤 것일까? 지금 보고, 듣고, 행동하는 관계를 승화시키는 일이다. 분노와 증오를 자비의 포용으로 바꾸는 것이다. 냉정함과 불친절을 따뜻함과 친절함으로 가꾸는 것이다. 이기와 탐욕을 무소유의 나눔으로, 무지의 사견邪見을 지혜의 정견으로 바꾸어 나가는 것이다. 불성실과 무책임에서 성실과 책임으로, 독선과 오만에서 관용과 겸허함으로 전환되어야 한다. 일상적으로 자신을 바르게 다스려 갈 때 비로소 수행자의 일상이 참되다 할 수 있다.

십 년, 이십 년을 수행했다 하더라도 탐욕·분노·증오·이기·독선·오만이 들끓고 있다면 크게 잘못된 것이다. 일상적 삶에 대한 통찰과 집중은 하지 않으면서 수행과 깨달음만 주장하는 것은 어리석은 자기도취일 뿐이다. 진지한 반성적 성찰이 필요하다.

3. 반성되어야 할 우리의 문제

부처님의 생애를 보면 한 가지 특징이 있다. 깨달음 이전이든 이후이든 만나는 사람들에게 신뢰와 감동을 주고 있다. 그 힘은 어디에서 나오는 것일까.

그 힘은 존재의 근원에 대한 원초적인 문제의식과 중생을 향한 뜨거운 연민심이다. 대비원력에 입각한 진실함과 성실함이다. 진정 발심 수행이 자신을 창조적으로 변화시키는 것이라면, 그 힘이 다른 사람들에게도 감동으로 전해지는 것은 당연하다.

이런 점들은 부처님 생애에만 국한되지 않는다. 역대 선사先師 스님들의 자취 속에서도 얼마든지 만날 수 있다. 같은 소식이 나옹 선사의 발원문에 잘 표현되어 있다. '내 이름 듣는 자 삼악도 면하고, 내 모습 보는 자 깨달음 얻어지이다.' 얼마나 멋진 발원인가. 대비원력의 의미가 온전하게 드러나 있다. 언제 어디에서나 이렇게 마음쓰고 살아간 다면 온 세상이 감동할 것이다.

부처님의 깨달음에 대한 공부를 하면서 우리가 안고 있는 몇 가지 문제가 확연하게 드러났다.

깨닫기만 하면 된다는 신념

아무런 근거도 없는 위험한 사고이다. 삼학을 균등하게 닦아야 한 다는 전통적인 수행이론을 함부로 취급하는 경향이다. 삼학이네, 보 살행이네 하는 자잘한 것에 신경 쓸 것 없다, 참선〔간경·염불〕만 열심 히 하면 된다며 호기를 부린다.

인간의 업이 나타나는 형태를 보자. 처음에는 의업意業이 작용한다. 의업의 힘이 더 강해지면 구업口業으로 나타난다. 다음에 신업으로 나 타난다. 서로 영향을 주고받으며 끝없이 삼업을 재생산해 낸다.

'진정한 장사는 범 잡는 데 쓰는 힘을 잠자리 날개 찢는 데도 똑같 이 사용한다' 고 한다. 크고 작음을 구분하지 않고 전심전력하는 성실 함을 뜻한다.

간화선의 종장인 대혜 선사는 깨어 있는 한 작은 선 하나도 소홀히 하지 않았다고 했다. 무조건 화두만 하면 된다는 거칠고도 막연한 사고는 어디에도 보이지 않는다. 일상 속에서 자신의 삼독심을 면밀히 성찰하는 것이 수행이다. 지금 여기에서 삼독심을 창조적으로 극복하고 승화시키는 노력을 치밀하게 해야 한다는 의미이다.

한 소식으로 표현되는 초견성의 논리

싯다르타는 출가 후 수행과정에서 몇 차례의 신비체험을 하며 정신적 평화와 희열을 느꼈다. 하지만 대비원력의 문제의식이 충족되지 않았다. 존재의 실상에 대한 무지와 미혹이 해결되지 않았다. 궁극적 해답의 경지가 아니라고 판단했다. 미련 없이 신비체험을 버리고 더 높은 경지를 향하여 정진에 박차를 가했다.

진리의 세계에선 털끝만큼의 오류나 결함이 있어서는 안 된다. 적당히 안주하려는 어설픈 사고방식이 용납될 수 없다. 초발심의 문제의식에 투철해야 한다. 하물며 탐진치가 활개치고 있음에도 불구하고 견성했노라고 호기를 부리는 것은 있을 수 없다. 함부로 말하고, 행동하는 것은 구도자답지 못하다. 불성실함과 오만함을 스스로 묵과하는 것은 이미 수행자이길 포기한 행위이다.

깨달음이란 먼 훗날에 이루어질 수밖에 없다는 사고

부처님께서는 진리란 언제나 지금 여기에 현존한다고 했다. 진리가 지금 여기에서 현현되도록 하는 실천이 수행이다. 지금 여기에서 이루어지지 않는 것은 허구요 환상이다. 지금 여기를 벗어나 이루려는 그 무엇도 진리가 아니며 수행이 아니다.

싯다르타는 진리의 정신에 투철하게 현재를 살아갔다. 참된 수행자에게 있어서는 어제도 내일도 아닌 지금만이 전부이며 생사가 호흡 사이에 있다. 어디에도 시비가 발붙일 곳이 없다. 어떻게 미래나 논하고 기다리면서 나날을 보내겠는가. 현재를 온전히 사는 사람만이 자기 생을 참되게 산다 할 수 있으며 나아가 확실한 미래를 가질 수 있다는 입장에서 살아야 한다.

깨달음이란 신비한 무엇이 한순간에 나타난다는 경우

보통 천년의 어두움도 등불만 켜면 즉시에 사라진다는 논리다. 틀린 말은 아니지만 그 표현 속에는 다양한 과정의 의미가 함축되어 있음을 잊어서는 안 된다.

구체적인 과정에서의 인연의 구족함 없이 등불은 켜지지 않는다.

등불이 켜지기 위해서는 무수한 과정과 조건이 있어야 가능하다. 그러므로 깨달음을 말함에 있어서 반드시 미리 살펴야 할 것은 삼독심의 작용 상태이다. 지금 여기에서 삼독심이 소멸되는 것 말고 깨달음이라는 실체가 따로 있지 않다는 사실이다.

수행자들이 늘 자신에게 문제삼아야 할 것은 깨달음을 내세우려는 경솔함이 아니다. 지금 이 순간 탐진치 업력이 얼마나 정화되었는가를 양심적으로 살피는 겸허함이다. 그렇게 하면 마음씀, 말 한마디, 행동 하나하나가 탐욕·분노·어리석음으로 나타나지 않는다. 오히려 청정·지혜·자비로 작용한다.

청정·지혜·자비로 충만하다면 그것으로 충분하지 않은가. 무엇이 더 필요한가. 굳이 깨달음 여부에 매달려야 할 이유가 없다. '내 이름 듣는 자 삼악도 면하고, 내 모습 보는 자 해탈을 얻으라'고 하신 나옹 선사의 발원이 수행자의 온 일상적 삶이 되어야 한다. 언제나 더 진지하게 자기를 성찰하고 극복하는 일에 관심을 모아야 한다. 보다 더 겸허하고 자비로워지기 위해 노력하는 것만이 수행자가 가야 할 바른 길이라는 확고한 믿음이 있어야 한다.

傳寺其
제6장
전법

1. 부처님의 **전법**을 공부하는 *우리의 입장*

"교회에 나가지 않으면 농사도 짓기 어렵게 되었습니다. 절에 다니는 집과는 품앗이도 못하게 하거든요. 앞으로 어떻게 해야 할지 참으로 답답합니다."

이와 같은 농촌 불자의 호소는 현대 한국사회에서 불교가 처한 상황을 잘 대변해 주고 있다. 연못이 고갈되면 연꽃도 시든다. 불교가 뿌리내린 역사·대중이라는 연못이 고갈됨에 따라 불교라는 연꽃이 시들어 가고 있는 것이다. 역사와 대중 속에 뿌리내리지 못할 경우 이 세상의 그 무엇도 살아남을 수 없다는 인과의 진리, 역사의 진리를 잘 증명해 주고 있는 것이다.

여기에서 주의 깊게 살펴보아야 할 것이 있다. 그것은 종교적 편견과 독선으로 인하여 우리 고유의 미풍양속마저 뿌리뽑혀지고 있다는 것이다. 변화의 흐름이 늦게 나타나는 농촌에서 불교의 입지가 흔들리는 것은 무엇을 뜻하는가. 한국불교의 장래가 매우 우려스러운 상황임을 의미한다.

역사적으로 전통종교라고 평가될 만큼 대중 속에 뿌리내려졌던 불교가 대중으로부터 외면받고 있다. 이는 전통종교로서 불교의 생명과 권위가 위험한 상태임을 경고하고 있는 것이다. 역사와 전통이란 새로운 역사와 전통을 창조해 낼 때 진정한 의미를 갖는다. 오늘의 현실에 계승, 발전되지 못하는 역사와 전통이란 화려하게 박제된 유물일 뿐이다.

현재 한국불교의 상황으로 볼 때 유구한 역사와 전통문화를 자랑하는 것은 무의미하다. 민족 전통종교로서의 권위를 고집하려고 들다가는 오히려 조소받게 될 것이다. 불교가 역사와 전통의 주인 자리에서 밀려나고 있다. 민족 전통종교로서의 지도적 위치는 이제 불교의 것이 아니며 한국불교는 역사의 중심에서 저편으로 밀려나고 있다. 지난날 쌓아 올린 연륜과 화려함도 더 이상 자랑거리가 될 수 없다. 민족사의 주인이고자 하는 주관적인 집착도 부질없는 현실이다.

한국불교가 이런 지경으로 빠져들 수밖에 없었던 까닭은 간단명료하다. 불교가 세상에 있어야 할 궁극적 이유와 가치는 인간의 원초적인 문제에 대한 근원적인 해답을 주는 것이다. 역사의 요청에 대하여 궁극적으로 부응하는 것이다. 시대의 요구에 응답하지 못하는 불교가 역사의 뒤편으로 밀려나게 되는 것은 필연적인 역사현상이다.

그렇다면 이제 무엇을 어떻게 해야 할 것인가.

첫째, 불교 세계관을 근본으로 한 자체 내의 청정화합의 실천 모습을 확립하여야 한다.

구세救世종교답게 역사와 대중을 향한 구체적이고도 헌신적인 행동을 보여주어야 비로소 신뢰와 존경을 받게 된다.

둘째, 깨달음의 종교답게 인간의 원초적인 문제에 대한 해답을 제시해 주어야 한다.

어느 시대나 인간소외의 출발점인 자아상실의 문제는 심각하다. 자신이 창조적 주체임을 이해하고 확신하게 할 때 사람들은 불교를 영원한 귀의처로 믿고 따르게 된다.

셋째, 불교가 민족의 전통종교라면 이 나라, 이 민족, 이 역사에 대한 긍지를 가질 수 있는 무엇을 제시해야 한다.

"나(간디)는 인도에 태어난 것을 진실로 감사하고 자랑스럽게 생각한다. 이유가 무엇인가. 인류 역사 어느 곳을 살펴보아도 인도처럼 불살생不殺生 정신이 나라의 역사가 되고 체질화 된 곳을 찾아볼 수가 없다. 불살생 정신이야말로 인도를 구제하고 세계를 구제할 위대함이기 때문이다."

간디의 지적처럼 우리도 겨레의 염원인 지역갈등 해소와 남북평화 통일의 지평을 열어가야 한다. 민족의 주체성과 전통을 계승, 발전시키는 민족의 미래에 대한 청사진이 있어야 한다. 그렇게 할 때 비로소 민족 전통종교로서의 위치를 갖게 되는 것이다.

넷째, 위기의 시대에 불교적 응답이 있어야 한다. 현실문제에 대한 불교적 진단과 처방을 내놓아야 옳다.

현실은 그릇된 세계관, 왜곡된 가치관, 제도의 모순으로 인하여 양심과 정의가 조롱받고 있다. 빈부격차와 세대간의 갈등, 지역감정이 삶을 병들게 하고, 이기와 독선, 불신과 방종이 사회를 위태롭게 하고 있다. 자원고갈, 생태파괴, 환경오염이 생명을 위협하고 있다. 현실적으로 사회적 요구에 부응하지 못하는 불교가 역사대중으로부터 외면당하는 것은 필연적 결과다. 전통종교로서의 한국불교의 위상이 무너져 내리는 것도 피할 길이 없다.

이에 더하여 과학기술 만능주의 또는 물신숭배의 사고가 도도하게 흐르고 있다. 역사와 대중에 기반을 둔 타종교의 급성장과 조직적인 도전에 직면하고 있다. 민족사의 주인인 전통종교로서의 권위가 점점 더 위협받는 상황이 되었다. 그로 인하여 불교인들은 좌절감과 피해의식에 빠져들어 자신감을 상실하기에 이르렀다.

그런가 하면 불교계의 혼란과 혼미는 더 깊어지고 있다. 뚜렷한 대책도 없이 우왕좌왕하며 허둥대기만 한다. 한국불교가 지니고 있는 무한한 잠재력과 가능성에 대하여 자기 확신이 없다. 유리한 여러 가지 조건들을 스스로 과소평가하는 주체성 없는 모습을 드러내고 있다. 주체적인 자신감의 결여는 즉시적인 효과를 얻기 위하여 타종교의 모방 또는 시류에 편승하는 경솔함으로 나타나고 있다.

곳곳에서 주의 주장들이 무성하게 나오고 있다. 허나 문제의 핵심을 정확하게 파악하고 체계적인 대안을 모색하는 진지한 몸짓을 찾아보기 어렵다. 왜 이렇게 되고 말았는지, 그 원인이 어디에 있는지 깊이 있게 진단하는 체계적이고도 조직적인 노력을 하지 않는다. 세상과 정부와 타종교를 탓하며 책임전가나 하는 의식 없음을 드러내고 있다.

산중불교·수행불교·선불교가 한국불교 쇠퇴의 주범인 양 몰아세우고 있다. 즉흥적이고 무계획적인 대책으로 흘러 너도나도 산중에서 도심으로 나가고자 한다. 수행에서 전법으로 나가는 것이 유일한 해결책이라고 한다. 과연 이래도 괜찮은 일인지 신중하게 검토해 볼 필요가 있다.

불교는 인간의 원초적인 고뇌에서 출발했다. 존재의 이유를 밝히고 그 가치를 실현하고자 수행하는 종교이다. 시종일관 수행을 근본으로 하고 깨달음의 역사화를 위해 전법을 해왔다. 수행과 전법을 조화롭게 하고자 하는 것이 오랜 전통이다.

그런데 요즈음 한국불교의 유일한 활로처럼 강조되는 전법활동이 많은 문제를 낳고 있다. 만병통치약처럼 여겨지고 있는 전법활동이 불교의 전통과는 전혀 다른 양상으로 나타나고 있다. 전법만 표방하면 수행 중심의 불교전통을 부정해도 된다, 맹목적인 타종교 모방도 무방하다, 무속적인 방법이 동원되어도 괜찮다고 여긴다. 전법의 이름으로 승단의 세속화에 대한 정당성을 부여하는 데 일조하고 있다. 더 나아가 불교와 비불교를 혼돈하게 하는 경우가 빈번하게 일어나고 있다. 어떤 대안이 있어야 할 것이다.

한국불교의 상황이 다급하긴 하다. 하지만 '급한 때일수록 돌아가라'는 말이 있다. 보다 더 근본적인 체계를 잡아가야 한다. 진정 전법만이 한국불교의 해결책이라면, 그에 따른 올바른 문제의식으로 다루어야 한다. 어떤 내용을 어떤 방법으로 하는 것이 바람직할까? 수행과 전법의 관계, 전통과 현대의 관계는 어떻게 정리되어야 하는가? 올바른 불교사상과 정신에 입각하여 대안을 마련해야 할 것이다.

이에 전법의 전형인 부처님의 전법관과 전법활동을 공부하고자 한다.

2. 심혈을 기울인 전법활동

부처님의 생애는 길에서 시작하여 길에서 끝나고 있다. 깨달음 이후 임종의 순간까지, 끊임없이 전개되는 전법활동은 우리로 하여금 옷깃을 여미게 한다.

신과 인간으로부터 자유로워졌다. 신과 인간들의 이익과 안락을 위해 전법하라. 바른 법을 전하기 위하여 편력하라. 두 사람이 한 길로 가지 말라. 나도 법을 설하기 위하여 떠나리라.

전법 선언문의 몇 구절이다. 전법에 대한 부처님과 그 제자들의 열정이 잘 나타나 있다. 부처님이 온 생애를 바쳐 전법하신 뜻이 어디에 있는 것일까?

부처님의 전법활동 내용들을 정리해 보자.

전법의 목적

불교는 깨달음의 종교다. 인간의 원초적인 문제에 대한 근원적인 해답과 해결의 상태를 깨달음이라고 표현한다. 불교의 궁극적 도달점은 자타自他가 함께 성불함이다. 미망의 삶을 깨달음의 삶으로 전환하는 것이다. 불교 2,500여 년의 역사는 깨달음의 역사화 과정이다. 단적으로 말한다면, '미망의 꿈 속 삶'을 '깨달음의 꿈 밖 삶'으로 바꾸는 것이다.

불교의 궁극적 가치인 깨달음이 우리의 삶에 있어서 얼마나 중요한 것인지 이해할 필요가 있다. 부처님이 생애 전부를 바쳐 추구하고 실현하고자 했던 깨달음이란 과연 어떤 것인지 잘 알아야 한다. 사실 경전과 어록에서 깨달음에 대하여 구구하게 설명하고 있다. 하지만 어느 정도 윤곽을 짐작할 뿐 온전히 이해하기란 쉽지 않다.

비유로써 예를 든다면 미망의 삶은 꿈 속의 삶이고 깨달음의 삶은 꿈에서 깨어난 꿈 밖의 삶이다. 꿈 속에서 꿈 밖의 세계를 논한다 해도 필연적으로 꿈 속이라는 한계를 벗어나지 못한다.

번뇌의 미혹에 빠져 있는 한 이론적 설명이나 분별심의 헤아림으로 깨달음을 완전하게 이해하는 것은 한계가 있다. 그러므로 깨달음의 중요성과 깨달음의 길에 대한 이해와 확신을 갖고 실천하게 함으로써 깨달음을 체험하도록 하는 수밖에 다른 길이 없다.

이에 인생의 새로운 길을 찾고자 하는 싯다르타의 애타는 심정을 살펴보고자 한다. 깨달음을 얻었을 때 환희하는 싯다르타의 모습을 통해 깨달음이 무엇인지를 살펴보고자 한다. 왜 그래야 하는가? 이유는 간단하다. 깨달음이야말로 인생의 해답이요, 불교의 전부요, 영원한 길임을 함께 느껴 보고자 하는 것이다.

아아! 세간 중생들은 생노병사와 겸하여 극심한 고통을 겪으면서도, 그 가운데 전전하여 떠나지 못하는구나. 어찌하여 괴로움 벗어나기를 구하지 않으며….

『불본행집경』

아아! 세간에는 고통의 큰 우환이 있도다. 두렵다. 무엇을 탐낼 것인가.

『불본행집경』

생사를 여의는 법을 얻지 못하는 한 집으로 돌아가지 않을 것이다. 왜냐하면 세간의 오욕 경계는 다 무상하여 필경 파괴되는 법이기 때문이다.

『불본행집경』

내 마음으로 원하는 바, 중생을 생사에서 해탈시키는 길을 찾지 못하는 한 결코 가비라성으로 돌아가지 않으리라.

『불본행집경』

부왕의 은혜 깊음을 아오나 깨달음을 증득하기 위하여 뜻을 어기고 떠나왔을 뿐이오니, 깨달음을 얻으면 곧 돌아가 부왕을 받들어 뵙겠나이다.

『불본행집경』

경전에 묘사되어 있는 싯다르타의 출가과정에서 나타나고 있는 심리상태를 살펴보았다.

자료에 의하면 싯다르타는 탐 · 진 · 치에 뿌리를 둔 기존의 사고와 삶의 방식에 대하여 깊은 회의를 느꼈다. 기존의 길은 더 깊은 타락과 파멸이 있을 뿐이라고 확신했다. 고통의 삶, 불행의 삶, 모순의 삶을 낳게 하는 기존의 모든 것을 기꺼이 버려야 한다. 어떤 슬픔, 어떤 아픔이 따른다 하더라도 인간을 죽게 하고 삶을 파괴하는 것들은 반드시 극복되어야 한다.

고통과 슬픔이 없는 새로운 길을 찾기 위하여 단호한 결의를 했다. 싯다르타의 구도의지가 잘 나타나 있다. 기존의 사고와 삶의 방식에 대한 불신이 얼마나 컸는지 실감케 한다. 새로운 길이 아니면 안 된다는 확신과 갈망이 어느 정도였는지를 넉넉히 짐작케 한다.

이제 어두움의 세계는 파괴되었다. 다시는 고통의 수레에 말려들지 않으리. 이것을 고뇌의 최후라 하며 여래의 세계임을 선언하노라.

『방광장엄경』

나에게는 섬길 만한 스승 없어, 모실 이도 나은 이도 없네. 스스로 깊은 법 깨달아 다른 사람 얻지 못한 것 얻었도다. 사람이 응당 깨달아야 할 바를 세상 어디에도 깨달은 이 없네. 내 이제 스스로 깨달았나니, 이름하여 정각자라 하도다. 번뇌란 원수의 집과 같거늘 지혜의 칼로 항복받았네. 그러므로 세상의 칭찬받나니, 이름을 최승자最勝者라 하도다.

『붓다 차리타』

깨달은 직후의 싯다르타의 모습이다. 기존의 사고와 삶의 방식에 대한 회의가 깊었던 만큼 깨달음의 기쁨은 말할 수 없이 컸다.

깨달은 후 싯다르타의 심경은 자신에 차 있다. 천년 어두움을 일시에 몰아내는 등불을 발견한 듯이 확신했다. 환희에 찬 싯다르타의 모습은 많은 것을 말해 준다. 깨달음이 삶의 해답이며, 이 길만이 우리가 선택해야 할 참되고 바른 길이라고 웅변하고 있다. 언제 어디에서나 뭇 생명이 가야 할 하나의 큰길이다. 진정한 의미에서의 참삶의 길임을 의심치 않았다. 그러므로 그 길을 만인이 함께 가도록 하기 위하여 전법에 심혈을 기울인 것이다.

전법은 깨달음을 추구하는 자, 진리의 구현자로서의 중생을 향한 자비심의 실천이다. 미망의 역사를 깨달음의 역사로 전환시키기 위한 수행자로서의 원력행이다. 불교가 대중 앞에 양심적으로 자기 역할을 다하는 일이다. 불교가 역사와 대중 속에 살아남아 생명을 유지하는 길이다. 영원과 자유와 평화의 삶을 열어가고자 함이 전법의 의미이다. 만인이 그 길을 가게 함으로써 깨달음의 역사를 만들고자 함이 전법의 본의이다.

현대적으로 표현한다면 기존의 세계관과 삶의 방식이 전도되었음을 깨우쳐 주는 것이다. 새로운 길인 연기적 세계관으로 삶을 가꾸도록 하는 것이 전법활동의 목적인 것이다.

전법정신

부처님의 전법정신을 제대로 파악하려고 할 때, 반드시 살펴야 할 것이 있다. 무엇이 전법을 가능케 했는지 그 원인을 짚어 볼 필요가 있다. 강물을 거슬러 올라가면 그 연원이 있다. 마찬가지로 전법활동의 연원은 대비원력의 발심이다. 발심수행 없는 전법이란 뿌리 없는 꽃처럼 있을 수 없다. 전법의 연원인 발심수행은 회피하거나 거역할 수 없는 인생의 명제에서부터 시작한다. 인생의 고통을 숙명처럼 짊어지고 살 수밖에 없는 현실인식에서 비롯되고 있다.

싯다르타는 존재 이유와 가치에 대한 궁극적인 문제의식으로 세상을 직시했다. 실체론(탐·진·치)의 세계관과 이기적 삶의 방식에 따르는 한 타락과 고통의 늪이 날로 더 깊어져 갈 뿐임을 확신했다.

대부분의 사람들이 전도된 세계관과 이기적 삶의 방식에 자신을 맡겨 놓은 채 살아가고 있다. 뭇 중생들의 삶이 푸줏간으로 끌려가는 소의 신세처럼 측은하게 여겨졌다. 싯다르타는 천근 만근 되는 생의 고뇌를 짊어진 채 '이 길 말고 다른 길은 없는가' 하고 방황하다가 어느 날 출가사문을 만나 새로운 길에 대한 확신을 갖게 되었다. 죽음의 고통과 삶의 모순이 없는 새로운 길을 찾지 않으면 안 된다는 비장한 각오를 했다. 경전적 표현을 하자면 대비원력의 보리심을 일으킨 것이다.

이에 죽음 없는 영원의 고향을 찾아 출가를 결행했다. 6년 고행을 넘어 어두움의 벽을 부수고 뛰쳐나왔다. 깨달음을 얻은 것이다. 만인이 함께 가야 할 새로운 큰길을 찾아냈다. 무한한 자유와 법열이 넘치는 참삶의 길을 밝혀낸 것이다.

깨달음의 등불 밝히니 천년 어두움 일시에 사라지도다.

一燈忽破千年暗

고통과 어둠의 대명사인 윤회의 사슬을 끊었다. 영원·법열·자유·아름다움으로 표현되어지는 깨달음의 세계로 걸어 나왔다. 자아 중심〔탐·진·치〕의 실체론적 세계관에서 연기의 세계관으로 혁명적 전환을 했다. 봉사의 눈뜸, 악몽에서의 깨어남으로 비유되는 깨달음은 전혀 새로운 길이다. 기존의 자아 중심의 세계관과 이기적 삶의 방식을 버림으로써만 열려지는 세계인 것이다.

이 길은 본래부터 있었다. 그러나 부처님에 의하여 처음 발견된 것이다. 만인이 함께 가야 할 크나큰 외길이다. 너나없이 선택하지 않으면 안 되는 영원한 참삶의 길이다.

새로운 길을 찾은 부처님은 기뻤다. 이 길밖에 그 어디에도 길이 있을 수 없다고 확신했다. 대비원력의 실현자로서의 자비심이 작용했다. 새로운 세계관과 삶의 방식을 어떻게 가르쳐야 할까? 욕망을 탐하고 즐기는 중생들을 생각하니 숨이 막혀왔다.

> 내가 증득한 이 법은 매우 깊어 보기 어렵고, 알기 어려움이
> 가는 티끌 같아 살필 수 없고, 헤아릴 수 없고, 생각하고 설명할
> 수 없도다.··· 중생들은 아라야–집착의 대상–를 즐기고, 아라야
> 에 머물러 집착하는 것을 기뻐하고 좋아하여, 마음으로 탐함이
> 많은 까닭에 이 법을 보기 어렵도다.··· 내 비록 이 법을 가지고
> 저들에게 설할지라도 중생들은 이 법을 증득하지 못하매, 내 한
> 갓 수고로이 말만 허비할 뿐이로다.

『불본행집경』

설법을 주저하는 것처럼 보이는 위 경문에 대해 대부분의 학자들은
의아해 하고 있다. 부처님이 고통받는 중생을 위해 설법하는 것을 주
저하는 것은 있을 수 없는 일이다. 깨달은 자가 고통받는 중생을 위하
여 설법하지 않는 것은 본원을 어기는 일이요, 자비심 없음이다.

차분한 마음으로 주의를 기울여 경문을 다시 살펴보자. 설법을 주
저하는 것이 아니라 욕망에 빠져 있는 중생의 현실을 어떻게 해야 할
것인지에 대하여 고민하고 있다. 전법을 모색함에 있어서 법의 심오
함과 중생의 속성으로 인한 설법의 어려움을 고민하고 있는 것이다.
전법의 정신을 살핌에 있어서 이 대목은 매우 중요하다.

세존이시여! 지금 세계 중생들은 귀의할 데가 없어 선근이 다
파괴되었나이다.… 오직 원하오니 자비로 설법하소서. 지금 중생
들은 법을 듣지 못하면 근기가 쇠퇴해집니다.

『불본행집경』

세존이시여! 먼 옛날로부터 무수히 생사고해에 머물면서 몸을
바쳐 보시함으로써, 고통을 참으며 도를 구하신 것은 중생을 향
한 자비심에서 비롯된 것이 아니옵니까?… 오직 원컨대 세존이
시여! 부디 중생들을 위하여 미묘한 법의 바퀴를 굴리소서.

『과거 현재 인과경』

범천이 부처님께 설법하기를 간곡하게 청하는 내용이다.

부처님 자신의 깨달음이 곧 만인의 깨달음이 되어야 한다. 역사화되
지 않은 진리는 존재 이유와 가치가 없다. 중생의 요구에 응답하지 못하
는 진리는 무의미하다. 중생의 아픔을 치유하지 못하는 불교는 이미 불
교가 아니다. '내가 찾아낸 새 길로서의 깨달음은 중생의 부름에 부응해
야 한다. 내가 깨달은 옛 길로서의 법은 역사현실에 살아 있어야 한다.'

비록 범천이 간청하는 형식이긴 하지만 여기에는 전법에 대한 부처
님의 의지가 잘 나타나 있다. 범천의 간청을 받은 다음, 설법 대상을
찾음과 전법을 선언하는 대목에 가면 부처님의 전법의지가 더욱 확연
해진다.

누가 나의 처음 설법을 어기지 않고 내 뜻과 같이 법체法體를
알고 증득하여, 나를 괴롭히지 않을 것인가?

『불본행집경』

처음에는 스승으로 모셨던 선인들을 생각했다. 하지만 그들은 이미 이 세상에 있지 않았다. 그 다음 멀고 먼 곳에 있는 다섯 비구를 첫 설법 대상으로 결정하고 길을 떠났다. 대화할 만한 대상을 찾아 설법하려는 부처님의 태도는 매우 신중하다. 어떤 어려움이 있더라도 법을 전하고야 말리라는 확고한 의지와 자신감이 뚜렷하다.

숱한 우여곡절을 거쳐 다섯 비구를 법의 길로 끌어들였다. 이 때의 설법을 초전법륜이라고 한다.

신과 인간들의 굴레에서 벗어났다.… 신과 인간들의 이익·안
락·행복을 위해 전법의 길을 떠나라.

『잡아함경』

전법선언의 한 부분이다. 초전법륜으로 시작한 부처님의 전법은 계속된다. 다섯 비구에 이어 야사 비구 등 60여 비구가 생겼다. 이 때 제자 대중들에게 전법의 길을 떠나라고 선언한다. 먼저 깨달은 자로서의 자비와 진리에 대한 확신으로, 인간과 신의 이익·안락·행복을 위해 진리를 역사화시킬 것을 선언하고 있는 것이다.

살펴본 바에 따라 전법정신을 정리해 보자.

① 무지와 욕망으로 인한 중생의 고통을 근원적으로 해결하기 위해 헌신하려는 대비원력의 문제의식에서 출발하고 있다.

② 대비원력의 발심으로 수행 정진하여 깨달음의 길을 찾아낸다. 즉 연기론의 세계관에 입각하여 더불어 함께 하는 삶의 방식만이 궁극적인 해결의 길임을 확신한다.

③ 스스로 찾아낸 이 길만이 구원의 길이므로 깨달음의 길—연기법의 세계관—을 만인에게 전해야 한다.

뭇 중생의 삶을 깨달음의 삶이 되게 해야 한다. 미망의 역사를 깨달음의 역사가 되게 해야 한다. 비로소 깨달음의 진리가 중생을 위한 진리, 역사 속에 살아 숨쉬는 진리가 되는 것이다. 전법정신의 근본 뿌리는 중생을 향한 대비원력의 문제의식이다. 자신이 깨달은 연기법의 세계관으로 중생의 삶을 깨달음의 삶이 되게 한다. 미혹의 역사를 광명의 역사가 되게 한다. 온 세상 중생들을 깨달음의 길로 안내하기 위하여 자신의 전 존재를 바치려는 뜻이다.

전법의 자세와 방법

전법의 자세는 전법선언에서 몇 가지 전형을 찾아낼 수 있다.

먼저 신과 인간들의 굴레에서 벗어났다. 즉 깨달음으로 표현된 새로운 세계관만이 진정한 구원의 길임을 확신한다. 신과 인간들의 이익·안락·행복을 위한 자비심을 견지한다.

두 번째로 새로운 세계관으로 자기 삶을 가꾸는 청정한 수행생활의 모범을 보여준다. 처음도 좋고, 중간도 좋고, 끝도 좋은 법을 논리정연하게 설해 주어야 한다. 중생의 아픔과 문제가 있는 곳, 법과 수행자를 필요로 하는 곳이면 서슴없이 전법의 편력에 나서는 헌신적이고도 적극적인 자세를 갖는다.

부처님의 전법은 언제나 점진적 방법을 취하고 있다. 경전에서는 수기설법隨機說法이라고 표현하고 있다. 여기에서는 설법의 형식이나 기술적 방법보다는, 설법의 대상을 선택하고 그 수준에 맞게 접근해 가는 방법을 살펴보고자 한다.

① 찾아와 청법하는 자에게 설법한다.

야사 비구를 비롯해서 사리불, 목건련, 대가섭 등 찾아온 개개인 또는 집단에 대하여 설법하셨다. 오늘의 현실에서 보면 어떤 동기에서든 도량을 찾아온 사람들에게 법과 만나는 인연을 심어 주는 일이다.

② 청함을 받고 찾아가서 설법한다.

크게는 빔비사라왕과 석가족의 청을 받는 것을 위시로 해서 개인이나 가족의 청함을 받고 찾아가서 설법하셨다. 오늘의 현실에서 보면 가정, 단체, 신문, 방송, 기관의 요청에 적절히 부응하는 일이겠다.

③ 부처님이 몸소 찾아가서 설법하셨다.

오비구, 삼가섭, 앙굴리마라, 석가족 멸망, 물싸움 현장 등 청하지 않았는데도 찾아가서 설법 교화하셨다. 특히 당대 최고의 종교 지도자이자 최대의 집단인 삼가섭을 찾아가신 부처님의 의도가 어디에 있었던 것인지 연구해 봄직하다. 이와 함께 사건 현장을 찾아가 불교적으로 사건을 수습하는 행동은 오늘의 수행자들에게 시사하는 바 크다.

④ 집단적으로 설법하셨다. 주로 정사에 모여 대중법회를 하고 있다.

포살과 자자를 통해 단체와 개인의 자기정화를 심화시켰다. 설법과 대화를 통해 삶의 안목을 열었다. 격식을 갖춘 의식을 통해 서로의 신뢰와 우정, 화합을 가꾸었다.

⑤ 편력과 걸식을 통해 설법하셨다.

편력과 걸식은 수행자들의 일상적 삶의 형태이다. 몇 가지 의미를 찾아보자. 법을 묻기 위해 스승을 찾아간다. 중생들에게 전법하기 위해 활동한다. 무소유, 무집착의 생활을 한다. 중생과 고락을 함께 하고, 중생들에게 법과 만나는 계기를 마련해 준다.

편력과 걸식은 가장 역동적인 전법의 방법이다. 부름이 있는 곳, 법이 필요한 곳, 문제가 있는 곳이면 어디든 찾아 나서는 헌신적인 노력이다. 어떤 상황이나 계기도 놓치지 않고 전법의 계기로 승화시키면서 문제를 풀어 가는 부처님의 태도와 방법은 오늘의 수행자들에게 좋은 모범이다.

전법과 수행의 관계

석가모니 부처님의 생애를 단계별로 살펴보면 발심, 수행, 깨달음, 전법활동으로 전개되고 있다.

경전 어디를 살펴보아도 본생담을 제외하고는, 깨달음 이전에 전법했다는 내용은 보이지 않는다. 분명 전법과 수행은 선후의 관계일 뿐 나란히 병행될 수 있는 성질의 것이 아닌 것처럼 나타나고 있다.

스스로 깨닫지 못했으면서 다른 사람에게 설법하는 것은 장님

이 장님 대중을 길 안내하는 격이다.

인용한 바와 같이 단순하게 한 측면만 보면 깨달음 이전의 설법을 금기시하고 있다고 할 수 있다. 조용히 숨어 수행하는 것을 최고 가치로 삼아 온 그간의 수행자들의 경향이 옳다고 할 수 있다. 그런데 경전들을 종합적으로 살펴보면 수행과 전법은 언제나 불일불이不一不二

의 관계이다.

비근한 하나의 예로, 많이 듣기만 하고 깨닫지 못했다고 하는 아난 존자가 설법한 경전이 상당수 있음을 볼 수 있다.

> 이와 같이 내가 들었다.… 때에, 존자 아난다는 비구들에게 말
> 하였다.… 때에, 여러 비구들은 존자 아난다의 말을 듣고 기뻐하
> 여 받들어 행하였다.
>
> 『잡아함경』

여러 경전들을 종합해 볼 때 깨닫지 못한 자가 설법해서는 안 된다 는 논리는 여러 관점에서 살펴보는 것이 좋을 듯하다. 어떤 경전도 '수행의 중요함, 교화하는 일을 신중히 함' 등을 강조하고 있을 뿐 '깨닫지 못한 자는 설법하지 말라'고 가르친 일은 없다. 이에 더하여 라훌라에게 자신의 수행을 위해 설법하라고 가르치는 경전도 있다.

> "세존이시여! 제가 홀로 조용히 수행할 수 있도록 저를 위하여
> 설법하여 주소서."… 그 때 세존께서는 라훌라의 근기가 미숙하
> 여 깊은 법을 감당할 수 없음을 관찰하시고, "너는 남을 위하여
> 오온법을 가르쳐 본 적이 있느냐?… 너는 마땅히 남을 위하여 오
> 온법을 연설하여야 한다.… 육근법六根法 … 니타나尼陀那〔인연·연

기라 번역함) 법을 설하여야 한다.”… 세존께서 라훌라의 근기가 성숙되어 깊은 법을 감당할 수 있음을 관찰하시고,… 여러 가지를 말씀하셨다.

『잡아함경』

이 경전은 타인을 위해 설법하는 것이 아니라 당사자의 수행을 위해 설법하라고 하고 있다. 경전 끝부분에서는, 이 정도 준비가 되었으면 깊은 법을 위하여 수행해도 괜찮겠다는 입장을 보이고 있다.

이와 함께 주목할 것은 수행과정에서 고행을 위주로 한 수행을 포기한 점과 깨달은 다음 기존의 수행방법은 법답지 못하므로 버리지 않으면 안 된다고 하신 점이다. 사실 경전 어느 곳에서도 당신의 고행과정을 본받아야 된다고 가르치신 내용은 찾아볼 수가 없다.

출가한 사람은 항상 두 가지 일을 버리나니, 무엇이 두 가지인가? 첫째는 욕락을 받음이니,… 범부들이 좋아하는 것이다. 이것을 버려야 한다. 둘째는 스스로 괴롭힘을 더하는 것이니 성인들이 찬탄하는 바가 아니다. 스스로 이롭지 않고 타인에게도 이로움을 주지 못하는 이것을 버려야 하느니라.

『불본행집경』

첫 설법 중의 일부를 옮겨 보았다. 확실한 것은 '당신이 했던 기존의 수행방식은 버려야 한다. 그 길은 법답지 못하다. 조금의 이익도 없다. 오히려 타락과 고통만을 조장시킬 뿐이다' 라고 가르치고 있다.

나는 두 가지를 버렸으므로 중로中路가 있다고 말한다. 내 스스로 증득해 알았으며 눈을 열기 위하여, 지혜를 내기 위하여,… 깨쳐 알기 위하여 열반을 위한 까닭에 이를 성취하였느니라.

『불본행집경』

불교의 궁극적 가치를 실현하고자 하는가? 인생에 대한 근원적인 해답을 얻고 싶은가? 길은 하나뿐이다. 오직 중로中路를 실천해야 된다. 묻고, 배우고, 따라 실천해야 할 것은 새로이 발견된 중로의 길뿐이다. 향락주의와 고행주의는 파멸의 길이다. 그 길은 죽음의 길이므로 단호히 버려야 한다. 불멸의 길, 자유의 길, 창조의 길인 중로의 길을 가야 한다.

부처님은 두 가지를 강력히 요구하고 있다. 하나는 향락과 고행은 과감하게 버려라. 다른 하나는 중로를 선택하고 실천하라. 즉 깨달음 이후의 가르침과 삶의 모습만이 참된 불교이다.

지금 우리는 부처님의 요구에 주목하고 귀 기울여야 한다. 깨달음 이후의 가르침 안에서, 전법, 걸식, 편력 등의 활동 자취 속에서 전법과 수행의 관계가 어떻게 나타났는지 살펴보아야 한다.

깨달음 이후 부처님의 가르침이나 제자들의 수행과 전법활동을 보면, 수행과 전법이 분리되어 있지 않다. 언제나 안거에는 일정한 장소에서 대중적으로 설법, 포살, 자자 등을 통하여 수행과 전법이 이루어지고 있다. 개인적으로는 좌선, 문법, 걸식, 만남, 대화를 통하여 수행과 전법이 실천되고 있다.

그리고 안거가 끝나면 스승을 찾아 편력한다. 수행하기에 알맞은 곳에 머물며 수행한다. 부루나 존자의 순교가 말해 주듯이 법이 필요한 곳을 찾아 전법활동을 한다. 어떤 때에는 좌선하고 설법을 들으며 혹은 걸식하고 전법하는 등 수행과 전법이 일상화되어 있다. 부처님과 초기교단의 수행자들은 수행과 전법을 조화롭게 역동적으로 전개했었다.

> 비구들이여! 마땅히 다음과 같이 배워야 한다. … 자타를 함께
> 이롭게 하고자,… 출가하면 어리석지 않아서,… 즐거운 과보를
> 누릴 것이다.
>
> 『잡아함경』

인용한 경전과 전법선언의 정신과 아난과 라훌라의 설법을 연결시켜 헤아려 보자. 분명 수행과 전법은 상호 밀접한 관계가 있음을 알

수 있다. 수행을 통한 전법은 당연한 일인 만큼 부연 설명하지 않는다. 반면 전법이 수행에 없어서는 안 되는 필요조건이라는 점은 깊이 음미할 일이다.

지금까지 살펴본 내용을 토대로 정리해 보자.

첫째, 전법의 기본 정신은 깨달음에 대한 확신과 중생을 향한 자비심이다.

둘째, 불교 세계관과 가치관을 확립하고 중생을 위한 인내와 헌신의 노력이 요청된다.

셋째, 자신이 내놓은 주의 주장에 책임을 져야 한다. 언제나 불교 세계관과 가치관대로 살아가는 실천적 모범을 보여줘야 한다.

최소한 이 정도는 준비되어야 하며 이렇게 준비된 성실한 전법은 자기 향상을 위한 수행에 없어서는 안 될 필요조건이라 할 수 있다.

부처님을 믿고 따르는 수행자라면 반드시 실천적인 수행의 내용이 자비의 전법으로 나타나야 한다. 동시에 자기 성찰과 내면의 깊이로 심화되어야 옳다. 따라서 수행과 전법이 불일불이不一不二가 되도록 하기 위하여 몇 가지 틀을 설정해 보자.

① 발심으로 표현되어지는 자기 확립의 준비가 있어야 한다.

적어도 '인생고의 현실인식'을 통한 대비원력의 문제의식과 자타의 구원체계인 불교적 세계관 확립이 모색되어야 한다.

② 수행과 깨달음으로 표현되어지는 진리에 대한 실천적 수련이 있

어야 한다. 불교적 세계관에 의한 길만이 영원·자유·평화·행복의 길임을 확신하고, 실천해 갈 수 있는 힘을 축적해야 한다.

③ 전법으로 표현되어지는, 깨달음의 역사화를 위한 신념과 중생을 향한 자비의 서원이 굳건해야 한다.

'허공계가 다하고 중생계가 다할 때까지 미망의 중생을 깨달음의 부처가 되게 하리라. 어두움의 역사를 밝음의 역사가 되게 하리라.' 이 일을 위하여 이 한 몸 바치려는 고귀한 뜻과 용기가 있어야 한다.

위에서 설정한 ①과 ②가 튼튼하게 준비된 토대 위에서 ③의 정신으로 활동하여야 한다. 분명 내적 수행은 자비의 전법으로 꽃피워지고, 자비의 전법은 내적 수행으로 그 깊이를 더하게 된다.

3. 반성되어야 할 우리의 자세

부처님 생애를 통해 전법의 문제를 살펴보았다. 그 과정에서 뚜렷하게 드러나는 것은, 부처님의 80년 생애 그 자체가 전법이라는 점이다. 2,500여 년이 지난 오늘날 많은 사람들이 부처님의 생애와 가르침에서 삶에 대한 해답의 길을 찾으려 하고 있다. 세월이 흐를수록 그분의 인격과 사상을 동경하고 있으며, 그의 가르침에 대한 갈망과 믿음이 더해 가고 있다. 이런 점들은 생애 자체가 전법임을 잘 웅변해 주고 있다.

다시 한번 짚어 두고 싶은 것이 있다. 그분의 생애를 전법의 꽃으로 피어나게 한 근원적 힘은 무엇인가? 바로 대비원력의 발심이다. 대비원력의 수행과 깨달음이 위대한 전법의 꽃으로 피어난 것이다. 만일 세상을 위한 전법의 꽃으로 가꾸어지지 않았다면 그분의 발심과 깨달

음은 역사적으로 무의미하다. 대비원력이라는 발심의 뿌리에서 피어
난 꽃이 위대한 전법임을 정확하게 인식해야 한다.

이러한 관점에서 볼 때 오늘날 한국불교 수행자들의 전법관은 반성
해야 할 것들이 너무 많다. 몇 가지로 나누어 간추려 보자.

부처님의 전법정신을 존중

우리는 그동안 부처님의 목숨을 건 6년 고행과 위대한 깨달음만을
귀하게 여겨 왔고 전법의 중요성에 대해 관심을 기울이지 않았다. 조
용하게 일없이 지내는 것이 마치 부처님의 뜻을 충실하게 따르는 길
이라고 믿었다. 개인적으로 은둔 수행하는 것만이 수행의 순수성과
전통을 지켜 가는 길이라고 고집해 왔다. 깊이 살펴야 할 것은 부처님
자신이 개인적이고 은둔적 수행인 고행을 단호히 포기했다는 점이다.

깨달음 이후에 분명하고도 확고하게 중도中道의 길을 걸어야 깨달
음이 가능하다고 했다. 우리가 배우고 본받아 실천해야 할 길은 깨달
음 이후의 가르침과 수행 행적이다. 조용한 곳에 머물면서 은둔 수행
을 고집하는 것은 부처님 뜻을 잘못 살리는 일이다. 나아가 부처님 본
의를 그르치고 거역하는 일이다. 부처님께서 임종의 순간까지 전법에
전심전력하신 것은 결코 우연한 일이 아니다. 진리에의 확신, 역사를

통찰하는 형안에 의한 수행자의 본원이 실천된 것이다. 무지의 중생 살이를 깨달음의 삶이 되게 하는 중생을 위한 회향이다. 미혹의 역사를 깨달음의 역사가 되게 하고자 하는 진리의 사회적 실천이다.

이제 자신의 수행이 자비의 전법으로 나타나고 있는지 돌이켜볼 때이다. 자신의 수행을 전법으로 승화시키기 위해 어떻게 해야 할 것인지에 대한 깊은 모색이 필요하다. 그러기 위해서는 깨달음의 역사화를 위해 전법에 생애를 바치신 부처님의 뜻을 진실하게 따르고 실천하는 수행자가 되어야 한다. 수행과 전법이 하나되게 하여 역사 위에 정법의 꽃을 피워내는 수행자가 되도록 해야 옳다.

불교 세계관과 신념에 의한 전법

요즈음 곳곳에 포교당이 개설되고 대형 법회가 이루어지고 있다. 너도나도 '전법만이 한국불교의 활로'라고 주장하며 전법의 중요성에 시선이 모아지고 있다. 대단히 바람직한 일이다.

전법에 대해 무관심했던 한국불교가 이만큼 눈뜨게 된 동기는 무엇일까? 자세히 들여다보면, 내적 자각보다는 타종교의 급성장과 조직적인 도전에 의한 위기감에서 비롯되고 있다. 그로 인하여 불교라는 집단의 세력 확장을 위한 수단으로 전법이 강조되고 있다. 그런데 불교의 이름으로 전법활동을 하고는 있으나, 불교의 본령인 구세대비의 정신은 보이지 않는다.

전법행자의 주체적 사고와 삶의 방식들이 불교 세계관과는 동떨어진 것으로 나타나고 있다. 전법의 내용과 방법들이 비불교적인 경우도 비일비재하다. 매우 우려스러운 상황이다. 오히려 전법이라는 명분으로 집단 이기심에 의한 맹목적인 경쟁심과 승부욕이 조장되고 있다. 수행자의 탐욕적이고도 사적인 소유행위가 합리화되고 있기도 하다. 불교라는 집단 이기심에 의한 증오심, 배타심, 투쟁심이 당연시된다. 심지어는 삿된 무속성까지도 전법의 이름 아래 정당화되고 있는 실정이다. 대단히 위험스러운 현상이다.

이는 엄밀하게 말하여 정법불교의 전법이라고 할 수 없다. 어떤 의미에서는 불교의 타락을 부채질하는 반불교적인 행위이므로 근본적으로 반성되어야 한다. 어떤 어려움이 있다 하더라도, 정법불교의 전법이어야 한다. 전법은 불교 세계관의 주체적 신념과 구세대비의 정신에서 출발되어야 한다.

부처님도 불교 세계관을 확립하고자 발심수행을 하셨다. 발심의 본래 정신으로 깨달음의 진리를 역사화하기 위해 전법에 나섰다. 때론 좌선하고, 여론에 귀 기울이고 참회하고 토론하며 설법하였다. 언제나 수행과 전법을 균형 있게 해 나가셨다. 오늘의 수행자들도 부처님의 가르침과 전법 행적을 본받아 불교의 수행과 전법의 전통을 따르는 입장에 서 있어야 한다.

불교수행자라면 인생고〔역사의식〕에 대한 현실인식이 투철해야 한다. 불교 세계관 확립을 위한 이론체계와 실천수행의 경험을 잘 다져야 한다. 불교 세계관으로 자기 삶을 가꾸어 가며 성심성의로 배우고 익힌 불교 세계관을 전하는 사람이 되어야 한다.

그러기 위해서는 끊임없는 내적 성찰과 진지한 수행의 자세가 필요하다. 전법에 전력함으로써 수행과 전법이 하나되게 하여야 한다. 수행과 전법의 균형과 조화를 이루는 전통을 잃지 않도록 해야 한다. 이럴 때 비로소 자신과 역사를 속이지 않는 참된 의미의 전법이라고 할 수 있다.

전법과 수행의 이원화와 불균형의 극복

부처님의 생애에 나타나 있는 전법의 중요성을 파악하지 못한 것은 반성되어야 한다. 깊은 산 속 조용한 곳을 찾아 일없이 수행하는 것을 바른 길이라고 믿어 왔던 그간의 편견은 시정되어야 옳다. 수행만 중요하게 여기고, 전법활동을 속스럽게 취급해온 것 또한 옳지 않다. 그동안의 편협하고도 그릇된 수행관과 전법에 대한 잘못된 인식은 바로잡아야 한다. 마찬가지로 산중에서 수행하는 기존의 불교 존재형식을 함부로 취급하는 것도 옳지 않다. 도심으로 나와 전법하는 것만이 불교의 유일한 길이라고 고집하는 것도 삼가야 한다.

불교 세계관에 입각한 수행의 뿌리 없이도 전법이 가능하다고 여기는 것은 대단히 위험하다. 구세대비 정신이 없는 전법행은 비불교적이다. 정직과 성실성이 없는 전법활동은 비수행자적이다.

그런데 최근의 양상은 대단히 우려스럽다. 자칫하면 전법의 이름으로 불법을 망치는 결과가 될 수도 있으므로 심각하게 살펴야 할 일이다. 산중에서의 수행만을 고집하는 편협함이 능사가 아닌 것처럼 도심 속의 전법만을 내세우는 것도 사려 깊지 못하다.

부처님 생애에서 전법과 수행이 불일불이不一不二임을 확인했다. 참된 수행이야말로 가장 훌륭한 전법이다. 진실한 전법은 수행의 향상에 도움이 된다. 전법이 바로 참된 수행이 된다는 불교의 기본 입장이 존중되어야 한다. 늘 자신의 수행이 불교 세계관에 입각하여 진행되고 있는지, 전법으로 꽃피워지고 있는지 양심적으로 살펴야 한다. 자신의 전법활동이 불교 세계관에 입각한 수행에 뿌리하고 있는지, 수행으로 심화되고 있는지 돌이켜보아야 한다.

깨달음 직후 불법의 심오함과 중생의 속성 때문에 전법을 고민하시는 부처님의 뜻을 잘 읽어야 한다. 임종의 순간까지 전법에 열정을 바치신 부처님 행적의 뜻을 놓치지 않아야 한다. 수행과 전법의 조화는 부처님의 기본 자세이며, 후학들에게 보여준 모범이기도 하다. 수행과 전법의 이원화와 불균형은 반드시 극복되어야 한다. 수행과 전법을 조화롭게 하는 전형을 형성해야 한다. 분명 그 길은 가능할 것으로 믿는다.

불교적 대응의 중요성

부처님의 생애 중 특히 주목해야 할 것이 있다.

몇 가지 예를 들어 본다. 농부들의 물싸움 소식을 듣고 몸소 현장에 찾아가서 싸움을 말렸다. 살인마 앙굴리마라를 찾아가 설득, 교화했다. 석가족의 멸망을 막으려고 전쟁터에 나아가 정복자를 설득, 회유했다.

언제나 사건과 상황이 있는 곳에 몸소 찾아가 불교적으로 일을 처리했다. 아울러 불교적 사고와 삶의 방식을 깨우쳐 주었다. 불교의 역사화를 위해 온몸을 바쳤다. 부처님의 생애는 역사현장에 살아 움직이는 불교의 모습이다. 더욱 중요한 것은 어떤 사건과 상황일지라도 전법의 계기로 승화시키고 있다.

부처님 시대에 비해 현대사회는 더 복잡하고 다양하다. 크고 작은 사건과 상황이 쉴새 없이 전개되고 있다. 그 안에는 실로 크고 작은 문제들이 무수히 얽혀 있다. 개개인의 고통과 불행은 물론 사회 · 역사의 혼미가 깊어져 가고 있다. 개인과 시대가 안고 있는 문제가 복잡한 만큼 요구사항도 무수히 많다. 오늘날 불교와 수행자들의 현실적 대응 노력이 어떠한지 반문해 보면 참으로 염치가 없다.

불교는 뭇 생명이 귀의해야 할 우주적 진리이다. 그렇기에 인간의 원초적 고뇌에 대한 해답을 주어야 한다. 민족의 주체성과 전통을 계승·발전시키고 미래의 청사진을 제시해야 한다. 인류가 안고 있는 현재의 문제에 대한 처방과 미래의 방향을 제시해야 한다. 그렇게 할 때 불교는 역사에 없어서는 안 될 종교로 자리를 지킬 수 있음은 너무나 당연한 일이다. 천번 만번 따져 보아도 역시 그래야 할 일이다.

그런데 한국불교의 주인인 오늘의 승가대중은 부처님의 자세를 본받으려 하지 않고 있다. 오히려 정반대로 치닫는 것 같은 느낌을 떨쳐 버릴 수가 없다. 적어도 시대의 요구에 부응하려면, 불교적 세계관으로 사고하고 생활하는 모범을 보여야 하고 우리의 활동도 불교적이고 양심적이어야 한다.

그런데 현대 한국불교의 양상을 관찰해 보면 불교 세계관의 부재와 혼란에 빠져 있다. 불교를 생활화하고자 하는 진실성과 책임성이 있는지 의심스러울 정도다. 공허한 불교이론과 설법만 넘쳐나고 있고 현실적인 실천과 구체적인 방법을 모색하고자 고뇌하는 모습은 찾아 보기 힘들다. 그래서 대부분의 불교적 진단과 방법은 현실적이지 못하다.

불교적이고 수행자적인지에 대해서도 별 관심이 없다. 눈에 보이는 실리에 연연하여 가시적인 성과를 내는 데에만 급급하다. 심지어 비불교적 방법도 주저하지 않는다. 타종교의 방법을 모방하는 경우가 허다하다. 깊은 살핌이 있어야 하겠다.

한 가지 더 짚어야 할 것이 있다. 한국불교가 무한한 잠재력과 가능성이 있음을 자각하지 못하고 있다. 유리한 여건을 불교적 전통의 계승 발전과 전법의 계기로 활용하지 못하고 있다.

깨달음 이후 전법에 생애를 바쳐 헌신하면서도, 끊임없이 자기 성찰의 수행을 소홀히 하지 않았던 부처님을 잊어서는 안 된다. '나는 산중에서 홀로 수행에 전념하고 있지만, 일찍이 한순간도 고통받는 중생의 아픔을 잊은 적이 없다'고 하신 가르침을 깊이 음미해야 한다.

戒律
제7장
계율

1. 계율을 공부하는 우리의 입장

절집에서 때때로 만나는 수행자들에게서 '수행이 잘 안 된다'는 한숨 섞인 자탄의 말을 자주 듣는다. 불교를 접하는 사람들마다 '불교는 어렵고 현실적이지 못하다'고 한다.

천하가 무너져 내리더라도 이상과 현실의 일치를 포기하지 않는 것이 수행자의 기본이다. 그런데 대부분의 수행자들에게서 이상을 향한 자신감을 찾아보기가 어렵다. 깨달음과 정토 실현을 위해 열정을 바치는 수행자의 기상이 보이지 않는다. 수행자로서의 치열한 구도의지와 당당한 면모를 지켜가려는 수행 분위기가 예전 같지 않다.

주의 깊게 살펴보면 요즈음의 수행자들은 불교수행을 표방하면서도 불교 세계관과 철학이 빈곤하다. 대범하게 참고 기다리며 노력하려는 성실함을 찾아보기가 어렵다. 그래서인지 그들을 바라보는 사회의 시선은 더욱 차갑고 날카롭다.

불교와 수행자에 대한 신뢰와 기대가 큰 사람일수록, 실망과 원망도 더 크다. 많은 사람들이 '불공에는 뜻이 없고, 잿밥에만 눈독을 들인다'는 옛말이 틀림없다고 쑥덕거린다. 나아가 그렇게 할 바에는 차라리 승복을 벗는 것이 세상을 위해 바람직하다는 핀잔을 한다. 신뢰와 기대가 무너짐으로 인한 비아냥거림의 소리를 듣는 것이 다반사이다. 실로 얼굴을 들고 다니기가 민망스러운 일들이 빈번하게 일어나고 있다. 참으로 안타까운 현실이다.

궁색하지만 스스로를 위안하면서 미래에 대한 전망을 밝게 가져 본다. 하지만 현실적으로 확실한 것은 혼돈과 혼란이 더 깊어져 갈 확률이 높다는 사실이다. 한치 앞도 예견할 수 없는 교단의 혼돈과 혼란이 더 심화되어 갈 것임을 확신할 수 있는 경우를 몇 가지 생각해 볼까 한다.

지난 1987년 선거 당시 불교계의 대표인 총무원장을 위시로 한 불교계 지도자들의 태도가 어떠했었는지는 지금도 기억이 생생하다. 한쪽에서는 불교탄압의 원흉, 불교사태의 주범인 5공과 노태우는 물러나야 된다는 외침이 메아리치고 있었고, 다른 한편에선 불교신도 대통령이라는 명분으로 승단 지도자들이 노골적으로 노태우 선거운동을 펼쳤다.

1992년 봄 대선에서는 총무원장이 김영삼을 대통령으로 만들기 위해 앞장섰다. 나라와 민족을 위해 적합한 인물인지의 여부는 검토하지도 않았다. 단지 불교인이라는 이유만으로 노태우가 대통령이 되어야 한다고 법석을 떤 지가 엊그제이다. 그런데 그 장본인인 총무원장이 나라를 위해 종교가 장애물이 되어선 안 된다고 한다. 장로 김영삼을 대통령으로 만드는 것이 나라와 불교를 위하는 일이라고 주장했다. '스님들 공사 사흘을 못 간다' 는 속담을 실감케 하는 사건들이다.

사실 자세하게 살펴보면 절집 곳곳마다 이와 비슷한 양상들이 되풀이되고 있다. 어제는 '참선만이 진짜 불교요, 선방에 안 다니면 수행자라 할 수 없다' 고 서슬이 시퍼랬었다. 오늘은 '다도茶道와 그림과 음악 공부를 해야 빨리 깨닫는다' 고 열을 올린다. 이와 함께 '민중을 위해 현실참여를 하지 않으면 수행자라 할 수 없다' 고 한다. 어제와 오늘의 태도가 정반대이다. 전혀 다른 입장과 태도로 호언장담한다. 비슷한 예들은 수없이 많다.

진정 함께 지켜 가야 할 원칙과 기준은 무엇일까? 일관되게 유지해야 될 기본 입장은 어떤 것일까? 갈피를 잡을 수가 없다. 방향과 입장을 180도로 바꾸면서도 납득할 만한 합리적인 이유가 없다. 수행자로서의 양심적인 고민과 성실한 책임감을 찾아보기 어렵다. 그저 자기 편리한 대로 적당히 넘어가는 무책임한 행동이 자행되고 있다. 기존의 틀을 깨고 나와야 된다는 사고에 미혹되고 집착한 나머지, 무원칙과 무책임이 당연시되는 집단으로 전락해 가고 있다. 불교와 불교수행이 이런 것은 아니지 않은가. 참으로 혼란스럽다.

승가를 형성, 유지하게 하는 계율에 대한 이해와 실천의 문제도 혼란스럽기는 마찬가지이다. 수행의 근본이 되고 승단의 근간이 되는 계율의 문제가 뚜렷하게 정리되지 못하고 있다. 그로 인하여 수행자와 교단의 타락이 깊어지고 있다.

오늘날 불교수행자들의 계율에 대한 견해는 그야말로 제 각각이다. 대단히 혼란스럽다. 함께 바라보고 나아가야 할 방향이 없다. 합의와 결의에 의한 원칙과 기준이 없이 갈등과 혼란만 심화되어 간다. 서로 간의 불신과 대립의 골이 날이 갈수록 고질화되어 가고 있다.

오늘날 수행자들의 대화와 생활태도 속에서 나타나고 있는 현상을 몇 가지 살펴보면 계율에 대해 어떤 문제들이 있는지 쉽게 짐작할 수 있을 것이다.

첫째, 율사·선사·강사·법사 등 호칭의 문제이다.

부처님은 율사인가, 강사인가, 법사인가, 선사인가? 옛날에도 율사·법사·강사·선사 등의 호칭을 사용했다. 하지만 서로의 입장과 역할에 대한 가치의 우열을 가리거나 편협하게 배척하지는 않았다. 그런데 요즈음의 수행자들은 거의 맹목적이다 싶을 정도로 선사라는 호칭에 집착한다. 사상과 인격이야 어찌 되었든 선사라고 호칭되어야만 큰스님이 되는 것처럼 여긴다.

그런가 하면 상대의 입장을 인정하고 존중하지 않는다. 마치 원수이

기나 한 것처럼 분리하고 배척하려고 한다. 불교의 핵심 가르침인 연기론적 수행관에 입각한 사고와 삶의 태도를 찾아보기가 쉽지 않다.

둘째, '깨달음의 길인 계율'과 '방편으로서의 계율'의 문제이다.

'깨달음의 수행에 있어서 계율의 정신은 지극히 존중되어야 한다, 계로 인하여 선정이 생긴다, 계의 그릇이 튼튼해야 선정의 물이 고인다, 계는 성스러운 도道의 기본이다' 등 계율을 떠난 수행이란 있을 수 없다는 견해다.

이에 반하여 '계율은 생천生天의 복을 닦는 길에 지나지 않는다, 또는 질서를 위한 방편설에 불과하다, 불교의 궁극적인 깨달음과는 무관하다, 굳이 원칙적으로 지켜야 할 필요가 없다, 형식에 크게 구애받지 말고 편리하게 응용되도록 하는 것이 옳다'는 태도들이다.

셋째, '원칙주의의 계율'과 '융통성의 계율'의 문제이다.

계율의 진리성을 주장하는 자들은 '어떤 상황에서도 율장에 적혀 있는 원칙을 지켜가야 한다, 시대상황에 따라 적용하는 것은 있을 수 없다'는 입장이다. 계율절대주의자는 자기 기준에 맞지 않는 그 어떤 것과도 함께 하려고 하지 않는다. 불교와 역사에 대한 안목에 대해서는 의미를 부여하지 않는다. 사상과 정신이 올바른지에 대해서는 깊이 살피지 않고 오직 어떤 형식으로 행동하고 생활하는지에 대해서만 관심을 갖는다. 이런 경우 대부분 자아도취에 빠져 독선적으로 흐르기 쉬울 뿐만 아니라 지극히 편협하고 배타적이며, 형식주의에 빠지는 경향이 많다.

반대로 '계율이란 그 시대의 상황과 계기에 의하여 제정된 것이다, 상황이 바뀌면 융통성 있게 응용되어야 한다'는 주장이다. 이들은 절대적 원칙으로서의 계율이란 있을 수 없고 형식으로서의 계율은 중요시하지 않는다. 우리가 관심을 가져야 할 것은 불교와 역사에 대한 올바른 안목이라고 주장한다. 계율의 실천이라는 이름 아래 원칙과 형식에 얽매이는 편협하고 배타적인 태도는 옳지 않다는 견해이다. 이는 언뜻 보기에는 대단히 너그럽고 융통성 있어 보인다. 그럴듯하고 설득력이 있어 보인다. 하지만 실제로는 무원칙, 무절제, 무책임으로 나타나는 때가 많다.

넷째, '전통주의의 계율'과 '개혁주의의 계율'의 문제이다.

전통과 순수의 입장에서 수행자의 모습을 유지하려는 자들은 계율을 절대시한다. 실제 그들이 살아가는 모습은 건전하고 성실하다. 그런데 문제는 불교 세계관으로 전체를 통찰하는 안목이 부족하여 문제를 합리적으로 처리하지 못한다는 것이다. 일방적으로 자기 틀에 맞지 않으면 이해하려고 하지 않는다. 사고와 삶의 태도가 답답할 정도로 편협하고 비현실적이다. 계율이란 과연 이런 것인가, 무엇을 위한 순수와 청정인가 하는 계율 자체에 대한 회의를 갖게 한다.

대조적으로 개혁의 필요성을 역설하는 자들은 지나치게 상황논리에 경도되는 경향이 있다. 현실성과 대중성이라는 논리를 앞세워 쉽고 편리한 것을 우선시하여 계율의 근본정신과 기본 입장을 가볍게 취급한다. 끝없는 문제제기와 이론적인 주장들만 무성하고 이론과 실천을 일치시키려는 성실성과 책임감이 부족하다. 스스로를 절제할 의지가 없어서 방일과 방종으로 흐르기 쉽다. 과연 개혁이란 이런 것인가? 진정 무엇을 위한 개혁인가? 개혁이 불교의 세속화를 정당화시키는 행위가 아닌가 하는 의구심을 갖게 된다.

견해와 입장의 차이 때문에 생기는 갈등과 대립의 예는 이 밖에도 많다. 왜냐하면 함께 의지하고 지켜가야 할 합의된 원칙과 기준이 무너져 버렸기 때문이다. 문제를 풀어내고 예방할 수 있는 아무런 기준도 남아 있지 않다. 수행자와 교단이 깨달음과 정토 구현이라는 고매한 이상을 실현하는 데 하나의 힘으로 응집되지 않는다. 나아가 갈등과 대립이 심화될 뿐이다.

참으로 안타까운 일이다. 문제의 핵심을 찾아 해결하려는 움직임은 보이지 않고 전혀 엉뚱한 곳에서 이전투구하고 있다. 겸허히 반성하고 정리하려는 작업이 전혀 없다. 이러한 상황에서 어떻게 불교의 밝은 미래를 기대할 수 있겠는가? 근본에서 너무 멀리 이탈해 버렸다. 지엽적인 문제를 붙잡고 우왕좌왕하는 것은 어리석은 일이다. 지금 요구되는 것은 근본에서 오늘의 문제를 바라보는 일이다. 부처님 본의에 입각하여 방향과 방법을 찾아야만 한다.

이에 부처님의 계율관과 실천태도를 살펴봄으로써, 올바른 계율관과 실천모범을 찾아내기 위한 기초작업을 하고자 한다. 그동안은 항상 『불본행집경』에 의지하여 부처님 생애를 살펴보았다. 그런데 계율 부분은 부처님 생애를 다룬 경전들이 갖는 자료의 한계 때문에 율장과 『아함경』을 참고하여 정리했음을 밝혀 둔다.

2. 계율에 대한 올바른 관점

　불교를 깨달음의 종교라고 한다. 깨달음의 내용은 연기법이다. 부처님의 가르침은 팔만사천 가지라고 한다. 하지만 한결같이 깨달음을 설명하고 있을 뿐 다른 내용이 없다. 수행의 길도 무수히 많다고 하지만, 오로지 깨달음으로 향하는 하나의 큰 길 외에 다른 길을 제시한 적이 없다. 따라서 깨달음의 내용인 연기법을 벗어난 불교는 없다. 깨달음을 목표로 나아가지 않는 가르침이란 어디에도 있지 않다.

　부언하자면 깨달음은 연기법으로 설명되어져야 한다. 깨달음의 길은 연기법적인 삶, 중도적 실천을 통해서만 가능하다. 불교의 어떤 내용과 활동일지라도 깨달음으로 나아가는 데 도움되지 않는 것은 이미 불교가 아니라고 단언해도 좋다.

"이 손 안의 나뭇잎이 많은가, 저 큰 숲의 나뭇잎이 많은가?"

"세존이시여! 손 안의 나뭇잎은 매우 적고, 저 숲의 나뭇잎은 한없이 많아 백천억만 배 또는 숫자로 헤아리거나 비유로 견줄 수 없나이다."

"비구들이여! 내가 정각을 이룬 후 스스로 깨달은 법을 사람들에게 결정적으로 설한 것은 이 손 안의 나뭇잎과 같다오. 무슨 까닭인가? 저 법—언어로 설한 것—은 의義를 요익饒益하게 하고, 법法을 요익하게 하며, 범행梵行을 요익하게 하여 밝은 지혜로 바르게 깨달아 열반으로 향하게 하기 때문이라오.

반면 저 숲의 나뭇잎이 많은 것처럼 내가 정각을 이룬 다음, 스스로 법을 알면서 사람들에게 결정적으로 말하지 않은 것도 또한 그와 같다오. 무슨 까닭인가? 저 법—언어로 설하지 않은 것—은 의를 요익하게 하지 않고, 법을 요익하게 하지 않으며, 범행을 요익하게 하지 않아서 밝은 지혜로 바르게 깨달아 열반으로 향하게 하지 않기 때문이라오."

『잡아함경』

설법에 대한 부처님의 기본 입장이 잘 나타나 있다. 깨달음의 법을 기록한 경전의 중요성을 명확히 하고 있다. 하지만 법의 세계는 광대무변하고 심오하다. 언어로 설해진 것만을 법이라고 하는 것은 옳지 않다. 언어라는 불완전한 도구로 법의 세계를 온전히 담아내는 것은 불가능하기 때문이다.

물론 깨달음의 세계는 넓고도 심오하다. 그 어떤 철학적인 논리도 포용할 수 있을 만큼 문이 열려 있다. 그럼에도 불구하고 의義와 법法과 범행梵行을 요익하게 하여 깨달음의 길로 나아가게 하는 것은, 언어로 설명되어진 가르침 외의 다른 길이 있을 수 없다. 법이 아무리 광대하고 심오하다 하더라도 깨달음의 길에 도움되지 않는 한 불교로서의 의미를 상실한다. 오히려 불교를 왜곡시키는 결과를 낳을 우려가 있으므로 매우 신중하게 접근하는 것이 옳다.

이러한 문제의식은 전통적인 불교 의식의 하나인 축원문의 서두에도 잘 나타나 있다.

> 지금까지 닦아 온 모든 공덕을 3처[三處 : 깨달음, 중생 성불, 중도
> 실제]에 회향하오니 원만구족하게 이루어지이다.

불교의 궁극적 방향과 기본 입장이 잘 드러나 있다. 너무나 당연하고 자연스러운 일이다. 길고 긴 불교역사 속에서 불교의 궁극적 방향과 정신이 잘 견지되어 왔다. 고인들의 높은 안목이 불교역사의 생명으로 이어져 온 것이다.

한 가지 더 정리되어야 할 것이 있다. 불교에서 제시하고 있는 깨달

음이라는 표현은 결코 단순히 개인적 차원에만 국한되는 것이 아니다. 자타불이自他不二의 입장에서 다루어지고 있음을 깊이 이해하고 인식해야 한다.

좀더 구체적으로 말해 보자. 연기적 세계관과 무아의 철학에 입각하지 않은 불교수행론은 없다. 자아 중심의 사고로 깨달음을 실현한다는 것은 전도몽상에 불과하다. 모든 사고와 활동들이 깨달음, 중생성불, 중도실제中道實際로 회향되지 않는 한 올바른 불교수행은 이루어지지 않는다.

간경, 참선, 염불, 참회, 발원, 전법 등 모든 불교의 수행체계는 연기법의 세계관에 근거하여 형성되어져 있다. 때문에 불교의 모든 것은 연기법으로 설명되어야 한다. 연기법의 세계관에 맞게 실천되어야만 불교를 바르게 한다고 할 수 있고, 연기법에 입각할 때 깨달음을 향한 수행도 노력한 만큼 무르익어 가게 되는 것이다.

지금 우리들이 공부하고자 하는 계율도 결코 예외가 아니다. 계율이 부처님에 의해 설해진 실천체계인 만큼 깨달음을 위한 수행의 길임도 의심의 여지가 없다.

계를 범한 자는 파계한 까닭으로 의지한 바에서 물러나게 되고, 마음이 즐겁게 안주하지 못합니다.

즐겁게 안주하지 못하면 기쁨, 편안함, 좋아함, 고요한 삼매三

昧, 여실如實한 지견知見, 싫어하여 떠남, 욕심 버림의 해탈을 잃어 영원히 무여열반을 얻을 수 없게 됩니다. 마치 나무 뿌리가 부서지면 잎이나 꽃, 열매가 이루어질 수 없는 것처럼 계를 범한 수행자도 또한 그와 같으므로, 공덕의 길에서 물러나면 마음이 즐겁게 안주하지 못하게 된다오. 믿음의 즐거움이 없어지면 탐욕 버림의 해탈을 잃어 영원히 무여열반을 얻지 못하게 되는 것입니다.

반면 계를 지키는 비구는 근본과 의지할 바가 구족해져서 마음으로 믿음의 기쁨을 얻게 되고,… 무여열반을 얻게 된다오. 비유하면 나무 뿌리가 부서지지 않으면, 가지나 꽃, 열매가 저절로 이루어지듯이 계를 지키는 비구도 또한 그와 같아서 근본이 구족해지고 의지할 바가 성취되면,… 무여열반을 얻게 됩니다.

『잡아함경』

깨달음의 수행에 계율이 근본임을 설하고 있다.

비구들이여! 내가 입멸한 후에는 마땅히 바라제목차波羅提木叉를 존중하고 진경珍敬해야 하오. 마치 암흑 속에서 광명을 만난 것 같으며, 빈궁한 자가 보배를 얻은 것과 같을 것이오. 계율이야말로 그대들의 큰 스승으로서 내가 세상에 더 머물러 있을지라도 지금까지 설한 가르침과 다를 것이 없다오.

임종의 자리에서 남기신 마지막 가르침 중의 한 구절이다. 성도聖道를 가고자 하는 자들이 믿고, 의지하고, 실천해야 할 것은 교법敎法과 계율이 전부임을 명백히 밝히고 있다.

깨달음의 길, 교단의 청정화합의 길, 역사대중의 이익과 안락의 길에 있어서 계율이 근본이 된다. 깨달음을 추구하는 수행자들이 반드시 알고 실천해야 할 큰 길은 교법과 계율이다. 믿고 의지하고 따라야 할 큰 스승도 교법과 계율이다.

같은 맥락에서 정리해 볼 때 계율도 연기적 세계관으로 해석되어야 한다. 동시에 깨달음의 길로 인식되고 실천되었을 때 비로소 계율에 대한 올바른 관점을 확립했다고 할 수 있다.

3. 계율 제정의 의의

책 이름에 대한 기억이 명료하지는 않고 옛 고승의 저서에서 읽었다고 기억된다. 어느 수행자가 '일체가 다 불법佛法이라면 살인도 불법입니까?' 하고 물었다. 이 때 스승이 '살인도 불법이니라' 하고 대답을 했다.

당시는 언어문자로 제시된 교법과 계율만이 불교의 전부라고 여기던 때였다. '나쁜 짓은 하지 말고 착한 일만 하며 뜻을 청정케 하라'는 것이 불교라고 믿었는데 살인행위도 불법이라니 너무나 충격적이었다. 그러나 사실 꼼꼼하게 되짚어 보면 놀랄 일이 아니다. 대부분의 경전과 어록마다 '일체 법法이 불법 아닌 것이 없다' 고 설하고 있다. 불교인 누구도 일체가 불법 아님이 없다는 논리를 부정하지 않는다. 하지만 '악도 불법' 이라는 논리를 수긍하는 사람은 거의 없다. 논리적으로 볼 때 일체가 불법임을 긍정한다면 당연히 악도 불법임을 받아들여야 옳다. 악이 불법임을 수긍할 수 없다면 일체가 불법 아님이 없다는 논리는 앞뒤가 맞지 않다. 깊이 새겨 볼 일이다.

불교를 어떻게 이해하느냐 하는 것은 매우 중요하다. 법의 세계는 공평무사公平無私하다. 법의 세계는 넓고 심오하여 무엇이든 남김없이 포용할 수 있다. 지극히 넓고 심오하므로 '일체법이 불법 아님이 없다'는 논리는 연기법의 정신에 모순되지 않는다. 적어도 논리적으로는 그렇다. 선善도 악惡도 연기되어진 것이라고 할 때, '살인도 불법'이라는 표현이 결코 비약된 논리가 아니다.

저 숲의 나뭇잎이 많은 것처럼 내가 정각을 이룬 다음, 스스로 법을 알면서 사람들에게 결정적으로 말하지 않은 것도 또한 그와 같다오. 무슨 까닭인가? 저 법은 의를 요익하게 하지 않고, 법을 요익하게 하지 않으며, 범행을 요익하게 하지 않아서 밝은 지혜로 바르게 깨달아 열반으로 향하게 하지 않기 때문이라오.

『잡아함경』

경전에 의하면 수행에 유익하지 않으므로 설하지 않고 있을 뿐, 논리적으로 선악시비善惡是非가 불법 아님이 없다는 입장이 성립되고 있음을 알 수 있다. 하지만 역사적으로 경전과 어록 어디에도 '악이 불법'이라는 가르침은 나타나 있지 않다. 악행도 깨달음으로 회향되어진다는 내용은 찾아볼 수가 없다.

아무리 논리적으로 탁월할지라도 삶의 문제를 해결하지 못하는 법은 없는 것이나 다를 바 없다. 문제해결을 이끌어 내지 못하는 논리란 오히려 혼란만을 가중시킨다. 때문에 부처님은 심오하고 광대한 법의 세계 중 수행에 유익한 것만 골라서 설했다. 같은 맥락에서 수행에 유익한 범주를 설정하여 실천할 수 있도록 계율을 제시한 것이다. 불교의 기본인 연기법의 내용을 수행에 도움이 되도록 하는 실천체계로 만든 것이 계율이다.

이제 『사분율四分律』의 '결계십구結戒十句'를 살펴보면서 계율을 제정한 의의를 살펴보자.

수행대중을 통섭하기 위함. 〔攝取於僧〕

수행대중을 화합케 하기 위함. 〔令僧和合〕

수행대중을 안락케 하기 위함. 〔令僧安樂〕

조복하기 어려운 자를 조복하게 하기 위함. 〔難調者令調順〕

뉘우쳐 참회하는 자를 안락케 하기 위함. 〔慚愧者得安樂〕

믿지 않는 자를 믿게 하기 위함. 〔未信者令信〕

믿는 자의 믿음을 돈독케 하기 위함. 〔已信者令增長〕

현세의 번뇌를 끊게 하기 위함. 〔斷現世煩惱〕

미래의 욕악을 끊게 하기 위함. 〔斷後世欲惡〕

정법을 영구케 하기 위함. 〔令正法久住〕

'결계십구'를 보면 계율을 제정한 의의가 아주 명쾌하게 잘 설명되어 있다. 연기적 관점에서 불가분의 관계를 맺고 있는 출가자 개인과 승단과 사회 전체가 함께 고려되고 있다. 현실적으로 개인과 교단과 사회는 결코 분리되고 단절된 관계가 아니다. 개인을 떠난 교단과 사회, 교단을 떠난 개인과 사회, 사회를 떠난 교단과 개인이란 있을 수 없다. 굳이 말하자면 개인이 곧 교단과 사회요, 교단이 곧 개인과 사회며, 사회가 곧 개인과 교단이다. 따라서 개인의 올바른 수행 없이 청정화합의 교단형성과 역사대중의 깨어남을 이끌어내는 것은 불가능하다. 개인의 올바른 수행이 청정화합의 교단과 역사대중의 깨달음에 직·간접적으로 기여한다.

같은 맥락에서 교단이 청정화합을 유지하지 못하면, 개인의 올바른 수행생활의 보장과 역사대중의 깨달음을 이끌어낼 수 없다. 교단의 청정화합은 개인의 수행과 역사대중의 깨달음에 직·간접적으로 영향을 끼친다.

이와 함께 역사대중의 자질 향상이 없는데 훌륭한 재목들이 수행자가 될 리 만무하다. 훌륭한 재목의 수행자가 없는데 고매한 이상의 공동체인 청정화합의 교단이 이루어질 수 없다. 개인의 수행이 교단의

청정화합과 역사대중의 깨달음을 이끌어낼 때 수행이 올바르다고 할
수 있다. 교단의 화합이 개인의 수행과 역사대중의 깨달음을 이끌어
낼 때 청정화합의 교단으로 운영된다고 할 수 있다. 나아가 개인의 수
행과 청정화합의 교단이 보호될 수 있을 때 역사대중의 의식이 건강
하다고 할 수 있는 것이다.

이런 관점에서 계율 제정의 의의를 간추려 보자.

① 개인의 수행을 위함.

② 교단의 청정화합을 위함.

③ 역사대중의 이익과 안락을 위함이다.

전체적으로 결론지으면 '정법을 영원케 하기 위함'이라고 할 수
있다.

계율 제정의 취지에 따르면 수행자란 첫출발에서부터 임종의 순간
까지 자신과 교단과 역사대중을 책임져야 하는 공인이다. 수행자는
어떤 상황에 처해 있을지라도 올바른 수행과 교단의 청정화합과 역사
대중의 이익과 안락을 실현하고자 하는 고매한 이상과 책임을 자신의
생명처럼 여겨야 한다. 깨달음을 역사화하는 길은 이 길 외에 다른 길
이 없다는 사실에 대하여 깊은 이해와 확신이 있어야 한다.

4. 계율의 내용과 필요성

부처님은 깨달음의 수행에 도움되는 내용만을 설했으며 그 속에서 제정된 것이 계율이다. 이렇게 볼 때 깨달음과 정토 실현의 길에, 계율이 갖는 의미와 중요성은 거의 절대적이다. 때문에 부처님께서는 '계로써 큰 스승을 삼아라' 하고 마지막 가르침을 남기셨다. 같은 관점에 서서 계율의 내용과 필요성을 살펴보자.

계율의 내용

먼저 계율에 대한 왜곡된 인식에 대하여 한 가지 짚고 넘어가야겠다. 일반적으로 계율은 방편으로 제정된 것이라고 한다. 이에 따라 일반적으로 '계율은 깨달음의 법으로 설해진 것이 아니라 상황의 필요에 따라 제정된 것이다. 수행자의 품위와 공동체 운영을 위해 방편으로 제정된 것일 뿐 깨달음의 법과는 무관하다. 따라서 현실적으로 편리하게 응용하는 것이 옳다. 형편에 따라서는 무시되어도 무방하다'고 생각한다. 물론 사건이 있을 때마다 그에 부응하여 계율이 제정된 것임은 사실이다. 상황에 따라 재해석되고 조절되어야 할 필요도 있다. 하지만 가볍게 취급하려는 태도는 매우 위험하다.

정확히 말하자면 계율의 문제를 쉽게 생각하는 것은 불교에 대한 올바른 안목이 없음을 반증하는 것일 뿐이다. 왜곡된 인식과 오류는 반드시 시정되어야 한다. 그러기 위해 계율의 내용이 과연 어떤 것인지를 살펴보고자 한다. 그동안 통상적으로 계율이라는 용어를 하나의 개념으로 사용해 왔다. 실제 '계戒'와 '율律'은 그 내용과 의미가 서로 다른 것이다. 쉽게 말하여 '계'란 개인의 수행에 초점을 두고 설해진 것이라면, '율'은 공동체 운영을 본위로 하여 설해진 것이다. 계와 율이 불가분의 관계이긴 하지만 계는 수행자 자신에게 적용되는 성격이므로 자발적인 것임에 비하여, 율은 대중 공동생활을 위한 것이므로 제도적 구속의 성격을 띤다.

계의 성질을 두 가지로 나눌 수 있다.

① 부처님에 의해 계가 제정되고 제정되지 않고, 또는 계를 받고 안 받고 관계없이 본질적으로 계가 성립되는 것을 '성계性戒'라고 한다.

보통 성계를 근본 4계(살인, 음행, 도둑질, 큰 거짓말)라고 한다. 성계는 지키고 지키지 않음에 따라 깨달음에 직접적인 영향을 미친다. 그러므로 성계는 언제나 올바른 관점과 이해를 갖고 실천해 나가야 한다. 뿐만 아니라 상황에 따라 바꾸거나 적당히 넘어갈 수 없는 것임을 알아야 한다.

② 부처님에 의하여 계율이 제정되고 또는 계를 받음으로 인하여 성립되는 것을 '차계遮戒'라고 한다.

'차계(성계 이외의 모든 계율)'는 본질적인 계는 아니지만, 수행자들로 하여금 성계를 범하지 않고 잘 지켜갈 수 있도록 해 준다. 또한 청정화합의 교단질서를 유지하고 발전시킴과 동시에 역사대중의 이익과 안락을 위한 울타리가 된다.

차계는 계의 기본정신을 계승하면서 상황에 맞게 보완하고 개혁할 수 있다. 연기적 세계관으로 시대상황을 통찰하고 그에 대한 불교적 대응을 위하여 상황에 따라 보완하고 개혁하는 것이 오히려 계율의 정신에 적합하다. 나아가 정법正法을 오래 머물게 하는 길이기도 하다.

계율의 필요성

새삼스럽게 계율의 필요성을 다루는 까닭은 무엇인가? 오늘의 수행자들이 갖고 있는 계율에 대한 왜곡된 관점과 교단의 타락상 때문이다. 한 마디로 오늘의 불교수행자의 문제를 해결하는 길을 찾고자 함인 것이다. 먼저 계율의 필요성을 담고 있는 경전을 읽어 보자.

언젠가 사리불이… 세존께 말씀드렸습니다. "어떤 등정각等正覺이 범행梵行을 닦아 정법을 오래 머물게 하고, 또 어떤 등정각이 범행을 닦아도 정법을 오래 머물게 하지 못합니까?" 부처님께서 말씀하셨습니다. "비파시불毘婆尸佛… 등 여러 부처님은 범행을 닦아 정법이 오래 머물렀고, 수엽불隨葉佛… 등은 법이 오래 머물지 못했다오."

부처님께서 사리불에게 말씀하셨습니다. "수엽불… 등은 널리 모든 제자들을 위하여 설법하지 않았고, 계를 제정하지 않았으며 또한 계를 설(포살)하게 하지 않았기 때문에, 제자들이 지치고 싫어하므로 법이 오래 머물지 못했다오. 무슨 까닭인가? 경법經法으로 통섭하지 않았기 때문이라오. 비유하면 여러 가지 꽃들을, 끈으로 잘 꿰어 책상 위에 놓지 않았기 때문이라오. 비파시불… 등은 제자를 위하여 넓게 경법을 설했고, 계를 제정하고, 계를 설하게 하였다오. 그리고 부지런히 가르치기를 '이것은 응당 사유하지 말고, 이것은 응당 사유하며, 이것은 응당 끊고, 이것은 응당 구족히 안주하도록 하오' 하고 설했다오. 그러므로 불법이 빨리 소멸하지 않았다오. 왜냐하면 꽃들을 끈으로 잘 꿰었기 때문이오.…이런 인연으로 비파시불 등의 불법은 오래 머물렀고, 수엽불 등의 불법은 오래 머물지 못했다오.”

이 때 사리불이 합장하고 말씀드렸습니다. “세존이시여! 오직 원컨대 대성大聖께서는 모든 비구들에게 계를 제정하고, 계를 설하게 하여 범행을 닦아, 법이 오래 머물도록 하여 주십시오.” 부처님께서 사리불에게 말씀하셨습니다. “비구들 중에서 유루법有漏法을 범한 이가 생긴 후에, 계를 제정할 것이니 그로 하여금 유루법을 끊게 하기 위함 때문이라오.”

「사분율」

계율의 필요성에 대한 결론적인 대답은 정법을 오래 머물게 하기 위함이다. 깨달음의 수행과 청정화합의 교단과 역사대중의 이익과 안락을 실현하기 위함인 것이다. 꽃을 끈으로 꿰어 흩어지지 않게 하듯이, 정법을 오래 머물게 하고자 계를 재정하고 설한 것이다. 계율에 의지하지 않는 한 정법을 오래 머물게 하는 일은 불가능하다. 정법을 오래 머물게 하기 위해서는 계율이 살아 있어야 한다. 계율이 존중되지 않으면 안 되는 당위성은 너무나 확연하다.

5. 계율과 깨달음 및 전법수행

　법에서 태어나 법으로 살다 돌아가신 분이 부처님이다. 그 법에 의지하여 살고자 길을 나선 자가 수행자이다. 법을 따르려고 하는 자들이 모여 이룬 것이 교단이다. 여기에서 법이란 깨달음의 법, 즉 연기법이다. 연기법을 이해하고 믿고 실천함으로써 깨달음을 실현할 수 있도록 제시한 것이 부처님의 가르침이다. 부처님의 가르침으로 삼업三業을 가꾸는 것이 깨달음의 수행이며, 역사대중으로 하여금 법의 길을 가도록 전하는 것이 전법행이다.

　경전과 율장을 면밀히 읽어 보면 수행자와 교단이 나아가야 할 방향과 실천방법이 뚜렷하다. 그런데 불행하게도 오늘날 불교계의 현실은 제시되어진 방향과 방법들을 정확하게 파악하려고 하지 않는다. 법의 내용과 정신을 바르게 알고 법의 정신과 방법으로 문제를 해결하려는 노력이 부족하다.

'깨달음과 계율은 무관하다, 화두하고 염불만 하면 되었지 계율이라는 격식에 집착할 필요가 없다.' 일부 수행자들에게 나타나는 사고와 생활태도이다. 부처님 가르침에 대한 올바른 이해와 믿음이 확립되어 있지 못한 결과이다. 부처님 가르침에 대한 올바른 이해와 믿음으로 실천하지도 않으면서, '수행이 안 된다, 공부가 안 된다'며 법에 대한 불신과 좌절감을 토로한다. 수행자로서 너무나 불성실하다. 괴롭지만 스스로의 불성실함을 인정하고 지금부터라도 부처님의 참뜻에 따라 바른 방향을 찾아야 한다.

계율과 깨달음의 수행

계율과 깨달음의 수행이란 어떻게 이해하고 실천해야 하는가?

일반적으로 '계율' 하면 여자와 술, 고기를 멀리하고, 점잖게 행동하는 것 등으로 생각한다. 한편 깨달음의 수행이라고 하면 참선하고 염불하는 것이라고 여긴다. 과연 표면상으로 드러나는 형식적 행위만을 계율이라고 할 수 있는가? 계율과는 무관하게 참선, 간경, 염불 수행이 제대로 될 수 있는 것인가? 깨달음의 실천체계로 구체화된 팔정도八正道를 토대로 정리해 보자.

비구들이여! 유루有漏에서 벗어나는 중로中路를 알고자 할 때, 내가 증득한 바로서 눈을 뜨고 지혜를 내며 적정과 열반을 위하는 여덟 가지 바르고 성스러운 길이 있다오. 말하자면 정견正見, 정분별正分別, 정어正語, 정업正業, 정명正命, 정정진正精進, 정념正念, 정정正定이라오.

비구들이여! 이것이 중도이니, 내가 이미 증득했다오. 눈을 뜨고, 지혜를 내며, 적정하고, 신통을 발하며, 깨달아 요달하고, 사문다우며, 열반을 위하는 까닭으로 마땅히 성취해야 하오.

『불본행집경』

여래는 두 가지 극단을 버리고 중도中道를 현등각現等覺하였다오. 이것은 안眼을 생기게 하며, 지智를 생기게 하고, 적정寂靜, 증지證智, 등각等覺, 열반涅槃에 도움된다오. 비구여! 무엇을 여래가 현등각現等覺한 중도라고 하는가? 그것은 성스러운 여덟 가지 길이라오.

〈초전법륜〉 중에서

부처님의 초기 가르침 중 깨달음의 실천체계로 제시된 중도(八正道)에 관한 부분만을 인용했다.

사실 『아함경』에서 『화엄경』에 이르기까지 전체적으로 살펴보면 중도(八正道)를 근본으로 하여 삼학三學, 육바라밀, 참선, 염불 등으로 수행체계가 형성되어져 왔다. 역사의 변천과 함께 실천체계가 변해온 것이 사실이지만, 언제나 중도라는 근본 입장에서 한치도 이탈한 적이 없었다. 한 마디로 깨달음의 실천체계는 팔정도八正道가 전부이다. 깨달음은 팔정도의 올바른 이해와 실천을 통해 실현된다.

깨달음의 실천체계인 팔정도를 구체적으로 정리하다 보면 '계율'과 '깨달음의 수행'에 대한 올바른 이해와 관점이 드러날 것이다. 동시에 계율과 깨달음의 수행이 어떤 관계인지, 바람직한 수행을 위해 어떻게 해야 할 것인지가 확연해질 것이다.

팔정도를 삼학三學으로 나누어 정리해 보자. ① 정어·정업·정명·정정진은 계학戒學 ② 정념·정정은 정학定學 ③ 정견·정사유는 혜학慧學이 된다.

적어도 우리가 부처님의 가르침을 따르고자 한다면 수행이 잘 안된다고 절망하기에 앞서 해야 할 것이 있다. 상식적으로 볼 때 부처님의 가르침을 올바르게 파악하고 이해해야 한다. 올바른 이해의 바탕에서 성실하게 실천해야 옳다.

이러한 전제에서 살펴보면 수행체계인 팔정도—삼학, 육바라밀, 염불, 간경, 참선 등—에 대한 우리들의 이해와 실천태도 중에는 몇 가지 오류가 있었다. 그 오류로 인해 발생한 문제들을 간략히 정리하면 다음과 같다.

① 팔정도를 연기적 관점에서 이해하지 못했다.

② 그로 인하여 정견 다음 정사유 등 순차적으로 발전한다고 여겼을 뿐 상호관계 속에 작용되고 있음을 살피지 못했다.

③ 따라서 정견, 정념, 정정만을 중요시하고 강조하게 되었다.

④ 그로 인하여 전인적인 수행체계를 이원적으로 파악하게 되었다.

⑤ 때문에 수행체계를 연기적 관점에서 이해하고 실천하는 불교의 기본 입장을 상실하기에 이르렀다.

⑥ 결국 오랜 수행에도 불구하고 법에 대한 이해와 믿음이 향상되지 못했다. 동시에 수행과 생활, 깨달음과 역사의 문제를 통일시키는 실천이 이루어지지 않았다.

'문제 속에 해답이 있다' 는 말이 있다. 문제의 본질을 정확하게 파악하면 그 안에서 해답의 방향이 나오게 된다. 팔정도를 연기적 관점에서 이해하고 실천할 때 문제가 바람직한 방향으로 풀려 나가게 되는 것이다.

① 연기적 관점에서 볼 때 깨달음의 체계로 제시되어진 팔정도는 각각 분리, 독립되어 있는 것이 아니다.

만약 정견을 독립되어 있는 것으로 본다면 그것은 연기적으로 정견을 이해하는 것이 아니다. 따라서 깨달음의 실천이 될 수 없다. 정견과 같이 여타 내용들도 마찬가지이다. 정견이 깨달음의 수행으로 나타나려면 반드시 정사유 등 여타의 내용들과 함께 작용되지 않으면 안 된다. 팔정도는 서로 영향을 주고받으며 동시에 작용된다. 다만 쓰이는 곳에 따라 견해로 드러낼 때는 정견으로, 언어로 드러낼 때는 정어로 나타나는 것이다.

② 팔정도의 전체 내용은 상호평등한 가치로서 선후우열이 있을 수 없다.

아울러 불가분의 관계 위에 작용되는 것이므로, 정견은 중요하고 여타의 것은 덜 중요하다는 식의 사고는 있을 수 없다. 정견이 연기적 정견이 되고 깨달음의 수행이 되려면, 정사유 등 여타의 내용과 함께하지 않으면 안 된다.

③ 전체적인 수행체계가 일심〔一心 : 六根·六境·六識의 연기됨〕이라는 통일의 장에서 쓰일 곳에 따라 정견 또는 정업 등으로 나타나는 것인 만큼 수행과 생활이 이원화되어서는 안 된다.

④ 불교에 대한 올바른 관점에 근거하여 수행할 때 수행한 만큼 법에 대한 이해와 믿음이 깊어진다. 수행과 생활, 깨달음과 역사의 문제를 통일시켜 나가는 방향을 갖게 된다.

좀더 쉽게 접근할 수 있도록 하기 위해 팔정도와 같이 삼학에 대해 다루어 보자.

비구여! 마땅히 공경히 머물고, 마음을 잡아매고, 두려운 듯

삼가고, 다른 이들을 따라 자재롭게 범행을 닦고, 상중하上中下의
자리를 가려 앉아야 하오. 왜냐하면 만약 비구가 공경히 머물지
않고,… 범행을 닦고 상중하의 자리를 가려 앉지 않으면 위의를
구족할 수가 없다오. 위의를 구족하지 못하면 법 배움을 원만케
하지 못하며, 법 배움을 원만케 하지 못하면 계戒·정定·혜慧·해
탈解脫·해탈지견신解脫知見身을 구족하지 못하며, 해탈지견신을
구족하지 못하면 무여열반을 얻을 수가 없다오.

『잡아함경』

깨달음의 삶을 실현하고자 하는 것이 불교이다. 깨달음을 이끌어
내지 못하면 그 어떤 것도 이미 불교가 아니다. 위 경전에서도 계율은
깨달음의 수행에 기초가 된다고 하고 있다. 계학이 깨달음의 수행이
되려면 정학定學과 혜학慧學이 함께 해야 한다는 입장이다.

만약 정과 혜를 떠난 계학만 독립되어 있는 것으로 인식하고 실천
한다면 그것은 단순한 세간적 윤리도덕일 뿐, 깨달음을 이끌어내는
수행의 의미는 없는 것이다. 마찬가지로 계와 정이 함께 하지 않는 혜
학이란 세간적 지식에 불과하다. 계와 혜가 함께 하지 않는 정학도 세
간적 선정 또는 삿된 선정으로 흘러버리고 만다.

이와 같은 기본정신이 전통적으로 전승되어 온 표현이 있다. '계의
그릇이 튼튼해야 선정의 물이 고이고, 선정의 물이 맑아야 지혜의 달

이 나타난다.' 삼학을 균등하게 닦음, 선정과 지혜를 균등하게 함이다. 계를 지키지 않고 하는 참선은 모래를 쪄 밥을 지으려는 것과 같다. 삼학을 균등하게 수행하는 것만이 참되고 바른 실천인 것이다.

살펴본 바와 같이 계학은 깨달음 수행의 기본이다. 기본적으로 계학이 깨달음의 수행이 되려면 연기적 관점에서 이해되고 실천되어야 하는 것이다.

계율과 전법수행

요즈음 불교계는 전법의 필요성과 당위성에 대한 주장들이 그 어느 때보다도 넘쳐나고 있다. 고무적인 현상이긴 하지만 우려되는 점들이 한두 가지가 아니다. 종교적 양심으로 볼 때 전법활동의 주체자들이 올바른 불교관을 갖고 있지 못하다. 불교관으로 일상을 성실하게 가꾸어 가고 있는지 반문해 보면 회의적이지 않을 수 없다.

여타의 수행과 마찬가지로 전법행도 두말 할 나위 없이 진실에서 출발되어야 한다. 진실—실상—에서 피어난 꽃이 지혜와 자비라고 할 수 있다. 지혜를 올바른 불교관이라고 한다면, 전법하는 것은 자비행이다. 진정한 자비의 전법행은 전법 주체가 자기 중심의 이기적 입장에서 뛰쳐나와 법과 중생의 입장에 서서 실천되어야 한다.

진정 중생을 위한 전법, 즉 신神과 인간들의 이익과 안락을 위한 전법행이란 과연 어떠해야 하는지, 전법행의 근본정신과 아울러 계율과 전법행의 관계를 정리해 보자.

수행자들이여! 신과 인간들의 속박으로부터 자유롭게 되었소.… 이제 전법의 길을 떠나시오. 신과 인간들의 이익과 행복을 위하여, 세상을 연민히 여기고 사람과 신들의 이익과 안락을 위하여 떠나시오. 처음도 좋고 끝도 좋으며 논리와 표현을 갖춘 법을 설하시오. 원만하고 청정한 수행생활을 보여주시오. 사람들 중에는 더러움에 오염되지 않은 자들이 있소. 그들은 법을 듣지 못하면 악에 떨어지게 되고, 법을 들으면 깨닫게 된다오.

『잡아함경』

전법선언을 몇 가지로 나누어 보자.

① 모든 속박으로부터 자유로워질 수 있는 불교관의 확립이다.

② 신과 인간에 대한 연민심과 그들의 이익과 안락을 위한 헌신적 자비심이다.

③ 처음도 좋고 끝도 좋으며 논리와 표현을 갖춘 설법, 즉 현실적으로 당사자가 이해하고 믿고 실천할 수 있는 불교를 해야 한다.

④ 청정한 수행생활의 실천모범을 보일 때 진실한 전법이 된다.

⑤ 법을 들으면 깨달을 수 있다. 즉 인간의 무한한 가능성에 대한 확고한 신뢰 등이다.

더 간추린다면 다음과 같다.

첫째, 올바른 불교관에 입각한 지혜와 자비심이다.

둘째, 중생으로 하여금 신뢰할 수 있도록 청정수행의 실천모범을 보이는 것이다.

셋째, 당사자들이 이해하고 믿고 실천할 수 있도록 하는 적절한 방편이다.

전법행을 실천함에 있어서 계가 왜 중요한 것인지는 계를 설하게 된 취지문을 살펴보면 납득이 갈 것이다.

믿음을 갖지 못한 자로 하여금 믿게 하고, 이미 믿는 자로 하여금 믿음을 더욱 돈독히 하고자 함이다.

계의 정신이란 진실과 자비와 성실에 뿌리하고 있다. 진실과 성실은 존경과 신뢰를 낳는다. 자비는 따뜻함과 고마움을 느끼게 한다. 진정으로 신뢰하고 존경하며 고마움을 느낄 때 그 사람의 말 한마디 한마디는 기쁨으로 가슴에 와 닿게 된다. 심혈을 기울여 실천하려는 의지를 갖게 된다.

계를 범하면 다섯 가지 해로움이 있다오.… ③ 이르는 곳마다 사람들의 존경을 받지 못함 ④ 추한 이름과 나쁜 소문이 천하에 퍼짐 … 계를 지키면 다섯 가지 공덕이 있다오.… ③ 가는 곳마다 사람들의 존경과 아낌을 받음 ④ 좋은 이름과 칭찬이 천하에 두루 퍼짐 ….

『유행경』

법으로 삶의 문제를 풀어가게 하는 것과 인간적인 인사치레의 처세로 관계를 맺는 것은 전혀 성격이 다르다. 법이 중심에 섰을 때 인간적 정리와 처세는 전법을 돕는 행이 된다. 하지만 법을 중심에 세우지 않은 채 인간적 처세만으로 관계를 맺는 것은 범속한 세속적 인간관계일 뿐이다. 이는 전법행과는 전혀 무관하며 어떤 측면에서는 법에 대한 바른 관점을 흐리게 하는 것으로, 전법을 역행한다고 할 수도 있다.

일곱 가지 불퇴법不退法이란 무엇인가?… 법을 받들어 금기할 바를 알고 그 제도를 어기지 않으면,… 서로 화순하므로 법을 부술 수 없음,… 여섯 가지 불퇴법이 있다오. 이것은 법을 더하게 하고 자라게 하여… ① 항상 몸으로 자비를 행하여 중생을 해치지 않음 ② 입으로 인자한 말을 하고 악한 말을 하지 않음 ③ 깨끗한 재물을 얻어 대중과 함께 나눔으로써 평등하게 함….

『유행경』

　법이 쇠퇴하지 않고 나날이 발전하는 길을 제시한 내용 중에 계율과 관계된 부분만을 옮겼다. 주목되는 것은 법을 융성하게 하는 데 없어서는 안 될 필수적인 덕목으로 화합을 들고 있음이다. 전법행자 자신이 바른 불교관으로 실천할 때, 신뢰와 존경심으로 받아들여지고 실천하게 되는 것임을 잘 보여주고 있다.

　우리가 진정 전법의 중요성과 당위성을 인정하고 있다면, 참된 전법을 위해 계율이 갖는 큰 의미를 가볍게 취급해서는 안 되는 것임은 의심의 여지가 없는 것이다.

6. 반성되어야 할 우리의 문제

　대평원의 동서 저편에서 펼쳐지는 일출의 장엄함과 일몰의 황홀함은 사람들을 숙연케 한다. 지혜와 자비로움으로 가득한 부처님의 생애는 우리로 하여금 무한한 동경심을 갖게 한다. 2,500여 년이 지난 오늘, 대부분의 사람들이 그분의 가르침에 귀 기울이고 있다. 많은 사람들이 그분의 인격을 그리워하고 있다. 세월을 뛰어넘어 사람들의 마음을 끄는 힘은 과연 어디에 있는 것일까? 참으로 신기한 일이다.

　부처님께서는 깨달음의 수행과 청정화합의 승단과 신과 인간들의 이익과 안락을 위해, 계율을 기본으로 삼고 물 흐르듯이 생활하였다. 일반적으로 계율하면 까다롭게 생각한다. 격식에 의한 구속, 편협한 원칙, 부자유스러움, 불편함 등을 떠올린다. 그런데 부처님 생애에서 나타나는 계율은 자유로움, 편안함, 넉넉함, 단순 소박함으로 특징지을 수 있다.

부처님 일생을 통해 살펴보더라도, 지혜와 자비와 소욕지족의 정신을 토대로 삼지 않고서는 계율을 올바르게 이해하고 실천할 수 없다. 뿐만 아니라 계율의 참된 의미도 상실되고 만다.

> 계가 있으면 곧 지혜가 있고 지혜가 있으면 곧 계가 있으며, 계는 능히 지혜를 깨끗하게 하고 지혜는 계를 깨끗이 한다오.… 그것은 마치 사람이 손을 씻을 때 왼손이 오른손을 깨끗하게 해 주고 오른손이 왼손을 깨끗하게 해 주는 것처럼, 이것도 또한 그와 같아서 지혜가 있으면 곧 계가 있고 계가 있으면 곧 지혜가 있는 것이라오. 계는 능히 지혜를 깨끗하게 하고 지혜는 능히 계를 깨끗하게 한다오.

「종덕경」

경문에는 계와 혜가 불가분의 관계임이 잘 설명되어 있다. 계와 혜는 서로 함께 할 때 바르게 이해되고 실천되는 것임을 명백히 하고 있다.

경전내용으로 볼 때 계를 바르게 이해하고 실천하면 반드시 지혜의 눈이 밝아지게 되어 있다. 만일 지혜가 밝아지지 않는다면 계에 대한 올바른 이해와 실천이 안 된 것이다. 반면 지혜의 눈이 제대로 밝아진다면 반드시 계의 실천이 자연스럽게 이루어지게 되어 있다. 만일 자연스럽게 계의 실천이 안 되고 있다면 올바른 지혜의 눈이 열렸다고 할 수 없는 것이다.

살펴본 바에 의하면 깨달음의 수행과 청정화합의 승가와 역사대중의 이익과 안락을 위하는 생활과 활동의 근본이 계율임을 확신해도 좋을 것으로 여겨진다. 계율에 대한 올바른 이해와 실천이야말로 수행자와 승단이 안고 있는 현실의 문제를 해결하기 위한 하나의 길임을 깊이 인식해야 할 것이다.

이에 그동안 우리들이 갖고 있었던 계율에 대한 왜곡된 이해와 실천태도를 반성하고 바로잡아 나갈 방향을 정리해 본다.

모든 수행의 기본인 계율

불교수행자들이 계율을 가볍게 취급하려는 풍토가 언제부터 시작되었는지는 정확하게 말하기 어렵다. 확실한 것은 초기교단 때부터 계율에 대한 논란은 계속 있었다. 끊임없이 계율의 중요성은 강조되고 실천되어 왔다.

다른 점이 있다면 예전에는 '계율의 참뜻을 어떻게 이해하고 실천할 것인가?' 에 대해 논란했음에 비해, 요즈음 수행자 사회에서는 '계율이란 귀찮은 것, 불필요한 것, 있으나마나한 것' 으로 취급되고 있는 것이다.

왜냐하면 계율은 질서유지를 위한 방편에 불과하고 생천生天을 위해 복 짓는 길일 뿐, 깨달음의 길과는 무관하다는 생각 때문이다. 이는 왜곡된 불교관이 낳은 결과로 어처구니없는 일이 아닐 수 없다. 스스로 바른 불교관에 입각하여 살아가고 있는지의 여부는 돌아보려고 하지 않은 채 너도나도 무턱대고 '수행이 안 된다, 불교의 미래가 암담하다' 는 등 좌절감만을 토로하고 있다.

부처님께서 보여주신 계율에 대한 인식 태도를 보면, 요즈음 우리들이 갖고 있는 계율에 대한 이해와 실천태도가 얼마나 빗나가 있는지가 저절로 드러난다. 경전에서는 계율이란 수행과 청정화합의 승단, 전법교화의 길에 근본이요, 생명선임을 뚜렷하게 밝히고 있다. 수행자와 승단과 전법을 위한 활동들이 비불교적으로 변질되지 않도록 보호해 주는 것이 계율이라고 했다. 그런가 하면 불교활동을 저해하는 외풍을 막아주는 울타리와 같은 것이라고 표현하기도 한다.

여기 네 가지 깊은 법이 있으니, ①은 거룩한 계율이요 ②는 거룩한 선정이요 ③은 거룩한 지혜요 ④는 거룩한 해탈이라오.
이 법은 미묘하여 알기 어렵다오. 나와 그대들은 이 법을 밝게 깨닫지 못함으로 인하여 생사의 세계에 끝없이 떠돌아다니게 되는 것이라오.

『유행경』

계율이 깨달음의 수행, 청정화합의 승단, 역사대중의 이익과 안락을 실현하는 큰 길임을 의심하는 비불교적인 어리석음을 하루빨리 청산해야 한다. 계율에 대한 올바른 이해와 실천을 통해서만 승단의 혼돈과 혼란이 끝날 수 있음을 자각하고 확신해야 한다.

돌아가 의지할 기준으로서의 계율

삶의 과정이란 끝없는 시행착오의 연속이라고 해도 틀리지 않다. 수행의 길도 때론 유혹을 당하거나 오류에 빠지게 되기도 한다. 원칙적인 기준에서 멀리 이탈하거나 처음 세웠던 구도의 뜻들이 흔들리기도 한다.

오늘날 수행자들이 방황하고 있다. 교단이 혼돈에서 벗어나지 못하고 있다. 왜 이렇게 되었을까? 이유는 간단하다. 돌아가 의지할 계율이 무너졌기 때문이다. 길은 단순하다. 수행과 청정화합의 교단, 역사대중의 이익과 안락의 길에 근본이 되고 생명이 되는 계율에 대한 정리가 필요하다.

아난이여! 내가 성불한 뒤 지금까지 설한 경과 계는 곧 그대 수행자들을 보호할 것이므로, 그대들은 반드시 지니고 지켜야 하오.

『유행경』

계율이 수행자를 보호하는 울타리로 인식될 때, 수행자의 방황과 교단의 혼란과 불교의 위기가 해결될 수 있다는 점을 명심해야 할 때가 지금인 듯하다.

문제해결의 원칙으로서의 계율

계율이라고 하면 대부분 소극적인 것으로 생각한다. 문제해결의 길에 장애요인인 것처럼 취급한다. '이것은 해서는 안 된다. 저것은 하지 말라'고 하는 표현들이 계율을 소극적인 것으로 규정하는 원인이 된다.

'계율은 원칙과 형식을 중요시하기 때문에 융통성을 발휘할 수가 없다. 협상과 타협을 통하여 일을 해결하는 데 장애물이 된다' 고 단정하기 쉬운데, 여기에서 지적되어야 할 것이 있다.

첫째, 불교의 특징을 잘 모르고 있음이다. 즉 계율에 대한 잘못된 이해와 인식이다.

일반적으로는 무엇인가를 자꾸 함으로써 문제를 해결할 수 있다고 믿는다. 무엇을 자꾸 하는 것이 오히려 문제를 복잡하게 하고 핵심에서 벗어나게 하는 것임을 수긍하려고 하지 않는다. 때에 따라서는 '포기하는 것, 하지 않는 것' 이야말로 문제를 해결하는 적극적인 길이며, 문제의 핵심으로 돌아가는 길임을 이해하는 사람이 별로 없다.

경험적으로 볼 때 무엇을 하는 것은 적극적이고, 하지 않는 것은 소극적이라는 도식화된 사고는 옳지 않다. 행동하고 하지 않고에 따라 적극적이고 소극적인 것이 규정되는 게 아니다. 오히려 어떤 형태로든 문제가 해결되도록 역할하는 그 자체가 가장 적극적인 것이다. 사안에 따라 포기 또는 하지 않음으로써 문제가 해결된다면 그야말로 포기 자체가 가장 적극적인 행위일 수 있는 것이다.

둘째, 오늘날 수행자들 대다수가 그때 그때 유리하고 편리한 대로 일을 풀어 가려고 하는 경향이다.

어렵더라도 불교의 기본 입장과 기준에 입각하여 일을 해결하는 것이 얼마나 중요한 것인지를 깊이 인식하지 못하는 것 같다. 문제를 불교적으로 해결하지 않아도 된다면 굳이 불교가 있어야 할 필요가 없어진다. 일을 불교적으로 해결해 나가야 하는 까닭은 불교가 인간의 행복을 실현하는 길이라는 믿음 때문이다. 그러므로 일을 함에 있어서

협상하고 타협하는 것은 필요하지만, 불교의 기본 입장과 기준 자체를
포기하는 것은 너와 내가 함께 죽는 것임을 잊어서는 안 될 것이다.

현실적으로 실천될 수 있는 계율

일반적으로 계율은 실천하기 어렵고 비현실적이라는 인상들을 갖
고 있는 듯하다. 특히 한국불교의 현실에서 계율의 문제는 체계적으
로 정리되어 있지 않을 뿐더러 현실에서 실천하기 곤란한 부분들이
있는 것도 사실이다. 더 근원적인 원인은 불교의 궁극적 세계관을 자
신의 것으로 확신하지 못하는 데서 출발하고 있다.

불교적 세계관에 대한 확신을 갖고 있다면 불교적 삶의 길에 근본
이 되는 계율의 의미는 무엇보다도 중요한 것으로 인식될 것이다. 자
신의 궁극적 이상을 실현하는 데 없어서는 안 될 것이 계율의 실천이
라는 확신이 설 때, 계율은 현실적인 것으로 와 닿게 된다.

계를 지키면 다섯 가지 공덕이 있다오.… ① 구하는 것이 뜻대
로 됨 ② 재산이 더욱 불어남 ③ 가는 곳마다 사람의 존경과 아낌
을 받음 ④ 좋은 이름과 칭찬이 천하에 퍼짐….

『유행경』

자신이 필요로 하는 것이 실현될 때 우리는 현실적인 것이라고 한다. 재산이 불어남, 뜻대로 됨, 존경받음, 칭찬이 자자함 등 이 보다 더 현실적인 것이 또 무엇이 있겠는가. 그럼에도 불구하고 계율이 비현실적이라고 느껴지는 것은 본능적 속성인, 편리, 게으름, 방종 등 욕구 충족을 포기하려고 하지 않기 때문이다.

포기하고 승화시킴으로써만 실현되어지는 불교적인 삶과 소유하고 즐기려는 향락적 삶을 동시에 향유하려고 하는데, 그것은 불가능한 것이다. 실제 불교적 삶에 대한 확신이 서면 계율은 매우 현실적인 것으로 인식된다.

한국불교의 모순과 혼란을 극복하기 위하여 정리되어야 할 것이 있다. 현재 북방불교와 남방불교의 계율이 혼재되어 있다. 과거에는 적합했지만 현재에는 적합하지 않는 것들이 뒤섞여 있다. 이로 인해 불교인들이 실천에 어려움을 느낌과 동시에 매우 비현실적인 것으로 인식한다.

현실적으로 실천될 수 있는 계율이 되려면 몇 가지 준비되고 정리되어야 할 것들이 있다.

① 불교적 이상을 실현하기 위해서는 계율이 반드시 필요하다는 인식을 해야 한다.

② 어떤 상황에서도 불교적 이상을 포기해서는 안 된다는 신념이 필요하다.

③ 본래부터 계가 성립되어지는 성계性戒와 계율의 기본정신은 온전히 지켜져야 한다.

이와 같은 기본 입장을 확고히 하는 바탕 위에서 상황과 사안에 따라 적절하게 응용하는 유연한 태도와 방법을 찾아내는 노력이 요구된다.

> 소소한 계는 버리더라도, 위아래가 서로 화합해야 하며 예의
> 와 법도를 따라야 된다고 말해 주오. 이것이 출가한 자가 공경하
> 고 순종하는 법이라오.
>
> 『유행경』

계율은 화합이 생명이다. 승단, 역사대중의 이익과 안락을 위해서는 반드시 서로 화합해야 한다. 화합을 위해 필요하다면 소소한 계는 때와 장소에 따라 알맞게 조절되어야 한다. 단 계율의 기본정신과 입장을 지키면서 현실적으로 실천할 수 있도록 조절하지 않으면 계율은 오히려 불화의 원인이 된다. 나아가 마침내는 죽은 형식으로만 남게 된다.

계율의 올바른 이해를 위한 수학의 필요성

비구가 계를 지키면 뉘우치지 않음, 즐거움… 안락, 선정, 참다운 앎… 욕심 없음과 해탈을 익히고,… 열반을 익힌다오.… 마치 나무와 같나니 그 뿌리를 해치지 않으면 줄기와 마디, 가지와 잎, 꽃과 열매가 모두 성취된다오. 수행자도 또한 그와 같아서 계를 지키면,… 실다운 소견, 욕심 없음과 해탈을 익히고,… 열반을 익히게 되는 것이라오.

「계경」

부처님 생애에 나타난 계율에 대한 이해와 실천태도를 살펴보는 과정에서 확연하게 정리되어지는 것이 있다. 그것은 그동안 우리들의 계율에 대한 태도에 여러 가지 문제가 있었다는 점이다.

① 불교적 삶에 있어서 계율이 근본이 된다는 점을 제대로 이해하지 못했다.

② 편안함, 풍부함, 게으름, 향락 등 중생의 속성에 집착한 채 불교를 하려고 하다 보니 계율은 딱딱하고 불편한 것, 편협하고 부자유스러운 것, 소극적이고 융통성 없는 것 등 계율에 대한 왜곡된 생각을 당연시해 왔다.

③ 계율을 바르게 이해하고 실천하려는 노력을 거의 하지 않았다.

반면 계율에 대한 올바른 입장을 정리해 보면 다음과 같다.

① 깨달음의 수행, 청정화합의 승단, 역사대중의 이익과 안락의 길에 계율이 근본이다.

② 수행자와 교단이 돌아가 의지해야 할 원칙적인 기준이 계율이다.

③ 문제해결을 위한 적극적인 길이 계율이다.

④ 현실적으로 실천될 수 있도록 해야 하고 반드시 실천되어야 할 길이 계율이다.

이렇게 볼 때 불교의 궁극적 삶의 가치를 추구함에 있어서 계율이 갖는 의미는 매우 큰 것임을 알 수 있다. 계율에 대한 올바른 이해와 실천이 될 수 있도록 하기 위해서 계율에 대한 올바른 수학修學의 필요성과 중요성은 아무리 강조해도 지나치지 않다.

그동안 우리는 계율을 바르게 알려고 진지하게 모색하지 않았다. 맞네 안 맞네, 중요하네 중요하지 않네, 개선해야 하네 개선해서는 안 되네 하고 소모적인 논란만 거듭해 왔다. 소모적인 논쟁은 끝내는 것이 마땅하다. 비록 고달프고 먼 길이며 가시적인 성과가 즉시 나타나지 않는 따분한 길일지라도, 계율을 바르게 공부하는 자세에서 출발해야 한다. 계율에 대한 바른 이해와 진실된 실천을 위해 계율 공부를 어떻게 할 것인가, 계율의 근본정신과 기본 입장을 계승하고 지키면서 현실에 실천할 수 있도록 하는 길은 어디에 있는가 등 길을 찾기 위한 노력이 절실히 필요하다.

대중화합을 해치는 것을 오역죄로 규정하신 부처님의 깊은 뜻을 살펴야 한다. 깨달음의 역사화를 위해 헌신하는 수행자가 되고자 길을 나선 우리들이, 무엇 때문에 이 길의 한가운데 서서 당당하게 걸어가기를 주저하는가? 아픈 마음으로 반성하면서 다시 시작하는 용기를 가졌으면 하는 바람을 담아 본다.

教團
제8장
교단

1. 교단을 공부하는 우리의 입장

교단은 우리가 살아온 역사의 대지 위에 진리를 향한 구법의 열정
이 넘쳐나는 곳이다. 인류를 향한 평화의 의지가 충만하며 인간의 원
초적 고뇌와 사회적 고통의 문제를 근원적으로 해결하는 곳이다. 인
류의 보편적 가치와 이상을 실현하려는 고매한 정신과 열정을 지닌
도반들이 모여 이루어 낸 아름다운 공동체이다. 그 곳에는 인간과 역
사의 가능성에 대한 무한한 이해와 신뢰가 잔잔하게 깔려 있다.

함께 배우고 수행정진하며 평등한 나눔의 삶을 일상화함으로써 언
제나 청정화합의 향기가 그윽하다. 때로는 서로의 향상을 위해 따뜻
하게 격려하고 냉철한 비판도 주저하지 않는다. 앞서가는 자는 손 내
밀어 이끌어 줌으로써 뒤처진 자가 희망과 용기를 잃지 않게 한다. 넉
넉한 우정이 아름답게 숨쉰다.

언제 어디에서 무엇을 하든 그들은 인류의 궁극적 이상인 깨달음과 정토 실현을 위해 헌신하는 삶을 인생의 최고 가치로 삼는다. 서로 멀리 떨어져 있다 할지라도 그들의 궁극적인 목표는 한결같이 깨달음과 정토 실현에 있다. 삶의 태도 또한 공동의 목표를 위해 헌신하는 것으로 되어 있는 만큼 서로간의 이해와 신뢰는 더욱 튼튼하다. 개인의 개성과 자유정신이 존중되지만 인류의 보편적 가치를 위해 서로 하나가 된다. 보편적 이상을 위해 서로 하나 되지만 개인의 개성과 자유정신은 온전히 살아 숨쉰다.

우리가 교단을 찾아와 그 일원이 되려는 본의가 무엇인가? 한 인간으로서의 근원적인 고뇌를 해결하고, 인류의 보편적 가치와 이상을 실현하는 길이 여기에 있음을 의심치 않았기 때문이다. 교단에 몸담음으로써 법에 대한 믿음과 법을 향한 구법의지와 중생을 향한 구세대비救世大悲 정신이 더욱 고무되고 확고해지리라는 바람이 있었기 때문이다.

교단은 수행자들의 의지처이다. 깨달음과 정토 실현의 구도의지를 북돋워 주어 어떤 어려움에서도 좌절하지 않도록 한다. 구도의지를 무너뜨리는 여하한 유혹과 위협도 막아준다. 그러므로 고매한 이상과 정신을 소유한 자들이 생을 바치려고 이 곳을 찾아온다. 교단의 일원이라는 사실을 무엇보다도 자랑스럽게 여긴다. 그뿐만이 아니다. 자유·평등·평화를 이상으로 하는 역사대중들도 교단에 대해 신뢰하고

존경한다. 나아가 자신들의 오늘과 내일을 밝히는 희망의 등불처럼
생각한다.

그런데 오늘 우리의 현실은 어떤가? 성스러웠던 승단 본연의 모습
은 옛 이야기일 뿐이다. 지금 그 어디에서도 인류 구원의 등불인 교단
본래의 모습은 찾아보기 어렵다.

출가생활 삼십여 년 동안 보고 들었던 이야기들을 생각하면 매우
씁쓸하다. 언제부터인지는 모르지만 스님들 사이에는 '삭발염의가
부끄러워 옷을 벗고 싶을 때가 한두 번이 아니었다' 는 말들이 자주 오
고 간다. 승단의 구성원이라는 것이 마치 몹쓸 짓을 하는 집단의 일원
처럼 느껴져 교단을 떠나고 싶을 때가 있다고 한다.

재가불자들도 불교인이라는 것이 창피하여 스스로 불교인임을 드
러내지 않는다고 한다. 승단의 일원으로서, 불교인으로서 자신감과
긍지를 갖지 못하고 있다. 오히려 열등감과 피해의식을 갖게 하고 있
는 것이 오늘날 승단의 모습이다. 이런 분위기는 교단 내부의 스님과
불교인에게만 있는 것이 아니다. 많은 역사대중들도 불교교단을 불신
과 경멸의 눈으로 바라보고 있음을 체감케 하고 있다.

이런 점들은 불교집단을 상징하는 총무원과 사찰에 대한 역사대중
의 인식을 한두 가지만 살펴보아도 쉽게 짐작할 수 있다. 종단을 대표
하는 곳인 조계종 총무원이 있는 조계사는 원장과 주지 자리 등 감투
싸움하는 곳처럼 여긴다. 혹은 국민적 바람과는 정반대의 입장에서

호국불교의 이름 아래 정부 정책에 무조건 추종하고 권력에 아부하는 '의식 없는 집단' 으로 인식한다.

불교를 상징하는 절이란 산수 수려하고, 역사 유물들이 많아 구경하고 놀기 좋은 곳 정도로 생각한다. 또는 죽은 자를 위해 염불하고 제사 지내며 복을 비는 곳이라고 믿는다. 역사대중의 고뇌와 문제들을 근원적으로 해결하기 위해 열정을 바쳐 활동하는 곳이라고 생각하는 사람은 거의 없다. 인류를 구원하기 위한 고매한 사상과 정신을 실천하는 자들이 모인 곳이 불교교단이라고 여기는 사람은 그리 많지 않다.

이처럼 모순과 타락현상들이 심화되고 있는 교단현실과 그에 반응한 대중의 불신과 경멸을 직접 겪는 수행자와 불교인들의 심정은 비참하기 그지없다. 실로 감당하기 어려운 회의와 갈등과 좌절감을 겪게 된다. 심하게는 교단무용론으로 나타나기도 한다. 깨달음과 인류구원이라는 공동의 이상을 실현하기 위해 한 마음 한 뜻이 되려는 공동체 정신이 사라지고 있다. 자기 이롭고 편리한 대로 생각하고, 말하고, 행동하는 등 출가수행자 답지 않은 형태로 나타나고 있다.

몇 가지만 살펴보도록 하자.

첫째, 요즈음 스님들 사회에서는 개인 토굴이라는 말이 유행하고 있다.

토굴이란 대중에 휩쓸리지 않고 불철주야 용맹정진을 하고 싶을 때 찾는 작은 수도장이다. 쉽게 말하여 더 검소하고 더 철저하게 수행하고자 하는 것이 본래 '토굴정신'이었다. 물론 이 때에도 토굴은 승가 공동체의 소유이다. 그러므로 토굴에 살다 떠나는 사람은 다음에 살 사람을 위해 만반의 준비를 해 놓고 떠나가는 것이 기본 예의다. 그런데 요즈음은 대부분 매매를 하거나 권리금을 주고받는 등 사유화 경향으로 흐르고 있다.

대체적으로 토굴을 찾는 이들을 보면 개인적으로는 조용하고 성실하게 보이는 사람들이다. 시비하지 않고 욕심부리지 않으며 일없이 순수하게 수행하고자 하는 의도라고 한다. 또는 세속화에 휘말리지 않고 병들 때와 노후에 대한 대책이 필요하기 때문이라고 한다. 현실적으로 이해할 수 있고 불가피한 점도 없지는 않다. 수행자의 신념을 지켜갈 수 없는 교단현실에 대한 회의와 좌절감에서 비롯되고 있음도 사실이다.

하지만 실제 심층적으로 들여다보면 더 본질적인 문제를 안고 있다. 그들 스스로 자타일시성불도自他一時成佛道를 위한 굳건한 서원과 공동체 구성원으로서의 책임감이 없다. 또 역사문제에 대해 정직하게 대응하려는 구도자로서의 신념과 원력이 빈곤하다. 때문에 실제 토굴에서의 생활과 형태들이 자기 집이나 재산 마련 등 무사안일주의로 나타나고 있다.

둘째, 오늘의 한국불교에 대한 만병통치약처럼 등장하고 있는 것이 포교에 대한 주장들이다.

전법과 불교발전과 사회적 역할이라는 대전제를 갖고 활발하게 이루어지고 있는 것이 포교당 설립이다. 대단히 고무적인 일이긴 하지만 극복하지 않으면 안 되는 문제가 있다. 바로 전법과 사회적 역할에 대한 불교적인 올바른 방향과 방법을 찾지 못하고 있는 점이다.

특히 신설 포교당들이 승가공동체의 소유가 아니라 개인 소유화됨으로 인하여 종단적인 통일성과 통제가 이루어지지 않는다. 중요한 큰 일들을 효율적으로 처리하기 위해서는 힘이 통일되고 조절될 수 있어야 한다.

조직화, 체계화, 다양화, 전문화를 요구하는 현대사회에서는 더할 나위 없는 일이다. 그럼에도 불구하고 전법, 불교발전, 불교의 사회적 역할을 명분으로 사유화, 상업화, 세속화를 당연시하는 경향으로 나타나고 있다. 그 결과 힘이 분산되고 조절되지 않아 오히려 갈등과 대립을 낳고 있다. 의미 없이 일이 중복되고 힘이 사분오열됨으로 인하여 무력화되어 가고 있다. 이렇게 볼 때 공동체 정신을 간과한 포교당의 사설화 문제는 깊은 연구와 대책이 필요한 사안이 아닌가 한다.

셋째, 문중이 정치 세력화되는 경향이다.

문중이란 스승과 제자들에 의해 이루어진다. 어떻게 보면 작은 교단이라고 볼 수도 있다. 주로 스승의 사상과 정신을 계승, 발전시킴으로써 수행자로서의 질적 향상을 모색하고, 승가공동체의 발전에 기여하기 위함이다.

스승 상좌 제도는 수행자의 길을 찾아온 제자의 교육문제와 수행자의 노후문제 등을 해결하는 데 있어 매우 훌륭한 전통이다. 그런데 최근에는 가르침과 배움, 모심과 보살핌 등의 아름다운 전통은 찾아볼 수가 없다. 오로지 직책을 안배하거나 집단 세력화하여 문중적 기득권을 수호하고 확장시키는 데 연연한다. 나아가 종단의 주도권을 장악하기 위한 정치세력화 집단이 되어 그 폐단은 이루 말할 수 없을 정도이다.

넷째, 출가수행이 직업화되는 경향이다.

직업수좌, 직업부전, 직업중 노릇 등 자조적인 표현들이 오가고 있다. 대중들은 불신과 경멸의 관점에서 의심스러운 시선을 보내고 있다. 예전에는 찾아보기 어려웠던 절집에서의 명예와 권력과 좋은 경제적 토대를 뜻하는 주지직을 탐하는 풍토가 생겨났다. 더불어 절집 안 수행자 교육을 불신하고 학원, 대학, 박사 등 세속 교육에 대해 맹종하고 있다. 수행자로서 평가받기보다는 화가, 서예가, 박사, 교수 등으로 평가받으려는 현상이 만연해 가고 있다.

몇 가지 예를 들어 살펴본 오늘의 교단현실은 매우 우려되는 상황이며 세속적인 이해집단으로 전락해 가고 있음을 부정할 수 없다. 교단현실이 이런 만큼 불교인과 수행자들이 긍지와 자신감을 갖지 못하는 것은 필연적 현상인 것이다. 2,500여 년 동안 깨달음의 역사화라는 희망의 빛을 제시해 왔던 불교교단이 어쩌다 이렇게 되고 말았는가? 불교와 역사대중을 생각할 때 서글프고 불행한 일이 아닐 수 없다.

이에 초기경전과 초기불교 자료를 토대로 교단에 대한 부처님의 생각을 정리함으로써, 오늘의 승가대중이 교단을 어떻게 이해할 것인지, 또 오늘의 교단 모습은 어떠해야 되는 것인지를 모색하고자 한다.

2. 교단이란 무엇인가

교단이라는 말을 사전적 의미로 정의하면 '종교상의 동질적 신앙과 의식을 함께 신봉하는 자들의 공동사회' 또는 '종교적으로 투철한 신조를 믿는 사람들에 의해 자발적으로 조직된 종교집단' 이다. 본질적으로 다른 점이 없지 않지만 현상적으로 볼 때 불교교단도 일반적인 범주를 크게 벗어나지는 않을 듯하다. 통상적으로 불교에서는 교단과 승가僧伽를 엄격하게 구분하지 않고 혼용해 왔다.

무엇을 이름하여 승가라 하는가? 승가는 대중을 일컫는 말로서 여러 비구가 한 곳에 화합하여 생활하는 것을 승가라 한다. 비유하면 큰 나무가 빽빽이 들어선 것을 숲이라고 이름하는 것과 같음이니, 낱낱의 나무를 숲이라고 하지 않지만 낱낱의 나무를 떠나 숲이 따로 있는 것이 아니다. 이와 같이 개개인의 비구를 승가라고 하지 않지만 개개인의 비구를 떠나 승가가 따로 있지 않다. 따라서 여러 비구가 함께 모여 서로 화합하므로 승가라는 이름이 성립되는 것이다.

『대지도론』

승가는 무리를 뜻하는 말이다. 집단, 단체라는 의미로, 중의衆議에 따라 결정하는 공화제共和制를 뜻한다. 당시 상인이나 수공업자들이 직종에 따라 수공업조합, 상업조합 등 공동조합을 결성했었다. 그것을 '승가' 또는 '가나'라고 했다. 특히 경전에 등장하는 밧지국의 공화제는 주목할 만하다.

불교는 그 당시 사회에서 일반화되어 가고 있었던 공동체 결성과 운영방법을 받아들였다. 그렇지만 '법에 의지하고 법을 등불로 삼는 사람, 인간의 궁극적 이상인 깨달음과 정토 실현을 위하여 생을 걸고자 하는 뜻을 지닌 사람들의 모임'이라는 특징을 갖고 있다. 그러므로 초기불교 당시 인도사회의 배경과 불교의 기본정신을 이해하지 않고서 승가라는 말의 참된 의미를 온전히 파악한다는 것은 쉽지 않다.

이에 승가에 대한 올바른 이해를 돕기 위해, 불교화되기 이전의 공화제의 모습과 그것을 불교승가에 그대로 적용시킨 것으로 짐작되는 경전내용을 살펴보고자 한다.

"마가다의 왕 아사세는 부처님 발에 머리 조아려 예배하고 문안드립니다. 기거하심이 경쾌하고, 편안하시며 걸어다니시기에도 건강이 괜찮으십니까?… 밧지국 사람들은 스스로 용맹스럽고 건장하고 부강함을 믿고 순종하지 않으므로 저는 밧지국을 정벌하고자 하는데, 세존께서는 무슨 가르침이라도 있으십니까?"

"아난다여! 너는 밧지국 사람들이 자주 모여 서로 정의에 대해 논의한다고 들었는가?" "네! 그렇다고 들었습니다."… "만일 그렇다면 어른과 젊은이들은 서로 화순하여 갈수록 더욱 융성할 것이며, 그 나라는 언제나 안온하여 아무도 침략하지 못할 것이다. 아난다여! 밧지국의 임금과 신하는 서로 화순하고 윗사람과 아랫사람들이 서로 공경한다고 들었는가?" "네! 그렇다고 들었습니다."… "그렇다면,… 그 나라는 언제나 안온하여 아무도 침략하지 못할 것이다. 아난다여! 너는 밧지국 사람들이 법을 받들어 금기할 바를 알고, 예도禮道를 어기지 않는다고 들었는가?" "네! 그렇다고 들었습니다."… "만일 그렇다면, 그 나라는 언제나 안온하여 누구의 침략도 받지 않을 것이다."… 때에, 대신 우사는 부처님께 말씀드렸습니다.… "저 나라 백성들이 한 가지 법을 성실히 행하더라도 오히려 도모할 수 없겠거늘, 하물며 일곱 가지를 행함에 있어서이겠습니까?…"

『장아함경』

이는 당시의 협동체 또는 공화제의 모습을 잘 보여주고 있다.

일곱 가지 불퇴법不退法이란 무엇인가? ① 자주 모여 정의를 강론하면, 어른과 젊은이들은 서로 화순和順하므로 그 법은 무너지지 않는다 ② 위아래가 서로 화동和同하여 공경하고 순종해 어기지 않으면,… 그 법은… ③ 법을 받들어 금기할 바를 알고 제도를 어기지 않으면,… 그 법은… ④ 비구들이 스승과 벗들을 힘써 보호하고 존경하는 마음으로 잘 섬기면,… 그 법은… ⑤ 바른 생각을 지켜 간직하고 효성과 공경을 으뜸으로 여기면,… 그 법은… ⑥ 음욕을 떠나 깨끗한 행을 닦고 본능을 그대로 따르지 않으면,… 그 법은… ⑦ 남을 먼저 하고 자신을 뒤로하여 이름과 이익을 탐하지 않으면, 어른과 젊은이는 서로 화순하므로 그 법은 무너지지 않는다.

『장아함경』

사회적 의미에서의 공화제를 승가공동체에 그대로 적용하고 있음을 쉽게 알 수 있다. 그런데 명심해야 할 것은 불교승가로서의 생명 또는 특징을 놓치지 않는 일이다. 승가 본연의 정신을 확립하고 계승 발전하기 위해 반드시 요구되는 일이 있었다.

존자 사리푸트라는 부처님 말씀을 듣고 기뻐하면서 머리를 조아려 그 발에 예배하고 물러 나왔습니다.… 그 때에 집을 나온 외도가 사리푸트라에게 물었습니다.… "어디에서 오십니까?" "세존의 설법을 듣고 오는 길입니다."… "나는 벌써 젖을 떼어 스승의 가르침을 듣지 않습니다."… "그대의 법은… 깨달음의 길이 아니오. 그것은 무너지는 법으로서… 의지할 만한 법이 아니오. 또 그대의 스승은 옳게 깨달은 이가 아니오. 그러므로 그대들은 어느 새 젖을 버리고 스승의 가르치는 법을 버리고 떠나게 되는 것이오.… 그러나 내가 지닌 법은 바른 법,… 바른 깨달음의 길이요, 그것은 무너지지 않는 법으로서 의지할 만하오. 또 우리 스승님은 옳게 깨달으신 분이오. 그러므로 우리는 그 젖을 오래도록 먹고, 그 가르치는 법을 듣게 되는 것이라오."

『잡아함경』

스승의 가르침에 대한 확신과 스승에 대한 제자의 무한한 존경심이 넘쳐나고 있다. '법을 보는 자 여래를 본다' 라는 가르침처럼 법은 붓다의 인격으로 나타난다. 법의 인격자이신 붓다는 그 제자와 역사대중으로부터 흠모와 동경의 대상이 되고 있다. 그분의 인격과 가르침에 이끌린 자들에 의하여 하나의 모임이 형성되어졌으니, 그것이 승가인 것이다.

이를 뒷받침할 만한 경전을 옮겨 보자.

아난 비구는 지금 부처님 뒤에 서서 평상을 어루만지며 슬피 울 뿐 스스로 절제하지 못하고 있습니다. 그는 흐느끼면서 "여래의 멸도하심은 어이 이처럼 빠르십니까? 세존의 멸도하심은 어이 이처럼 빠르십니까? 위대한 법의 등불이 꺼짐은 어이 이처럼 빠르십니까? 중생은 영원히 쇠망해 가는데 법의 눈은 벌써 사라졌습니다.… 나는 아직 도를 이루지 못했는데 부처님은 그만 멸도하셨습니다."

『유행경』

부처님께서는… 이 곳에서 멸도하셨다고 들었습니다. 그분은 우리들의 스승이십니다. 우리가 존경하고 사모하는 마음으로 그분의 사리를 나누어 주도록 요구하는 것은 우리 본토에 탑을 세워 공양하고자 해서입니다.

『유행경』

법의 등불이요, 중생의 귀의처였던 붓다의 입멸에 즈음하여 비구 아난다가 슬픔에 잠겨 있다. 재가대중들이 정성을 다해 부처님 사리를 모시려고 한다. 출가·재가대중들의 부처님에 대한 신뢰와 존경,

흠모와 동경심은 실로 감동적이다. 붓다의 인격과 사상에 대한 존경과 흠모가 없었다면 승가는 역사 위에 나타날 수 없었을 것이다. 이와 함께 승가의 생명이요, 특징 중의 하나라고 할 수 있는 것은 진리를 향한 도반정신이다. 도반정신을 정확하게 전해 주는 경전내용을 접하면 납득이 될 것이다.

> 비구들이여! 나는 능히 아직 짓지 않은 선善을 낳게 하고 혹은 이미 저지른 불선不善을 버리게 하는데, 이보다 더 수승한 법을 본 적이 없소. 그것은 바로 좋은 벗을 말한다오. 비구들이여! 좋은 벗은 아직 짓지 않은 선법善法을 짓게 하고, 이미 저지른 불선의 법을 버리게 한다오.… 비구들이여! 나쁜 벗은 능히 아직 저지르지 않은 불선의 법을 저지르게 하고 이미 지은 선법을 버리게 한다오.

『증지부』

승가란 지혜와 자비의 따뜻함이 있고, 청정화합의 아름다움이 가득한 곳이다. 진리와 평화의 의지로 세상을 감싸안으려는 고매한 사상과 정신의 소유자인 구도자들이 모인 곳이다.

승가는 현전승가現前僧伽와 사방승가四方僧伽라는 이중적 구조를 갖고 있다. 현전승가란 지금 목전에 성립해 있는 승가를 말한다. 같은 시간, 같은 장소에 4명 이상의 비구가 함께 수행생활을 하고 있으면 현전승가가 성립된다. 현전승가의 일원은 언제나 회의 및 의식에 참석해야 하는 의무를 갖는다.

사방승가란 시간과 공간의 제약을 받지 않고 모든 출가수행자들에게 열려 있는 보편성의 승가를 뜻한다. 보편적 진리인 연기법의 사고로 보면 이 세상 그 무엇도 특정한 누구의 것이 될 수 없다. 굳이 말하자면 우주의 주인은 우주 자신이라는 의미이고 우리 모두의 것이라는 의미이다. 보편적 진리의 정신을 승가에 적용시킨 것이 사방승가의 논리이다.

불교사상에 입각하여 형성된 승가의 주인은 바로 모든 수행자 자신이다. 특정 개인이나 집단이 사유화할 수 없다. 수행자 모두에게 공평한 권리와 의무가 주어진다. 따라서 승가의 재산인 정사精舍 등 상주물常住物은 사방승가에 소속된다. 계율 등 승가의 보편적 질서는 사방승가에 의해 평가, 결정된다.

살펴본 바를 정리하면 사방승가의 이념을 바탕으로 삼고 현전승가가 존재하는 것이라면, 곳곳에서 형성되어진 현전승가에 의하여 사방승가가 성립된다. 그러므로 사방승가 밖에 현전승가가 있을 수 없듯이 현전승가를 떠난 사방승가도 있을 수 없다. 평등과 무차별, 청정화합을 그 내용으로 하는 승가가 시간적으로는 영원, 공간적으로는 무한히 확대되어 가야 함을 시사하는 현전승가와 사방승가의 정신은 세계

종교로서의 특색을 잘 보여주고 있다.

이러한 정신의 승가에는 비구승가와 비구니승가가 있다. 승가의 일원은 자발적으로 승가의 이념과 규율을 지켜야 할 의무가 있다. 만일 규율을 잘 지키지 않았을 경우에는 그에 상응하는 참회와 경책과 추방 등의 규제가 따른다.

3. 교단은 왜 필요한가

모든 역사대중들은 귀의할 데 없고, 구호해 줄 이가 없으며, 항상 생로병사生老病死에 얽힌 바 되어,… 궁극의 길 알지 못하고, 인도해 주는 스승이 없어 어리석고 미혹하여, 번뇌에 빠져 있다.… 내 이제 일체 세간의 귀의처가 되고, 고뇌의 세간을 구호하며, 마땅히 세간을 위해 생사 해탈법을 설하리라.… 대왕이여! 내가 지금 도를 구하는 것은 생사의 두려움에서 해탈하고자 함으로,… 얼굴 가득 눈물을 흘리고 오열하며 울고 혹은 나에 대한 애정 때문에 목숨도 돌아보지 않은 친척과 권속들을 등지고 여기와 이 모습(수도자)을 하고 있다오.

『불본행집경』

위 내용은 몇 군데 경전내용을 연결시킨 것이다. 싯다르타의 현실 인식과 출가할 때 겪었던 인간적인 고뇌와 갈등, 결연한 출가정신이 선명하게 나타나 있다.

사실 우리가 출가할 때 또는 출가 이후, 이론적으로나마 불교를 배우는 과정에서 어떤 어려움이 있을지라도 구도의 의지와 열정을 포기하지 않겠노라고 다짐하곤 했다. 교단이 우리들의 이상과 구도 열정을 북돋워 주고 보호해 주며 모범적으로 잘 이끌어 줄 것으로 기대했다. 그 기대는 어긋났다. 현실은 우리의 기대와는 무관하게 흘러가고 있다. 유행가의 가사처럼 꿈이 사라졌다. 돌이켜보면 참으로 실소를 금할 수 없다. 무력감을 떨치는 일이 쉽지 않다. 실로 착잡하기 그지없다.

그렇기 때문에 분명한 활로를 찾는 노력이 더욱 절실하다. 이에 교단이 왜 필요한가에 대해 경전적 근거에 의지하여, 건강한 교단의 모습을 찾아냄으로써 교단이 나아갈 길을 모색하고자 한다.

교단 구성의 필요성

부처님 가르침의 사상과 정신은 인류의 보편적 이상을 실현하는 데 초점이 맞추어져 있다. 언제나 '만인에 의한 만인의 길' 이라는 열린 입장에 서 있다. 그러면서도 깊은 관심으로 형성해 낸 승가는 비구·비구니라는 특수성을 띠고 있는데 그 의도한 바가 무엇인지 궁금하다. 실질적으로 볼 때, 이 문제를 어떻게 보고 이해하느냐에 따라 교단 구성의 의의와 목적, 활동, 성격이 좌우될 것으로 판단된다.

이에 대한 판단의 기준은 성도 직후 초기승가의 형성과정에 대한 붓다의 관심과 태도에서 찾아보는 것이 좋을 것 같다.

① 깨달음의 법이 심오하므로 분별과 욕망을 즐겨 하는 중생들은 이해하고, 믿고, 실천하기 어렵다고 판단하여 설법을 주저함. ② 범천의 권청-구도를 최고의 가치로 삼는 자의 간절한 바람-으로 무명의 구름이 두텁고 엷은 자, 선근이 깊고 얕은 자, 제도하기 쉽고 어려운 자 등 중생의 근기가 다양하므로, 법을 바르게 이해하고 받아들일 자도 있음을 관찰하고 설법을 결정함. ③ 설법 대상을 찾음에 있어서 '때가 적고 지혜가 예리하여 묘한 법을 받아들일 만하다'고 생각되는 고행 지도를 받았던 고행자들을 생각함. 그러나 그들은 이미 죽은 뒤임을 알고 그 다음으로 함께 고행했던 다섯 수행자를 교화의 대상으로 선택함. 그리고 다섯 비구를 찾아가는 도중에 사람들을 만났지만 깊은 관심을 표하지 않았던 점. ④ '교진여는 깨달았다. 교진여는 정각을 얻었다', '이 세상에는 여섯 아라한이 있으니 첫째는 세존이시고 다섯은

이 비구들이다' 하고 환희용약 함.

『불본행집경』

'이 때에 삼보가 처음 출현하였으니 세존은 불보이시고, 가르침은 법보이시며, 다섯 수행자는 승보이시다' 라며 불교승단의 기본인 삼보가 성립되었음을 선언하심.

『방광대장엄경』

⑤ 그 이후 삼가섭, 사리불, 목건련, 마하가섭 등 이미 출가한 자와 여타의 종교적 탁월성을 지닌 자들을 교화하기 위하여 일부러 찾아가거나 아니면 특별한 관심을 갖고 이끌어들임. ⑥ 전법의 순수성과 영원성을 손상시켜선 안 된다는 이유로 여성의 출가에 대해 완강함. 그리고 팔경법의 조건 하에 허락하심.

『불본행집경』

살펴본 바에 의하여 부처님의 본의를 간추려 보자. 부처님은 모든 중생이 다 해탈할 수 있다고 했다. 깨달음의 길이 만인에게 열려 있음을 천명하였다. 하지만 현실에 실현할 때에는 여러 가지 차이점을 고려하여 적용하고 있다. 우선 당신의 가르침을 순조롭게 이해하고 실천할 수 있는 자, 그 길에 자신의 생을 바치려는 사람들을 중심으로 승가를 형성하고 있다.

그렇게 하지 않으면 안 된다고 판단한 까닭은 두 가지다. 하나는 연기·중도법의 심오함이요, 다른 하나는 분별과 욕망을 탐닉하는 중생의 속성이다. 때문에 깨달음의 법을 바르게 이해하여 받아들이고 실천할 만한 사람들, 이 길에 몸 바칠 뜻이 있는 사람들을 중심으로 승가공동체를 형성하게 된 것이다. 그 이유는 분명하다. 고매한 정신과 높은 이상의 소유자들이 모여 서로 이끌어 주고 탁마함으로써만 정법의 생명을 유지할 수 있다. 나아가 정법의 사상으로 세상을 구제하는 일도 가능하다. 이것은 과거 부처님이 가신 길이며 현재 부처님이 가야 할 길이다.

이런 관점은 초기교단 수행자들의 생활지침을 살펴보면 더욱 명확해진다.

첫째, 식생활 : 걸식 乞食

둘째, 의복생활 : 분소의 糞掃衣

셋째, 주거생활 : 수하좌 樹下坐

넷째, 약생활 : 진기약 陳棄藥

위의 항목들을 보면 인간의 생존을 위한 최소한의 것들이다. 부처님이 제시한 조건에 따라 생활한다는 것은 말 그대로 고행일 수밖에 없다. 분명 부처님은 고행주의를 배격했다. 고행주의를 배격한 붓다가, 고행 그 자체라고 할 수행생활의 기준을 제시한 까닭이 무엇인가?

얼핏 생각하면 당시 수행자들에 의하여 지켜지고 있었던 관행에 따른 것이라고 볼 수 있겠다. 그런 점이 전혀 없지는 않았을 것이다. 그렇지만 적어도 우리가 알고 있는 붓다는 법에 의해 태어나고 열반하신 분이다. 법에 맞지 않고 중생에 유익하지 않은 것은 기존의 관행이라 하더라도 근본적으로 부정하신 분이다.

부처님 뜻으로 보면 비구사의법四依法은 수행자의 법에 맞고, 유익한 길로 제시된 것이다. 수행자로 하여금 법의 눈을 뜨게 하고 법다운 삶을 살게 하며, 뭇 중생에게 유익하다고 여겼기 때문인 것이다.

다음은 출가승단의 규율인 계율을 제정한 취지를 살펴보자. 승가를 구성하지 않으면 안 되는 까닭이 선명하게 드러날 것이다.

① 대중을 감싸안으면 ② 화합하게 되고 ③ 화합하면 안락해지고 ④ 정법 대중이 안락하면 거친 비구도 조복되고 ⑤ 조복되면 참회하여 편안함을 얻게 되고 ⑥ 편안하면 믿게 되고 ⑦ 믿으면 더욱 돈독해지고, ⑧ 돈독하면 현세의 번뇌를 끊게 되고 ⑨ 번뇌를 끊으면 후세의 욕악欲惡이 끊어지고 ⑩ 승가가 이렇게 운영되면 정법이 영원해진다.

「사분율」

승가의 규율인 계율을 제정한 이유는 한 마디로 정법을 영원케 하고자 함이다. 불교사상과 정신이 시간적으로는 영원히, 공간적으로는 무한히 확대되어야 함을 뜻하는 것이다.

지금까지 짚어 본 바에 의하면 부처님의 뜻은 명확하다. 불교의 궁극적 목적인 정법을 영원케 하려면, 선근인연이 깊고 근기가 수승하여 불법에 큰 뜻을 둔 자들이 모여 공동체를 이루어야 한다. 끊임없이 서로 보호하고 탁마하여 질적 향상을 꾀해야 한다. 그러기 위해서는 일정한 규율에 의지하여 공동체를 운영해야 한다. 그렇게 할 때 정법이 영원할 수 있다.

교단의 형성과정

부처님의 깨달음은 승가의 형성을 통해서 역사화되었다. '불교의 역사화'라는 표현을 더 불교적으로 말하면 자타일시성불도自他一時成佛道이다. 또는 정법을 영원케 함이다. 불교의 역사화는 불교의 궁극적 목적이자 인류의 보편적 이상이기도 하다. 불교의 궁극적 목적이요, 인류의 보편적 이상을 실현하고자 하는 일차적인 움직임이 교단의 형성과정이다.

이에 불교의 역사화 또는 정법을 영원케 하기 위한 교단의 형성과

정은 어떻게 진행되었는지 정리해 보자. 교단의 형성과정을 다루면서 분명하게 확인되는 것은, '불교와 역사는 하나이어야 한다'는 붓다의 확신과 애정이다.

진리와 역사는 하나라는 확신과, 하나되지 않으면 안 된다는 인간적 바람이 싯다르타로 하여금 출가하게 했다. 깨달음에 의하여 진리가 바로 역사임을 자각하고 확신했다. 그 자각과 확신과 애정이 교단을 형성하는 원천적인 힘이 되었다. 붓다의 진리와 역사에 대한 확신과 애정이 불교의 역사화를 위한 교단형성의 원동력이 된 것이다. 불교는 중생인 싯다르타가 본래 있었던 법을 깨달음으로써 붓다라고 하는 완성된 인격을 이루었다. 그로 인해 깨달음의 역사화의 첫발을 내딛게 된 것이다.

인간 문제에 대한 근원적인 해결을 얻어내고자 하는 진리에 대한 열망이 싯다르타로 하여금 출가하게 했다면, 진리와 역사에 대한 확신과 애정이 붓다로 하여금 설법하게 하고 교단을 형성하게 했다.

> "내가 증득한 법은 깊고 미묘하여 보고, 알기 어렵고… 만약
> 내가 설법하더라도 중생들은 받아들여 믿고 증득하지 못하리니,
> 한낱 수고로이 말만 허비할 뿐이로다."… "세존이시여! 이 세계
> 중생들은 귀의할 데가 없어 착함이 다 파괴되어 집니다.… 오직
> 원컨대 세존이시여! 자비로 설법하소서."… "내 이제 감로의 문

을 열고자 하니 듣고자 하는 사람은 기꺼이 와서 들으라."

『불본행집경』

붓다는 성도 직후 법의 심오함과 중생의 속성상 설법해 봐야 헛수고라는 생각으로 설법을 포기하려 했다. 이 때 범천이 설법하지 않으면 안 된다고 간곡히 간청한다. 결국 범천의 권청에 의해 설법할 것을 결심하고 선언하게 된다.

여기에서 확실하게 드러나는 것이 하나 있다. 불교의 역사화란 붓다와 법 그리고 법을 간절히 갈구하는 사람이 일치됨으로써만 가능하다는 사실이다. 붓다는 이 점에 대한 형안을 갖고 계셨다. 그러므로 법을 바르게 이해할 적격자는 다섯 수행자들이라고 판단하고 그들을 찾아가 설법을 한 것이다.

> 법은 매우 깊어 말할 수 없고 진여眞如는 적정寂靜하여 명자名字가 없다. 뛰어난 교진여가 먼저 증득하니 내가 구한 도가 헛되지 않도다.

붓다께서 교진여의 깨달음을 보고 읊으신 게송이다.

"거룩하십니다. 세존이시여!… 구족계를 주시고 비구가 되게

하여 주소서." "자, 오너라 비구여! 내 법을 듣고 괴로움의 소멸
을 위해 범행을 닦으라."

『불본행집경』

교진여가 깨달은 다음 출가 비구되기를 간청하니 붓다가 '선래비
구善來比丘여!' 하는 말로 구족계를 주어 비구가 되었다. 나머지 네 사
람의 수행자들도 교진여와 같은 과정을 거쳐 비구가 되었다.

이 때 세간에 여섯 아라한이 있었으니, 첫째는 세존이시고 다
섯은 이 비구들이었다.

『불본행집경』

이 때에 삼보三寶가 출현하였으니 세존께서는 불보가 되시고,
가르침은 법보가 되고, 다섯 비구는 승보를 이루었다.

『방광대장엄경』

삼보가 처음 탄생되고 승가가 형성되는 출발을 보았다. 여기에서
짚고 넘어가야 할 것이 있다. 하나는 붓다가 설법할 대상을 찾을 때
심오한 법을 이해하고 받아들여 믿고 실천할 만한 사람이라는 기준으
로 다섯 수행자를 선택한 점이다. 다른 하나는 다섯 수행자를 찾아가

는 도중에 있었던 만남들을 스쳐 가는 인연으로 처리한 점이다. 즉 법을 이해할 만한 자질과 그 길에 인생을 걸 뜻을 갖고 있는 사람을 중심으로 승가를 형성한 것이다.

이런 점을 미루어 생각할 때 출가 비구·비구니를 중심으로 승가를 형성한 까닭이 분명해진다. 붓다는 불교의 역사화를 위한 길은 이 길뿐이라는 신념을 갖고 있었다. 그리고 승가의 형성은 불교의 역사화를 위한 기본 틀이 마련됐음을 뜻한다고 보아도 좋을 것이다.

> 이 때 장자 – 야사비구의 부친 – 가 이 세상 처음으로 우바새(남자 신자)가 되었으며, 사람 중에 삼백(三百 : 세 번 다짐을 아룀.)하여 삼귀의를 이룬 것은 야사의 부친이 최초이니,… 이 때 세상에 최초로… 삼귀의를 받아 우바이(여자 신도)를 이룬 사람은 야사의 모친과 처와 그의 권속들이었다.

『불본행집경』

처음으로 재가신도가 탄생되는 장면이다.

출가와 재가는 무엇이 다른가? 내용과 형식면에서 확연히 구분된다. 출가는 세속의 혈연관계를 완전히 버리고 떠난다. 반면 재가는 가정을 유지하고 가꾸면서 불교신행을 하는 것이다. 문제를 저질렀을 때 징계의 있고 없음도 다른 점이다. 출가의 경우는 계율을 어겼을 때

경책, 참회, 추방 등 벌책이 따른다. 재가의 경우는 끊임없는 권장이 있을 뿐 구체적이고 가시적인 벌책이 없다.

> "세존이시여! 저는 이제 죽림원竹林園을 미래 삼세三世 일체 모든 승僧에게 마음대로 쓰도록 보시하오니, 원컨대 저를 위하여 그 동산을 수용하시고 저를 어여삐 여기소서.…" 이 때 세존께서는 왕사성 가란타 죽림원에서 큰 비구들과 함께 계셨으니….

처음으로 정사가 마련되었다. 정사가 만들어짐으로 인하여 출가자의 생활상도 변화해 갔다. 유행생활에서 일정한 거주처를 갖고 편력하는 형태로 정착되어 갔다.

출가승가가 형성되었다. 그 정신을 존중하고 후원할 재가도 형성되었다. 일정한 활동 중심지인 정사도 마련되었다. 승가의 체계적이고도 원활한 운영을 위해 구체적인 규율이 필요하게 되었다.

처음에는 선래비구善來比丘와 삼귀의三歸依의 다짐으로 출가가 이루어졌다. 그런데 출가하는 사람들의 자질도 천차만별이고 승가대중의 규모도 끊임없이 확대되었다. 이에 여러 가지 원칙과 기준이 요구되었다. 그에 부응하여 수계법受戒法, 스승과 제자, 안거, 포살, 자자 등의 계율이 마련되었다. 이처럼 승가의 계율이 제정됨으로써 정법을 영원케 하기 위한 승가의 운영과 활동의 발판이 마련되었다.

부처님께서 뜻하신 교단의 모습

붓다는 법에 대한 바른 이해와 믿음으로 실천할 만한 사람들을 출가시켰다. 진리실현을 최고의 가치로 삼고 그 길에 생애를 바칠 뜻을 지닌 사람들을 중심으로 승가를 형성하였다. 정법을 영원케 하기 위해서는 이 길이 가장 바람직한 길이라고 확신했다. 그것은 진리와 역사에 대한 뜨거운 애정이다. 그러면 붓다께서 의도하신 교단의 모습은 어떤 것이었는지에 대해 살펴보자.

정형화된 것이긴 하지만 십대제자의 개성에 맞는 다양한 역할의 예를 생각해 보면 좋을 것이다. 개개인의 개성과 자유정신이 십분 발휘될 수 있도록 하는 자율적인 질서를 기본으로 여겼다. 이런 전제를 바탕으로 붓다에 의해 직접 지도되었던 승가의 모습은 다음과 같다.

정법의 교단

아난다여! 교단이 나에게 무엇을 기대한단 말이냐. 나는 지금까지 안팎을 가리지 않고 법을 설해 왔다. 법을 가르치는 데 힘을 아껴 본 일은 없다. 만약 내가 교단을 통솔한다던가 교단이 내게 의지하고 있다고 생각했다면, 교단에 대해 지시를 내렸을 것이지만 일찍이 그런 일은 없었다.… 그러므로 자신을 등불로 삼고, 자신을 의지할 곳으로 삼아라. 다른 사람에 의지해서는 안 된다. 법을

등불 삼고 법을 의지할 곳으로 삼아라. 다른 것에 의지해서는 안
된다.

『불타석가모니』

법을 생명으로 하고 법에 의하여 교단이 운영되지 않으면 안 된다.
불교승가의 기본 입장이 잘 나타나 있다. 뒤집어 보면 법에 의해 운
영되지 않는 것은 이미 불교교단이 아님을 강하게 시사하고 있다. 교
단형성의 본의가 정법을 영원케 하는 데 있다고 한다면, 승가는 법을
생명으로 삼고 법에 의해 운영되어야 한다는 것은 너무나 당연한 일
이다.

참회와 탁마의 교단

꿇어 앉아 합장하고,… 대덕이시여! 대중이 오늘 자자를 하는
데 나 아무 비구도 자자를 합니다. 보았거나 들었거나 의심되는
죄가 있거든 대덕께서 나를 사랑하시사 말씀해 주시오. 내가 만
일 죄를 발견한다면 법 앞에 참회하겠나이다.

『사분율』

서로 가르치고 서로서로 말을 듣고 차례차례 깨우쳐 주라 하
였거늘, 너희들 어리석은 사람들은 위—침묵을 규칙으로 서로

벙어리처럼 지낸 일—와 같이 벙어리 법을 받았다. 이후로부터
는 벙어리 법을 받지 말라.

『사분율』

　작은 허물도 두려워하는 마음으로 뉘우쳐 바로잡고 두 번 다시 허
물을 짓지 않기 위하여 애쓴다. 서로 깊은 신뢰와 애정으로 법에 대한
믿음을 북돋워 준다. 법에 대한 안목을 열어 가도록 하기 위하여, 도
반으로서의 탁마를 아끼지 않는다. 인간 사회의 가장 멋진 관계인 우
정을 귀하게 여기는 삶이야말로 수행자들의 살림답다.

평등과 화합의 교단

　네 개의 강물은… 동쪽으로… 남쪽으로… 서쪽으로… 북쪽으
로 흘러 바다로 들어간다. 그 강물이 바다로 들어간 다음에는 강
의 본 이름은 없어지고 다만 바다라고 불리게 된다. 이와 같이…
세상에는 크샤트리아, 바라문, 장자, 거사의 종족이 있다. 그러나
그들도 여래께 나아가… 머리 깎고… 승가에 들어오면,… 다만
석가의 제자 사문이라고 이름하게 되느니라.

『증일아함경』

　"대중의 화합을 깨뜨리는 이는 어떤 과보를 받습니까?" "지옥

에 떨어져 한 겁을 지나도록 죄를 받는다.… 대중이… 다투지 않
고, 화합하면 법이 있어서 항상 수도에 힘쓸 수 있다."

『사분율』

너희들은 여섯 가지 중요한 법을 잘 명심하라. 그것은 공경하
고 소중히 해야 할 것이니, 마음에 굳게 지녀 잊거나 잃지 않게
하라.… 몸으로 행할 때 자비를 생각하되 거울에 얼굴을 비춰 보
듯이 하라.… 입… 뜻으로 행할 때 자비를 생각하라.

『증일아함경』

몸으로 행할 때 자비로써 수행자들을 대하라. 이 법은… 정진
을 얻고 열반을 얻게 한다. 입과 뜻으로 행할 때도 또한 그렇게
할지니라. 또 법답게 법을 얻어 모든 수행자들에게 골고루 베풀
면,… 또 계를… 잘 받아 지녀 모든 수행자와 함께 지켜 가면,…
또 생사를 뛰어넘는 바른 견해를 함께 하도록 하라.… 그것은 법
을 사랑하게 하고 존중하게 하여 정진과 열반을 얻는다.

『중아함경』

승가의 평등과 화합의 정신에 대한 경문을 옮겼다.

인간의 존재 가치는 본래부터 평등하다. 종족과 집안과 학벌과 재

산 따위에 의하여 인간의 가치가 좌우되지 않는다. 존재 가치 그 자체에는 우열이 있을 수 없다. 굳이 가치의 우열을 말한다면 '신·구·의'의 현재 행위에 의하여 평가될 따름이다. 평등의 정신에 입각할 때 인간에 대한 무한한 신뢰와 애정을 갖게 된다. 공평무사한 사고와 삶의 태도도 가능해진다. 평등한 사고와 삶의 태도를 유지해야 화합이 가능함을 생각할 때 평등과 화합은 밀접한 관계가 있다.

승가에서 가장 큰 죄는 칠역죄이다. 승가의 화합을 깨뜨리는 것이 그 중의 하나다. 승가에서 화합의 의미가 얼마나 중요하게 취급되었는지 짐작케 한다. 화합이란 다른 사람의 선법善法을 수순隨順 찬탄하고 언제나 스스로를 낮춤으로써 실현된다. 화합은 단순히 대중질서라는 측면에서만 의미가 있는 것이 아니다. 화합은 수도자로 하여금 존중하는 자비심과 자기 절제의 마음을 키운다. 나아가 정진과 열반의 길이 된다.

소욕지족少欲知足과 우정의 교단

"너희들은 편안하냐? 수용은 괜찮은가? 밥을 얻는 데 곤란은 없느냐?… 서로 화목해 다툼이 없느냐? 젖과 물처럼 서로 사랑하고 서로 돌보며 사느냐?"… "세존이시여! 저희들은 '이러한 동행자同行者와 함께 살 수 있는 우리는 행복하다'고… 겉과 속이 다름없이 자비스런 행동과 말과 뜻으로써 섬기고 있습니다. 그래서 모두 자기 마음을 버리고 이 사람들의 마음과 하나가 됩니다.”… “착하다, 아니룻다여! 너희들은 열심히, 부지런히, 성실히, 생활하고 있는가?”… “세존이시여! 저희들 중 제일 먼저 걸식에서 돌아온 사람은 발 씻을 물과 먹을 물을 준비합니다. 그리고 남은 음식은 다른 그릇에 담아 준비해 둡니다. 뒤에 돌아온 사람은… 자리를 정돈하고, 먹을 물을 살펴보고, 그릇을 치우고 식당을 소제합니다. 누구든지 세숫물, 먹는 물, 변소에 쓰는 물들이 비어 있는 것을 보면 그것을 준비해 둡니다. 그 일이 혼자 힘으로 될 수 없을 때에는 손짓으로 한 사람을 불러 서로 손을 맞추어 준비해 둡니다.… 저희들은 그런 일 때문에 말을 하지 않습니다.… 저희들은 닷새에 한 번씩 하룻밤 동안 법문의 모임을 가집니다.”… “아니룻다여! 매우 잘 하는구나. 너희들은 이렇게 열심히 성실하게 생활해서 … 훌륭하고 거룩한 안락의 경계에 이르렀는가?”… “세존이시여!… 저희들은 욕심과 악을 떠나 기쁨과 즐거움이 가득한… 선정에 들어갑니다.… 저희들은 이보다 더 높은 안락의 경지는 모릅니다.”… “그래 훌륭하다, 아니룻다여! 이보다 더 높고 안락한 경지는 없느니라.”… 그 때 이 숲에 살고 있는 야차 디카가, “세존이시여! 이 곳 밧지의 백성들은 참으로 행복합니다. 부처님이 이 곳에 계실 뿐 아니라, 저 숲에는 아니룻다와 난디와 쿰비이라 등 세 분의 비구들이 계십니다. 이 곳 밧지의 백성들은 참으로 행복합니다."

『아함경』

이렇듯 잔잔하게 묘사된 승가공동체의 생활상은 매우 감동적이다. 걸식, 수행, 우정, 협동, 탁마, 법열 그리고 주민들의 일체감 등 무엇 하나 흠 잡을 것이 없다.

문聞 · 사思 · 수修의 수행과 구세대비의 교단

'그대들이 세존께 좋은 법을 들었으면 반드시 잘 받아 지니고 잘 관찰해 들어갔으리라' 고 물을 것이다. 그 때 그대들은 능히 그들을 위해 자세히 설명하여 부처님〔법과 승가〕을 왜곡시키거나 욕되게 하지 않을 수 있겠는가. 또 그들이 힐난하고 꾸짖을 때에 그들을 설득할 수 있겠는가?

『잡아함경』

인용문을 가닥지어 보면 잘 들음〔聞〕, 사유 음미함〔思〕, 실천함〔修〕으로 정리된다. '처음도 좋고 끝도 좋으며 조리와 표현을 갖춘 법을 설하고 원만 청정한 행을 보여주라' 는 전법 선언문과 논리적으로 일치하고 있다. 불교교리 체계에 대한 올바른 이해와 실천은 수행의 정형이다. 수행자 자신과 역사대중을 위해 절대적으로 중요하다.

"그대는 어리석음으로 인해 사람의 목숨을 해치고 있구나.…
내 이제 그대를 불쌍히 여겨 여기에 왔다."… "세존이시여! 저는
손가락을 모아 도를 얻으려고 했습니다. 원컨대 저의 어리석음을
용서하소서."

국가에서 잡아들이려는 살인마를 거두어 들여 제도하시는 붓다의
아름다운 모습이다.

"저는 아흔아홉 명의 목숨을 죽였습니다. 어찌 이 세상에 태어
난 뒤로 산 목숨을 죽인 일이 없다고 할 수 있겠습니까?"… "그것
은 도道에 들어오기 이전의 전생 일일 뿐이다."

『아함경』

인간의 가치와 가능성에 대한 무한한 신뢰를 몸소 실천하여 보여
주시는 붓다의 모습은 거룩하다.

"세존이시여! 저는 서방 수로나輸盧那로 가서 세상에 편력하고
자 합니다."… "그 곳 사람들은 거칠고 성급하여 꾸짖기를 좋아
한다.… 그들로부터 헐뜯고 욕하는 말을 들으면 어떻게 하겠느
냐?"… "세존이시여! 그 때엔 이 곳 사람들은 어질고 착하며 지혜

로워서,… '손이나 돌로 나를 치지는 않는구나' 하고 생각하겠습니다."… "그들이 손으로 치면 어떻게 하겠느냐?… 그들이 칼이나 몽둥이를 쓰면 어찌하겠느냐?"… "'그들이 죽이지는 않는구나' 하고 생각하겠습니다."… "만약 그들이 죽인다면 어떻게 하겠느냐?"… "'썩어 무너질 몸을 방편으로써 해탈시켜 주는구나' 하고 생각하겠습니다."… "훌륭하다 부루나여! 그대는 인욕을 잘 배웠구나. 그대는 그 곳에서 교화받지 못한 자를 교화하고 편안하지 못한 자를 편안케 하며, 열반을 얻지 못한 자를 열반하게 하는 것이 좋겠다."

『잡아함경』

법에 대한 확신과 역사대중에 대한 자비심으로 자신의 모든 것을 바치는 부루나의 모습은 실로 옷깃을 여미게 한다. 목숨을 바쳐서라도 법의 길을 열어 보이겠다고 길을 나서는 큰 서원의 결연함은 영원한 귀감이 되고도 남는다.

불교는 부처님께서 깨달은 연기법의 실천체계인 중도中道수행을 기본 토대로 삼고 있다. 중도수행을 올바르게 실천하기 위한 방법이 문聞·사思·수修의 수행이다. 이와 함께 살인마까지도 포기하지 않는 인간에 대한 무한한 신뢰와 애정이 가득하다. 사람들로 하여금 바른 삶을 깨닫도록 하기 위해 기꺼이 목숨을 바친다.

문·사·수의 수행과 구세대비의 실천이 하나로 통일되는 교단을 형성하는 것이 붓다가 뜻한 바이다. 세상을 구제하는 길은 이 길을 통해서만 가능하다고 확신하셨던 것이다.

4. 반성되어야 할 우리의 자세

　국가와 사회는 본인의 자유의지와는 관계없이, 태어나면서부터 책임과 의무와 권리가 주어진다. 하지만 불교승가의 경우는 출발부터 다르다. 철저히 본인의 자유의지로 찾아와 참여한다. 승단의 이념과 규율을 성실하게 이행할 것을 다짐한 자들에 의해 형성되고 운영된다. 그런데 자발적으로 참여하고 다짐한 당사자들에 의해 교단무용론이 무성하게 일어나고 있으니 참으로 어처구니없는 일이 아닐 수 없다.

　이유가 무엇일까? 실질적인 내용을 들여다보자.

　개인의 이해득실에 따라 이합집산하고 문중에 의해 사분오열되어 갈등과 대립이 첨예하다. 수행자로서 낯을 들기가 민망한 일이 비일비재하며 승단은 덩치만 클 뿐 늙고 낡아 무력하다. 차라리 없는 것이 더 좋겠다는 자조적인 생각마저 든다.

그동안 뜻있는 승가대중들이 모순에 찬 승단현실을 극복하려고 진지하게 모색해 왔다. 하지만 번번이 다시 일어설 의욕마저 상실케 하는 좌절을 겪어 온 것이 그간의 과정이다. 왜 그렇게 되었을까? 실마리를 풀어내지 못한 이유가 어디에 있는 것일까? 이에 반성되어야 할 문제들이 어떤 것인지 살펴봄으로써 교단에 대한 올바른 문제의식을 갖는 계기가 되도록 하고자 한다.

정법만이 승가의 생명임을 주목하지 않았다.

'요의법(정법)에 의지하고 불요의법에 의지하지 말라' 라는 가르침은 언제 어디서나 견지해야 할 불교의 기본 입장이다. 부처님의 사상과 정신에 의해 교단이 운영되도록 하는 문제는 어떤 상황에서도 승단이 지켜야 할 제일의 과제이다. 모든 판단과 처리의 기준이 정법에 의해 이루어지도록 하는 작업은 끊임없이 진행되어야 한다. 정법의 기준을 확립하기 위한 노력을 하지 않는 한 승단의 혼란이 끝날 날은 기약할 수 없다.

승단을 통해서만 정법이 영원할 수 있다는 사실을 사무치게 인식하지 못했다.

붓다께서 승단을 형성하신 본뜻은 정법을 영원케 하고자 함이었다.

붓다는 비구·비구니에 의해 형성된 승가를 통해서만 정법을 영원케 할 수 있다고 확신했다. 아울러 본연의 승가와 재가와의 올바른 관계를 확립할 때, 정법은 영원과 무한의 생명을 갖게 된다고 보았다. 그러므로 정법을 영원케 하기 위한 붓다의 신념과 안목에 대한 구체적인 살핌이 필요하다.

승단의 존재 의미는 구세救世의 실천에 있다는 사실을 깨닫지 못하고 있다.

정법을 영원케 하는 길은 정법에 의한 구세활동에 따라 결정된다. 정법에 의한 구세활동이 바로 정법의 생명을 영원케 하는 길이다. 따라서 승가의 모든 관심과 역량과 노력은 역사의 방향과 흐름을 법의 정신으로 이끌어 기기 위해 집중되어야 한다. 정법의 정신에 의한 구세대비의 의지와 실천을 방치한 승가라면 이미 승가로서의 생명과 존재 의미를 상실한 것이다. 구세대비의 실천을 위한 사고의 대전환이 절실한 시점이다.

승단이 영원한 이상적 사회상으로 제시되어야 한다는 확신을 갖고 있지 못하다.

붓다는 정법에 의한 인류의 구원이라는 고매한 이상을 지니고 있었다. 우리의 이상은 현실의 토대 위에서만 실현될 수 있다는 현실인식이 투철했던 것으로 보인다. 붓다의 일생은 정의, 평등, 평화가 꽃피는 이상사회 실현을 위한 모색으로 일관되고 있다. 깊은 살핌이 있어야 한다.

승가의 이념과 규율을 가르치고 배우게 함으로써 확고한 신념을 심어 주는 작업을 하지 못하고 있다.

승단은 승가의 기본이념과 규율에 의한 책임과 의무와 권리를 제대로 가르치려고 하지 않았다. 개인적으로도 스스로 찾아와 참여하고 다짐한 승가의 이념과 규율을 배우려고 애쓰지 않았다. 지킬 것이 무엇인지도 잘 모르고 지켜야 할 필요성에 대한 신념도 뚜렷이 확립되지 않았다. 급기야는 무원칙, 무질서, 혼란, 방임주의로 흘러왔다. 확고한 대책을 세우지 않을 경우 교단무용론은 더욱 확산되어 갈 것이다. 정신차려야 할 때이다.

이상 위에 제시된 다섯 가지 항목의 문제들을 해결하고 담아내는 승단이 되어야만, 수도자들은 그 안에 몸 담고 있는 것만으로도 가슴 뿌듯할 것이다. 어떤 역사적 도전이나 시련이 있을지라도 두려워하지 않을 것이다. 그렇게 되면 수도자로서의 긍지와 확신을 갖고 문제를 불교적으로 풀어 갈 것이다. 재가대중들의 신심은 더욱 돈독해지고 미망의 역사를 깨달음의 역사로 바꾸기 위하여 열정을 아끼지 않게 될 것이다. 역사대중들도 승가의 일원 또는 불교인이라는 이유만으로 존경과 신뢰를 갖게 될 것이다. 나아가 자신들의 삶을 불교적으로 바꾸어 가기 위해 관심을 기울이게 될 것이다.

출가수행자들은 붓다의 가르침을 통해 깨달음과 정토를 실현하는 길만이 인간이 걸어갈 궁극의 길이라는 신념으로 이 길을 선택했다. 이미 장부의 기개를 갖고 이 길을 선택하지 않았는가? 그러므로 승가의 본래 모습을 되찾기 위한 일에 자신을 바쳐야 한다. 이 눈치, 저 눈치보며 머뭇거리는 나약한 수행자의 모습을 드러내어서는 안 된다.

승단의 건강이 바로 정법을 영원케 하는 길임을 모르는 사람은 없다. 승가의 건강을 위해 헌신하는 삶이 바로 출가장부가 가야 할 정로正路이며 진정 부처님을 스승으로 모시는 자의 올바른 삶의 태도인 것이다.

僧伽
제9장
이부승가

1. 이부승가의 관계를 공부하는 우리의 입장

　친구 따라 강남 가듯 오랜 도반 덕택에 며칠 간 미얀마를 둘러볼 인연이 있었다. 미얀마에 대한 사전 공부가 전혀 없었고 짧은 일정이었으므로 돌아보았다고 해 봐야 지극히 피상적이었다. 때문에 미얀마에 대하여 이야기할 것은 없다. 다만 며칠 간의 행각에서 느끼고 생각했던 것을 상기하며 줄거리를 만들어 가고자 한다.

　미얀마에 도착하여 처음 둘러본 곳은 세계적인 불교유적지인 파간이었다. 끝없이 펼쳐진 대평원 위에 무수히 널려있는 탑군塔群을 보는 순간 뭐라고 표현하기 어려운 벅찬 감동과 환희를 느꼈다. 감동과 환희의 감정으로 이곳 저곳을 둘러보는 동안 늘 뇌리에서 떠나지 않는 하나의 관심사가 있었다. 이 거대한 불교문화를 형성시킨 원천적인 힘은 과연 무엇인가? 정말 인류 역사 위에 찬연히 빛나는 부처님의 사상과 정신의 힘인가? 아니면 또 다른 무엇이 있었는가? 지금은 왜 형해의 유적지로만 남아 있게 되었는가?

현지 관계자의 설명을 들어 보면 파간의 거대한 불교유적은 대부분 왕조의 힘에 의하여 이루어졌고 왕조의 몰락과 함께 쇠퇴해 갔다고 한다. 이름은 정확하게 기억나지 않지만 파간 최고의 탑사塔寺가 건립되는 과정에서 왕이 매일 불사현장을 확인했다고 한다. 그리고 마음에 들지 않는 부분이 있으면 그 책임자를 처형하여 매장했는데, 무려 삼, 사천여 명이나 되었다고 한다.

이런 설명을 듣노라니 감동과 환희는 비애와 좌절감과 회의로 바뀌어 갔다. 물론 보다 사실적인 규명과 분석이 있어야겠지만 현지 안내자의 설명이 근거 있는 이야기라면 참으로 기가 막힌 일이다. 모든 불자들이 성지로 신앙하고 있는 세계적인 불교유적이 불교사상의 왜곡과 좌절에 의해 탄생되었다는 사실은 가슴 쓰린 일이다. 과연 불사의 이름으로 살상이 정당화될 수 있는 것인가? 이기적인 신앙의 열정으로 부처님의 사상과 정신을 무참하게 짓밟으면서 건립한 탑사를 불교성지라고 신앙하는 것이 괜찮은 일인가?

파간의 거대한 불교유적을 낳게 한 힘을 몇 가지로 추정해 보자.

① 부처님의 사상과 정신에 입각하여 피어난 출가와 재가의 순수한 정법의 신심.

② 신앙, 불사의 이름으로 포장된 권력자의 야욕과 부자의 탐욕에

의한 허황되고 왜곡된 신심.

③ 시민 대중의 소박하지만 맹목적이고 이기적인 신심.

④ 중생의 속성과 시류에 영합하는 일부 수행자들의 왜곡된 신심 등 매우 복합적이었을 것이다.

한 가지 분명한 것은 자타가 함께 성불하는 길을 열어가기 위해 자신의 전부를 바치려는 순수한 정법〔無住相〕의 신심은 드물었을 것이다. 오히려 인간의 이기적 욕망에 의한 허망〔有漏法〕하고도 굴절된 신심과 열정이 지배적이지 않았나 싶다. 그렇게 판단하는 이유는 간단하다. 만일 불교사상과 정신에 충실했다면 가시적인 불사에만 열정을 쏟지 않았을 것이고 오늘날 형해의 유적으로만 남게 되지도 않았을 것이다.

불교란 밥 먹고 잠자는 등 일상적 활동 자체가 바로 깨달음의 수행으로 승화되도록 하는 것을 핵심으로 하고 있다. 올바른 불교사상의 토대 없이 기복적 신심으로 할 경우 절 짓고 탑 세우는 일도 하나의 윤회업이 되고 만다. 불교 세계관에 입각하여 올바른 신심을 확립하고 실천하려는 주체적인 자기 혁신의 노력이 필요하다. 불사에 동참만 하면 저절로 공덕이 되고 부처가 될 수 있다는 맹신에서 깨어나야 한다. 불교사상에 근거하지 않은 우리들의 노력은 형해의 불교유적이나 남기는 허망한 일이 되고 마는 것임을 파간은 잘 말해 주고 있다. 누군가가 '밥 먹고 탑사만 건립했는가 보다' 라고 할 정도로 파간의 불교유적은 거대하다. 현재 형해로 남아 있는 거대한 불교유적은 보는 이의 마음을 더욱 허무하게 한다. 뿐만 아니라 형해의 불교유적이 바로 내일의 한국불교와 문명사회의 모습인 것 같아 참으로 착잡하다.

비록 그렇기는 하지만 파간의 광대한 불교유적지를 돌아보는 동안 더욱 확실해지는 것이 있다. 부처님의 인격 그리고 그분의 사상과 정신은 거룩한 반면, 그 고매한 사상을 자기 삶으로 구현하기에는 인간의 무지와 탐욕의 뿌리가 너무 깊다는 것을 절감하게 된다. 돌이켜보면 부처님은 세월 따라 무너지는 허망한 형상의 탑에는 관심이 없었다. 깨달음, 해탈, 자타일시성불도自他一時 成佛道로 표현되어지는 실상의 탑을 쌓고자 하셨다. 그런데도 불구하고 사람들은 성불의 원천인 그분의 사상과 정신에는 관심이 없고 허무하게 무너져 내리는 형상의 탑을 쌓는 일에만 열정을 쏟는다. 그러므로 불교사 도처에서 부처님의 사상과 정신의 왜곡과 좌절을 겪게 된 것이 아닌가 한다.

얼핏 생각하면 다루고자 하는 본 주제인 비구, 비구니 문제와는 직접적인 관계도 없는 이야기를 늘어 놓는 이유가 무엇인지 의아할 것이다. 이유는 분명하다. 한국불교의 현실에서도 끊임없이 부처님의 사상과 정신이 왜곡되고 있기 때문이다. 어쩌면 한국불교도 형해의 불교유적으로 남게 되는 것이 아닌가 하는 우려가 앞선다.

특히 정법의 혜명을 책임져야 할 승단 자체가 혼란의 늪에서 벗어나지 못하고 있음을 보면 두려움은 더욱 커진다. 인생 최고의 이상과 가치의 길을 열어가려는 고매한 뜻을 가진 사람들이 모여서 만든 것이 승단이다. 그 승단이 갈등과 대립과 타락으로 치닫고 있다면 우려의 마음은 더욱 무거워지지 않을 수 없다.

물론 불교사적으로 볼 때 어느 시대를 막론하고 승단 내부의 분열과 갈등은 있어 왔다. 하지만 본질적으로 차이점이 있다. 과거 끊임없이 있었던 분열과 대립은 불교사상과 경율 해석에 대한 견해 차이에 의한 것이다. 자신이 확신하는 불교사상을 선양하고 승단을 수호하고자 하는 데서 비롯된 것이다. 따라서 불교발전에 긍정적으로 기여했다고도 할 수 있다.

이에 반해 오늘의 한국불교승단의 갈등과 대립은 그 속사정이 전혀 다르다. 사상과 경전 해석의 견해 차이로 인한 갈등과 대립이 아니다. 자신이 확신하는 불교사상을 선양하고 승단을 수호하기 위한 의지의 노력이라고 할 수 없는 데 그 심각성이 있다.

불교계 신문을 펼쳐 보면 불교발전을 위한 대형 구호와 행사들이 지면을 가득 채우고 있다. 얼핏 보기에는 한국불교가 크게 융성하는 것처럼 보인다. 절이 커지고 화려하다. 대형 불교행사들이 이곳 저곳에서 치러지고 있다. 외형으로 보면 불교가 발전하는 것처럼 생각된다. 하지만 실상은 속 빈 강정이라는 표현을 떠올리지 않을 수 없다.

불교사상과 정신의 왜곡이 날로 더해 가고 수행의 전통과 가풍이 혼란스럽다. 청정화합의 풍토가 와해되고 불교의 본령인 구세정신이 보이지 않는다. 총체적으로 병들어가고 있다. 내적으로는 승단과 한국불교에 대한 비전이 없고, 외적으로는 총체적 위기로 치닫고 있는 현대사회의 문제를 해결하기에는 자질과 역량이 너무나 빈약하다. 그런데도 승단의 현실은 비구, 비구니, 출가, 재가의 뜻과 힘이 모아지지 않고 오히려 불신과 갈등의 골이 깊어갈 뿐이다. 모순관계가 복잡하게 얽혀 나날이 사분오열되어 가고 있다. 끝없이 서로 상처를 입히는 결과를 낳고 있다.

돌이켜보면 그동안 승단의 갈등과 대립, 타락과 모순의 문제들을 곳곳에서 다루어 왔다. 하지만 좀더 세분화하여 구체적으로 접근하려는 노력이 부족하지 않았나 싶다. 그 중에서도 비구, 비구니의 문제에 대해서는 대부분 개인적이고도 감정적인 차원에서만 이야기되었을 뿐, 세심하고 주의 깊게 다루어지지 않았다. 이는 출가승단 문제에 대한 그간의 고민 내용과 논의과정이 매우 일방적이고도 피상적이었음을 웅변해 주는 것이다.

이런 판단을 하게 하는 까닭이 어디에 있는지 살펴보자.

① 부처님께서 몸소 비구승가와 비구니승가를 구성하였다.

② 불교사에 있어서 비구·비구니승가는 늘 함께 전승되어 왔고 한국불교승단도 마찬가지이다.

③ 승단 구성원의 절반 이상이 비구니이다. 현실적으로도 종회의

원, 주지 등 정치, 행정, 교육, 학계, 포교 등 공식기구에 참여하여 역할을 하고 있다.

④ 수행, 교단수호, 교육, 전법, 복지활동 등 비구니의 역할이 매우 크며, 그 활동과 역할이 날로 확대되어 가고 있다.

⑤ 그동안 비구, 비구니를 구분하지 않고 승단 문제를 다루어 왔다. 그런데 요즈음 나타나는 현상은 예전에 비해 비구, 비구니의 힘이 분산되고 있다. 불신과 갈등이 깊어지고 역량과 역할이 소모적으로 나타나고 있다.

이렇게 정리해 놓고 볼 때 비구, 비구니의 불합리한 관계 때문에 빚어지는 문제를 정리하는 일이 매우 시급함을 쉽게 알 수 있을 것이다.

비구, 비구니의 불합리한 관계를 해결하기 위해서는 다음의 것들을 짚어 보아야 할 것이다.

① 가부장 중심의 오랜 사회전통으로 인하여 형성되어진 성차별의 사고.

② ‘여자의 몸으로는 성불하지 못한다, 여성이 출가하면 정법의 수명이 감소한다, 백세 비구니가 지금 수계한 비구에게 먼저 인사해야 한다’는 등의 논리에 의하여 형성된 권위적이고도 배타적인 비구 중심의 관행.

③ 남녀불평등의 인간관은 불교적으로 옳지 않다고 하는 현실적인

문제제기.

④ 남녀평등이 제도화되고 있는 시대적 경향에 따라 전통적인 승가의 관행을 무조건 부정하고 저항하려는 일부 비구, 비구니들의 경향.

⑤ 비구니가 비구대중을 상대로 가르치고 비구대중이 비구니에게 배우는 등 예전에는 볼 수 없었던 일이 현실로 나타남.

⑥ 비구니의 다양한 기능과 역할이 요구되는 시점인 만큼 교단발전을 위해 불평등의 사고와 관행은 시정되어야 한다는 대중의 요구.

⑦ '불교는 평등사상과 정신을 핵심으로 하고 있는데 비구, 비구니의 불평등이 웬 말이냐' 는 일반 대중의 비판적 시각 등이다.

이제 이런 점들이 정리되지 않음으로 인하여 나타나는 문제가 어떤 것들이 있는지 살펴보자.

① 위에서 짚었던 문제들에 대해 무엇이 문제인지, 어떻게 하는 것이 바람직한 것인지에 대한 깊은 고민이 없어 혼란만 가중되고 있다.

② 때문에 비구들은 기존의 승가전통을 내세워 비구니에 대해 일방적으로 복종을 요구하는 등의 비불교적·비수행자적인 권위의식과 편견에 집착하고 있다.

③ 마찬가지로 비구니들은 '여성은 성불할 수 없다' 는 등의 논리를 맹종하여 스스로를 비하하거나 아니면 일반적인 평등의 논리를 앞세워 기존의 승가전통을 무조건 부정하는 등의 비불교적·비신앙적인

경솔함을 보이고 있다.

④ 역시 일부 젊은 비구, 비구니들은 불교사상에 입각한 원칙과 기준도 없이 평등의 논리와 시대적 경향을 내세워 비구, 비구니를 차별하는 불합리한 모든 전통과 관행은 과감하게 청산해야 된다는 등의 성급함을 나타내고 있다.

⑤ 비구, 비구니 관계에 관한 불평등한 전통과 관행이 대중들로 하여금 부처님의 사상과 정신을 의심하게 하고 있다.

결과적으로 비구는 일방적인 권위의식으로 군림하려 하고, 비구니는 무조건 저항하려고 함으로 그 관계는 불신과 갈등이 심화되고 있다. 뿐만 아니라 우리 모두를 비수행자로 전락시키고 있다. 그런가 하면 불교적인 원칙도 없이 전통과 관습을 무조건 청산해야 한다는 성급한 당위론은 또 다른 혼란을 가중시키고 있다.

이로 인하여 일부 신도와 일반 대중들은 불교를 최고의 사상과 정신이라는 그간의 믿음에 대해 회의한다. 현재 스님들의 사상과 정신도 인류정신 또는 시대정신에 뒤떨어진 고루한 것으로 인식하는 경향으로 나타나고 있다.

현실이 이러한 만큼 비구, 비구니의 관계를 올바르게 확립하는 일은 매우 중요하다. 따라서 부처님 생애와 초기불교 자료를 통하여 부처님께서 뜻하신 비구, 비구니 관계의 문제를 풀어낼 방안을 모색하고자 한다.

2.승가 구성의 목적

부처님은 탄생에서 열반에 이르기까지 오로지 세상을 구제하려는 대비원력大悲願力으로 일관하였다. 경전 어디에도 사적이고 개인적 입장에서 당신의 삶을 다루는 경우는 나타나지 않는다. 특히 한국불교의 사상적 토양이라고 할 『화엄경』에 오면 탄생, 성도, 전법, 열반 등 부처님의 일생 자체가 온통 중생을 위한 동체대비의 실천이라고 못박고 있다. 오로지 세상을 구제하고자 태어나고, 출가수행하고, 깨닫고, 전법하고, 열반하였다.

부처란 자비 그 자체다. 부처의 삶이란 온 생애를 바쳐 자비를 실천하는 삶이다. 손톱만큼이라도 자기를 위하여 무엇인가를 한다고 하면 이미 부처의 삶이 아니다. 고해 중생을 해탈시키는 길을 찾아내어 실천한 삶이 부처의 일생이었고, 그 길을 제시한 것이 불교인 셈이다.

그러므로 불교의 그 무엇도 구세대비의 큰 길 안에서 다루어져야 불교적으로 옳고 현실적으로도 유익하다.

이와 같은 전제 위에서 부처님의 일생과 여러 경전들을 참고하여 승가를 구성한 목적을 정리하고자 한다.

부처님의 출현 목적

부처님께서 세상에 오신 목적을 선언적으로 표현한 것이 부처님의 탄생게이다. 그 내용을 한 마디로 요약하면 동체(지혜) 대비(자비)의 실천이라고 할 수 있다. 대승경전에서는 일대사 인연을 위해 출현했다고 설명한다. 또는 부처란 대자비 그 자체의 존재라고 정의하고 있기도 하다. 탄생게와 대승경전 내용을 보면 표현은 조금 다르지만 내용에 있어서는 털끝만큼도 다름이 없다. 한마디 더 보태어 설명을 하자면 삼계화택의 세상을 구제하고자 하는 큰 자비심으로 오신 것이다.

현실 직시와 발심내용

경전에서는 직면한 인생의 현실문제를 생사로 표현하고 있다. 현실을 직시한 싯다르타는 고해 중생에 대한 끝없는 연민심을 갖는다. 순수한 연민심은 결국 자신의 전 존재를 바쳐 세상을 구제하려는 대비원력으로 나타난다.

아아, 세간의 중생들은 극심한 괴로움을 받나니 늙고 병들고 죽으며 겸하여 갖가지 고통을 당하면서도 자진하여 떠나지 못하는구나. 어찌하여 괴로움 버리기를 구하지 않으며… 어찌하여 나고, 늙고, 병들고, 죽는 괴로움을 벗어나려고 하지 않는가?

『불본행집경』

내 마음으로 원하는 바 중생들을 생사에서 벗어나게 하는 길을 찾지 못하는 한 결코 가비라성으로 돌아가지 않으리라.

『불본행집경』

이상 발심의 내용을 한 마디로 요약하면 바로 '대비원력'인 것이다.

부처님 출가수행의 목적

나는 이제 세간을 위하여 해탈을 구하고자 출가 수도하리니…

내가 출가하는 것은 모든 세간과 그대들을 위하여 큰 이익을 짓
고자 함이니라.… 나는 이제 모든 천상과 인간을 위하여 이익을
얻고자 하기 때문에 마음을 내어 출가하노라. 오직 중생들이 어
둡고 미혹하고 삿된 길 가는 것을 보고 광명이 되어 생사의 법을
소멸하고자 함이며 세간을 이롭게 하고 걱정과 근심 없는 곳을
구하고자 출가함이라.

『불본행집경』

출가 목적 그 어느 구석에도 사적인 이해타산을 찾아 볼 수 없다.
오로지 세상을 구제하고 세상을 이롭게 하고자 하는 마음뿐이다.

부처님의 깨달음과 전법의 목적

수행승들이여, 나는 신과 인간들의 온갖 속박으로부터 자유
롭게 되었다. 그대들도 신과 인간들의 속박으로부터 해탈되었
다. 이제 편력의 길을 떠나라. 중생의 이익과 안락을 위해, 세상
에 자비를 베풀기 위해, 사람들과 신들의 이익과 안락을 위해 길
을 떠나라.… 처음도 좋고 중간도 좋고 끝도 좋은 법, 내용과 이
론이 갖추어진 법을 설하라. 안전하고 깨끗한 수행생활을 보여

주어라.

『불타석가모니』

불교의 존재 이유와 의미가 전법선언 안에 고스란히 담겨 있다. 불교는 국가, 종단, 사찰, 승려를 위해 존재하는 것이 아니다. 오로지 고통받는 중생을 구제하고자 존재한다. 깨달음과 전법의 이유와 목적은 단 한 가지 미혹의 중생을 깨우치고 고해의 중생을 구제하는 데 있다.

이부승가를 구성한 목적

탄생, 발심, 출가, 전법 등 큰 사건을 중심으로 부처님의 일생을 다시 한번 짚어 보았다. 한마디로 정리하면 세상을 구제하기 위한 대자대비의 삶이었다. 역사현장에서 진리를 구현하여 세상을 구제하고자 온몸 바쳐 살아가신 것이다.

승가를 형성한 궁극적 목적도 고해 중생을 해탈케 하고자 하는 데 있었다. 이 점은 승가를 운영하기 위한 계율 제정의 취지를 보면 더욱 분명하다. 한마디로 '정법을 영원케 하고자 함'인 것이다. 정법의 영원함이란 언제 어디에서나 대비원력이 실천되고 있음을 뜻한다. 바로 정법의 정신으로 온 세상을 이롭고 편안하게 하는 것이다. 부처님의 사상과 그분의 생애를 살펴보면 승가를 구성한 목적을 분명히 알 수 있다.

잘 알고 있는 대로 부처님의 일생은 80여 년이었다. 80여 년 동안 부처님에 의해 모색된 일체의 모든 일은 세상을 이익되게 하고 안락케 하고자 함으로 귀결된다. 심지어는 열반에 드는 일도 중생구제를 위한 대자비의 실천이라고 못박고 있다. 처음부터 끝까지 일관되게 세상을 위해 당신의 전부를 바친 삶이 부처님의 일생인 것이다.

눈 뜨고 감는 것이 그대로 문수의 안목이요, 발 들고 내려놓는 것이 전부 보현의 행이로다.
걷는 것도 선이요, 앉는 것도 선이다. 가고, 머물고, 앉고, 눕고, 말하고, 침묵하고, 움직이고, 고요함 자체가 안온하다.

선사들께서 남기신 정법의 실천적 게송 내용을 구체적인 삶으로 보여준 것이 부처님의 일생이다. 부처님의 모든 삶이 그렇듯이 승가를 형성한 목적도 정법으로 세상을 구제하는 데 있었다. 온갖 저항과 논란과 위험에도 불구하고 천민과 여성의 출가를 허락했다. 심혈을 기울여 비구니승가를 형성, 발전시켰다.

비구니 팔경법과 정법 단멸에 대한 분분한 논란이 있지만 이부승가를 구성한 본의는 분명하다. 평등하게 세상을 구제하려는 대자대비의 실천만이 정법을 영원하게 하는 큰 길임을 천명하고자 하는 것이다.

3. 승가의 형성과정

    2,500여 년이 지난 오늘, 경전자료에 의지하여 부처님 당시 승가가 형성되는 전체 과정을 정확하게 파악하는 것은 불가능하다. 지금 우리가 할 수 있는 일은 경전자료들을 종합적으로 살펴보면서 여러 가지 정황들을 고려하여 가능한 한 부처님의 의도를 크게 손상시키지 않도록 정리해 내는 것이 아닌가 한다.

    결론적으로 한 가지는 분명하다. 부처님의 일생은 오로지 세상의 이익과 안락을 위한 구세대비의 문제의식과 헌신적인 실천으로 일관하고 있음이다. 승가를 형성한 뜻도 무지와 갈망의 불길에 휩싸여 고통받는 중생들을 구제하려는 대비원력의 역사적 구현에 있었다.

    승가를 형성한 본의가 평등하게 세상을 구제하려는 대비원력에서 비롯되는 것이 사실이다. 하지만 비구승가와 비구니승가를 형성하는

과정에서 시간적으로 선후 차이가 있고, 내용적으로 조금 다른 점들
이 있다. 그러므로 문제를 바람직하게 다루기 위해서는 비구승가와
비구니승가의 형성과정을 나누어서 정리해 보는 것이 좋을 것으로 사
료된다.

비구승가의 형성과정

일반적으로 불교도 다른 종교와 다를 바 없이 교주인 부처님의 탄
생 또는 깨달음에서부터 불교의 역사가 시작되었다고 이해되고 있다.
그러나 이 표현이 굳이 틀렸다고 할 수는 없지만 정확히 따져 보면 본
질적으로 다르다. 이 점은 불교적으로 대단히 중요하다. 엄밀하게 말
하여 완성된 불교역사는 삼보의 확립에서부터 출발한다. 대부분의 종
교들이 신앙의 대상을 '신' 또는 '교주'로 국한하고 있음에 반해 불교
는 삼보를 신앙의 대상으로 삼고 있다. 이 점이 여타의 종교와는 다른
불교만의 특성인 것이다. 그렇기 때문에 부처님께서 설법을 결심한
이후 삼보의 필수조건인 승보를 형성하고자 당신의 전 존재를 바쳐
노력했던 것이다.
　이런 맥락으로 볼 때 비구승가의 형성과정과 그 본뜻을 제대로 파
악하기 위해서는 부처님의 설법 결심과 승보의 형성과정을 먼저 살펴

보아야 한다.

잘 알고 있는 바와 같이 부처님은 깨달음을 얻은 다음 설법하는 것에 대하여 대단히 신중했었다. 여러 가지를 면밀하게 살피고 따져 본 다음에 나름대로의 확신과 전망을 갖고 설법을 결심하고 있다. 특히 첫 설법 대상을 물색하고 결정하는 과정을 보면 실로 놀라울 만큼 치밀하고 구체적이며 계획적이다.

경전자료에 의하면 고심 끝에 결정한 첫 설법 대상자는 자신을 비난하며 버리고 떠났던 다섯 친구들이다. 당시 그들은 500여 리나 떨어진 먼 곳에 머물고 있었다. 주변에서 얼마든지 사람들을 만날 수 있었음에도 불구하고 굳이 먼 곳에 머물고 있는 다섯 비구를 선택한 까닭이 어디에 있는 것일까? 부처님의 깨달음이 완성된 불교가 되도록 하기 위해서는 승보를 형성하는 일이 절대적 조건임을 보여주는 중요한 대목이 아닌가 한다. 결국 불교의 완성을 위해 삼보가 확립되어야 하고 삼보의 확립을 위해 승가를 구성해야 했을 터이다.

이런 문제의식으로 자료에 의지하여 승보의 형성과정과 그 본뜻을 살펴보노라면 승가의 구성과정과 본뜻도 자연스럽게 드러나지 않을까 싶다.

이에 매우 신중하게 접근했던 부처님의 설법 결심과 승보의 형성과 비구승가의 구성과정을 몇 가지로 단락지어 정리하고자 한다.

설법을 주저한 두 가지 이유

① 당신이 깨달은 진리의 심오함 때문이다.

> 내가 도달한 이 법(연기법)은 깊고, 보기 어렵고, 깨닫기 어렵고, 고요하고, 숭고하다. 열반의 도리를 보는 것도 어려운 일이다. 내가 비록 법을 설한다 해도 다른 사람들이 이해하지 못한다면 나만 피곤할 뿐이다.

「마하박가」

현재의 존재(오온)가 온 우주와 불일불이不一不二의 중중무진한 연기의 존재라는 사실은 그야말로 신비이고 불가사의이다. 직면해 있는 목전의 평범한 현실의 실상이 그대로 신비이고 불가사의라는 엄연한 진실을 사람들이 이해하고 받아들이는 것은 쉬운 일이 아니므로 심오하고 미묘한 연기법을 이해시키는 일이 쉽지 않다고 판단한 것이다.

② 무지와 욕망의 존재인 중생의 속성 때문이다.

> 탐착과 분노에 억눌린 자들은 이 법을 원만히 깨달을 수 없다. 흐름을 거슬러가기도 하고, 미묘하고, 깊고, 보기 어렵고, 섬세하니 탐착에 물든 자들이 어떻게 이 법을 보겠는가. 어둠의 뿌리로

뒤덮인 자들이 어떻게 이 법을 보겠는가.

『마하박가』

　중생들은 무지와 욕망을 쫓아 끝없이 탐착하는 존재들이다. 그러나 연기법은 지혜롭고 자비로워야 이해하고 믿고 깨달을 수 있다. 욕망에 젖어 있는 중생들이 어떻게 연기법을 이해하고 받아들이겠는가. 무지와 탐착에 빠져 있는 중생들에게 연기법을 이해시키는 일은 참으로 난감한 일이라고 여겼다. 그러므로 설법하는 문제에 대하여 신중에 신중을 기했던 것이다.

　이상은 설법하는 문제를 신중하게 모색하지 않을 수 없었던 핵심적인 이유이다.

설법을 결심하는 몇 가지 조건

① 범천의 간곡한 권청이다.

　"세존이시여, 법을 설하소서. 삶의 먼지가 적은 중생들도 있습니다. 그들은 법을 들으면 알 수 있겠지만 법을 설하지 않으면 그들조차도 쇠퇴하고 말 것입니다."… "귀 있는 자들에게 불사의 문을 열리라."

『마하박가』

범천의 권청과 설법의 결심에 관계된 부분을 함께 묶어 옮겼다. 범천의 권청은 그 시대 역사의 부름이요, 대중의 질절한 갈망이다. 설법의 결심은 역사의 요구요, 대중의 갈망인 범천의 권청에 의하여 그 단초가 열리고 있다.

법의 심오함과 중생의 속성 때문에 설법해 봐야 헛수고가 되고 말 것이라고 생각하며 망설이던 부처님께서 범천의 간곡한 권청에 따라 설법을 다시 생각하게 되고 여러 가지를 진지하게 검토하게 된다. 그 결과 서서히 설법을 하는 쪽으로 방향을 잡게 된 것이다.

② 중생의 다양성에 대한 정확한 진단이다.

중생에 대한 자비심을 일으켜 부처의 눈으로 세상을 내려다보시고 참으로 여러 종류의 중생들이 있음을 아셨다. 먼지가 적은 중생, 먼지가 많은 중생, 감관이 예리한 중생, 자질이 나쁜 중생, 가르치기 쉬운 중생, 가르치기 어려운 중생들을 보셨다.

『마하박가』

역사현실을 면밀하게 살펴보시고 중생의 양태가 천태만상임을 꿰뚫어 보셨다. 중생의 다양성과 무한한 가능성에 대해 정확하게 통찰하고 진단했기 때문에 확실한 전망과 확신을 갖게 된 것이다.

③ 세상을 구제하려는 초발심(본원력)의 실천이다.('제2장 발심' 참고)

승보를 형성하는 몇 가지 이유

① 홀로 존재할 수 없는 존재의 실상인 연기법의 성격이다.

연기법의 사유방식으로 보면 삼보가 확립되어야 구세대비의 길인 불교라는 종교가 완성되는 특수한 점이 있다. 다른 종교와는 본질적으로 다르게 삼보 중의 하나인 승보가 없는 불교는 처음부터 성립될 수 없는 것이다. 삼보가 확립되지 않은 불교는 필연적으로 미완성의 불교 아니면 불구의 불교인 셈이다. 홀로 존재할 수 없다는 연기법의 논리로 볼 때 비록 교주인 부처님과 진리의 가르침이 있을지라도 승보가 갖추어지지 않는 한 구세대비의 길인 완성된 불교는 성립될 수 없음을 뜻한다.

불교가 이와 같은 특수성을 갖고 있기 때문에 부처님께서 인내와 끈기와 열정과 헌신을 다하여 승보를 형성한 것이다.

② 부처님의 투철한 진리관과 역사의식이다.

아무리 좋은 물건도 현실에 사용할 수 없는 물건은 없는 것과 다를 바 없다. 마찬가지로 아무리 위대한 깨달음의 진리라 하더라도 그것을 설명하고 전하여 역사현실에 실천되지 않는다면 그 진리는 없는 것과 같은 것이다.

같은 맥락에서 볼 때 부처님께서 당신이 깨달은 내용을 세상에 전하지 않고 개인적 체험으로 끝내버렸다면 역사의 종교인 불교는 탄생할 수 없었을 것이다. 만일 부처님과 가르침만 있고 진리를 전해 받고 전해 줄 승보 또는 승가가 없다면 불교가 어떻게 역사현장의 종교로 존재할 수 있었겠는가.

역사화되지 않는 진리는 이미 진리라고 할 수 없다. 깨달음의 진리가 현실에 살아 있는 진리이기 위해서는 역사에 실현되어야 한다. 역사와 진리는 불일불이의 관계요, 불일불이의 존재이다. 당신이 깨달은 진리를 살아 있는 진리가 되도록 하고자 하는 투철한 진리관과 역사의식이 승보 형성 또는 승가 구성으로 실천된 것이다.

③ 부처님의 치밀한 계획성이다.

누구에게 처음으로 법을 설할까? 누가 이 법을 빨리 이해할까? 그렇다 실로 알라라 칼라마가 있다. 그는 박식하고 경험이 풍부하고 지혜로웠다. 오랫동안 마음의 눈에 먼지가 적은 자였다. 알라라 칼라마에게 이 법을 설해야 하겠다. 그라면 이 법을 이해할 것이다.… 알라라 칼라마는 큰 지혜를 갖춘 자였다. 만약 그가 이 법을 들었다면 곧 이해하였을 터인데 안타깝구나. … 웃타카 라마풋타는 큰 지혜를 갖춘 자였다. 만약 그가 이 법을 들었다면 곧 이해했을 터인데 안타깝구나.… 이제 누구에게 처음으로 법을 설할까? 누가 이 법을 빨리 이해할까? 그렇다. 다섯 명의 비구가 있다.… 다섯 비구에게 먼저 이 법을 설해야 하겠다.

『마하박가』

부처님은 당신이 깨달은 연기법을 잘 이해하고 받아들일 수 있는 사람을 찾기 위해 궁리하고 궁리한 끝에 다섯 비구를 선택하고 있다. 매우 치밀한 검토와 계획에 따라 결정하고 선택하였다.

④ 자신의 전 존재를 바치는 적극적인 헌신성이다.

부처님이 성도한 곳과 다섯 비구가 머물고 있는 곳은 무려 500여 리나 떨어져 있었다. 당신이 깨달은 법을 이해할 만한 대상을 찾아 목숨을 걸어야 하는 멀고 험한 길을 몸소 떠난다는 것은 결코 범상한 일이 아니다. 세상의 이익과 안락을 실현하려는 대비원력의 뜻이 확고하지 않고서는 도저히 이루어질 수 없는 일이다.

스승을 찾아 위험을 무릅쓰는 경우는 흔히 있는 일이지만 제자를 찾아 목숨을 거는 경우는 참으로 의미심장한 일이다. 뿐만 아니라 천신만고 끝에 찾아간 다섯 비구들의 반응과 태도는 대단히 냉담하기 그지없다. 그럼에도 불구하고 부처님은 내색하지 않고 끈질긴 대화와 수련으로 마침내 교화하여 제자로 삼는다. 시종일관 침착함과 자애로움으로 교화해 가는 과정을 보면 승보를 형성하려는 부처님의 뜻이 얼마나 크고 절실한가를 읽을 수 있다. 세상에 대한 깊고 큰 애정과 삼보 확립만이 세상을 구제하는 큰 길이라는 확고한 신념이 부처님으로 하여금 승보 형성을 위해 적극적으로 헌신하게 한 것이다.

지금까지 살펴본 바의 맥락으로 볼 때 구세대비의 길인 완성된 불교를 위해 삼보를 확립해야 했고, 그것을 위해 승보를 형성해야 했으며, 그 과정에서 필연적으로 승가가 구성된 것이다. 전체를 정리해 보면 연기법의 진리에 입각하여 세상을 구제하려는 대비원력의 신념이 역사현장에 실현된 결과가 바로 설법에 대한 결심, 삼보의 확립과 승보의 형성, 비구승가 구성으로 나타난 것이다.

비구니승가의 형성과정

비구니승가의 형성 이유

위에서 살펴본 바와 같이 범천의 권청에 의하여 설법을 결심하게 되고 법을 설하고 전하는 길을 모색하는 과정에서 부처님의 적극적인 의지의 노력에 의하여 비구승가가 형성되었다. 시기적으로는 조금 다르지만 비구니승가도 여성들의 간곡한 간청과 아난 존자의 설득, 부처님의 신중한 검토와 적극적인 의지의 노력에 의하여 이루어지고 있다.

이론의 여지가 없는 것은 아니지만 비구승가의 구성에서 확인한 바와 같이 비구니승가의 형성도 구세대비의 길인 완성된 불교·역사현장에 살아 있는 불교를 실현하기 위한 또 하나의 길로 진행되고 있다. 진리의 역사화, 역사의 진리화라는 대전제를 위해 비구승가를 구성했듯이 구세대비의 실천을 위해 비구니승가도 구성되고 있음을 간과해서는 안 될 것이다.

이에 관계된 자료들을 참고하여 인류의 공통된 염원과 불교의 궁극적 이상을 실현하고자 하는 뜻에 의하여 이루어진 비구니승가의 형성 과정을 살펴보고자 한다.

부처님께서 가비라성 니그로오다 동산에 계실 때 마하파사파제 구담미가 오백 여인들과 함께 부처님을 찾아뵙고 다음과 같이 사뢰었다.

"세존이시여, 바라옵건대 여인들도 부처님 법에 따라 출가수행할 수 있도록 허락해 주십시오.""그만두십시오. 구담미시여, 여인들이 출가수행하겠다는 말씀은 하지 마십시오. 여인들이 집에서 집이 없는 곳으로 출가하는 것은 적당하지 않습니다."

구담미가 세 번을 간청했지만 부처님은 처음과 다를 바 없이 세 번 다 거절하셨다. 부처님으로부터 출가를 거절당한 구담미 등은 실의에 빠져 집으로 돌아왔다.

얼마 후 부처님께서는 제자들과 함께 코살라국을 거쳐 슈라마바르티이의 기원정사로 돌아오셨다. 그 때 구담미는 다시 오백 여인들과 함께 머리를 깎고 가사를 입은 다음 부처님이 계신 기원정사를 찾아갔다. 구담미 일행은 먼 길을 걸어오느라 발은 부르트고 몸은 온통 땀과 먼지로 뒤범벅이 되었다. 그들은 지칠 대로 지친 몸을 이끌고 출가를 허락받고자 문 밖에서 눈물을 흘리며 서성거리고 있었다.

이 때 여인들의 눈물겨운 사정을 들은 아난 존자가 대신 부처님을 찾아뵙고 여자들의 출가를 허락해 주시길 간청드렸다.

"그만두게나. 여자들은 출가수행하게 하지 않는 것이 좋겠네. 왜냐하면 여자들을 출가시킬 경우 불법을 오랫동안 지속하지 못하게 된다네. 마치 집안에 남자가 적고 여자가 많으면 그 집이 쇠퇴하듯이 여자가 출가하여 구족계를 받으면 불법을 오랫동안 유지할 수 없게 된다네."

아난 존자가 다시 부처님께 사뢰었다.

"세존이시여, 마하파사파제 구담미께서는 부처님께 큰 은혜를 베푸셨습니다. 세존의 어머님께서 세상을 떠나신 뒤 세존께 젖을 먹여 키우셨습니다."

"그렇다네. 구담미께선 나에게 큰 은혜를 베푸셨다네. 젖 먹여 길러서 나를 자라게 하셨다네. 내가 부처가 된 것도 구담미께서 베푸신 덕이 크다네. 반면 나도 구담미께 삼보를 알고 믿을 수 있도록 함으로써 그 은혜에 보답했다네."

아난 존자가 다시 여쭈었다.

"세존이시여, 여자들이 불법 중에 출가하여 계를 받고 수행을 하면 수다원과와 아라한과를 얻을 수 있습니까?"

"물론 얻을 수 있다네."

"세존이시여, 만일 여자들이 수행을 하여 수다원과와 아라한과를 얻을 수 있다면 여자들도 출가수행할 수 있도록 허락해 주시지요."

"아난다여, 여자들이 출가수행을 하려고 할 경우 반드시 팔경법을 지켜야 하네. 여자들이 팔경법을 지킨다면 출가하는 것을 허락하겠네."

부처님께서 아난의 간곡한 간청을 받아들여 여자의 출가를 허락하였다. 아난 존자로부터 이야기를 전해 들은 구담미와 오백 여인들은 기쁜 마음으로 팔경법을 잘 지킬 것을 다짐하고 여성 수행자인 비구니가 되었다.

비로소 불교교단 안에 비구니승가가 처음 탄생하게 된 것이다.

위 내용은 『신수대장경』 22권에 있는 「사분율」 제48, 비구니 건도를 중심으로 하고 관계있는 여타의 자료들을 참고하여 정리한 것이다.

자료들을 살펴보는 과정에서 한 가지 생각이 분명해졌다. 그것은 비구니승가가 형성되는 과정에 관계된 모든 경전과 율장의 자료들을 전체적으로 종합한다 하더라도 위에서 정리, 인용한 내용과 별로 다를 것이 없다는 사실이다. 어쩌면 비구니승가의 형성과정에 관계된 자료들은 위에서 인용한 내용이 거의 전부라고 해도 크게 어긋나지 않을 것이다. 그러므로 위에서 인용한 내용에 의지하여 당시 실제 상황을 헤아려 보면서 비구니승가의 형성과정을 간추려 보고자 한다.

첫째, 출가수행의 길을 가고자 하는 여성들의 간절하고도 적극적인 행동이다.

여러 가지 자료들을 종합해 본 결과 구담미가 출가를 간청할 때의 부처님은 쉰에서 쉰다섯 살이고 구담미는 예순에서 예순다섯 살쯤으로 짐작된다. 부처님의 단호한 거절에도 불구하고 여성들이 결연하게 행동한 것을 보면 분명 범상하게 보아 넘길 수 없는 일이다.

실제 부처님 생애 중 여성 출가의 문제는 싯다르타가 출가를 허락받는 일, 그리고 범천이 설법을 허락받는 일과 같은 맥락이 아닌가 싶다. 부처님의 출가와 설법의 문제가 그 시대의 절실한 요구사항이었듯이 여성의 출가문제도 해결하지 않으면 안 되는 절실한 문제였던 것이다. 인간적, 사회적, 시대적 측면을 종합해 볼 때 반드시 해결해야 될 여성의 문제가 구담미의 출가로 드러나고 있는 것이다.

둘째, 출가를 간청하는 시기와 상황의 문제이다.

이 문제는 지금까지 이루어진 여러 학자들의 연구내용을 간략히 요약하는 것이 더 효과적일 듯하다.

구담미 등이 처음 출가를 간청할 당시 부처님의 나이는 50세 정도이고 성도한 지는 15년쯤 되었으며, 두 번째 간청할 때 부처님의 나이는 55세 정도이고 성도한 지는 20년쯤 되었다.

여기에서 생각해 보아야 할 것이 두 가지가 있다. 하나는 당시 불교가 신흥종교이기 때문에 교단 내적으로 안정적인 자기기반과 내용적인 체계가 확립되어 있지 않은 점이다. 다른 하나는 성도 후 15년쯤의 교단의 내외적 상황에 비해 20년쯤의 교단의 내외적 상황은 현격한 변화가 있었을 것이라는 점이다.

셋째, 아난 존자의 끈질긴 간청과 설득과 제안이다.

부처님께서 문제를 다루는 태도를 종합해 보면 예외의 경우도 있지만 대부분 누군가에 의한 문제의 발생과 누군가의 간청이나 제안에 따라 일을 처리하고 있다. 율장의 성립과정과 변천과정을 보면 이 점은 더욱 분명하게 드러난다. 이런 맥락으로 볼 때 여성들의 입장을 헤아린 아난다의 간청과 설득과 제안은 부처님으로 하여금 여성 출가의 허락을 결심하는 데 매우 중요한 조건으로 작용했을 것이다.

넷째, 부처님께서 당시 교단 내외적 상황으로 볼 때 여성 출가를 허락해도 괜찮을 만큼 시절인연이 갖추어졌다고 판단하셨다.

그러므로 신중에 신중을 거듭한 끝에 팔경법을 지킨다는 조건으로 여성 출가를 허락하신 것이다. 부처님 입장에서는 역사적 결단이며 모순에 찬 시대적 상황과 정면으로 마주하는 용단을 내린 셈이다.

이상 역사적 사건이라고 할 여성의 출가가 실현되기까지의 과정에 있었던 중요한 점들을 중심으로 그 내용을 간추려 정리해 보았다. 여성 출가와 관련된 자료들을 면밀하게 살펴볼 때 여성 출가가 이루어지기까지의 과정은 위에서 정리한 범주를 크게 벗어나지 않을 것으로 본다.

비구니승가 형성이 까다로웠던 이유

이쯤에서 너무나 당연한 여성 출가의 문제를 그토록 까다롭게 취급한 까닭이 어디에 있는 것인지 살펴볼 필요가 있다.

① 당시 상황으로 볼 때 나약한 여성들이 위험에 노출될 수밖에 없고 거칠기 그지없는 출가수행 생활을 하는 것은 불가능하다고 보았다.

② 당시 사회를 지배하고 있었던 여성에 대한 편견과 그에 의한 제도와 관습들로 볼 때 여성 출가는 대단히 위험하다고 생각했다.

③ 전법활동을 개시하고 20여 년의 연륜이 쌓이면서 불교교단의 입장이 여러 가지로 안정되었다. 불교에 대한 사회적 이해와 신뢰도 보다 확대되었다. 따라서 앞으로 발생하는 문제들을 충분히 극복할

수 있겠다는 나름대로의 자신감을 갖게 되었다.

④ 비록 교단 내외적 상황들이 여러 가지로 나아졌고 시기적으로도 어느 정도 성숙되었다고 여겨졌지만 여전히 도처에 문제의 요소들이 널려 있었다. 때문에 불가피하게 여성이 갖고 있는 신체적, 심리적 특수성과 사회적 상황들을 고려하여 팔경법을 조건으로 여성 출가를 허락하였다.

이상의 기록과 경험적 상황들을 놓고 살펴본 바에 의하면 비구니승가도 비구승가처럼 대단히 신중하고 어려운 과정을 거쳐 이루어졌다. 비구니승가라는 꽃을 피워내기까지 너무나 많은 인연들이 함께 하고 있다. 기록으로 드러난 것만 놓고 보면 당사자인 여성들의 용감한 행동과 아난다의 지혜로운 노력과 부처님의 현명한 결단에 의하여 비구니승가라는 꽃이 피어난 것이다. 물론 부처님께서 확고하게 간직하고 계신 연기법의 진리에 입각한 높은 이상과 끝없는 인류애가 그 바탕이었음은 의심의 여지가 없다 하겠다.

4. 부처님이 뜻하신 이부승가

부처님의 뜻하신 승가의 모습

부처님이 뜻하신 승가의 모습은 어떠할까? 불교의 이상과 가치가 실현될 수 있는 바람직한 승가의 모습은 과연 어떠했을까? 반면 승가가 이래서는 안 된다고 교훈 삼을 만한 승가의 모습은 어떠할까? 나쁜 승가로 규정될 만한 사례가 있다면 어떤 경우일까?

긍정적 측면과 부정적 측면의 승가 모습을 찾으려고 할 때 계율의 성립과정과 그 내용을 보면 어느 정도 판단이 가능하지 않을까 싶다. 율장의 내용으로 볼 때 계율 제정의 동기와 배경이 극복하고 넘어가야 할 승가의 모습이라면, 계율의 내용은 실현되어야 할 승가의 모습이라고 할 수 있다. 이런 관점에서 생각할 때 부처님에 의해 제시된 바람직한 승가와 극복되어야 할 승가의 사례를 찾아보는 것이 좋을 것으로 판단된다.

극복되어야 할 승가의 모습

부처님께서 못마땅하게 여기시고 버리고 떠나버린 승가의 모습에 대한 경전내용을 살펴보자.

한때 세존께서는 코삼비의 고시타 승원에서 지내셨다. 그 때 어떤 비구가 계를 범했다. 그 비구 자신은 범계인줄 알았는데 다른 비구들은 범계로 보지 않았다. 얼마 뒤에는 본인은 범계로 보지 않았고 다른 비구들은 범계로 보았다.

"벗이여, 그대는 범계를 했습니다. 잘 알고 있습니까?"

"벗들이여, 저에게는 범계로 보아야 될 그러한 범계가 없습니다."

비구들은 화합승단을 이루어 범계 비구를 정권시켰다. 한편 정권당한 비구는 들은 것이 많고 경율에 밝았으며, 지혜로움과 겸허함을 지녔으며, 향상을 위해 꾸준히 정진하는 자였다. 그 비구는 친하게 지내는 비구들에게 찾아가서 말했다.

"벗들이여, 저는 범계한 적이 없습니다. 저는 범계하지 않았습니다.… 그러므로 저를 정권시킨 것은 비법입니다. 존자들께서는 교법과 율법의 입장에서 저의 동료가 되어 주십시오."

그리하여 정권당한 비구를 두둔하는 비구들이 정권 처분을 내린 비구들에게 말했다.

"벗들이여, 이것은 범계가 아닙니다. 그러므로 정권 처분은 비법입니다."

… 이에 대하여 정권 처분을 내린 비구들이 말했다.

"벗들이여, 이것은 범계입니다. 그러므로 정권 처분은 정당합니다. 정권당한 비구를 옹호하는 것은 옳지 않습니다."

한편 분쟁에 휘말린 비구들은 승가의 분쟁상황을 세존께 말씀드렸다. 소식을 전해 들은 세존께서는 정권 처분을 내린 비구들을 찾아가서 말씀하셨다.

"비구들이여, 문제가 발생했을 때 세밀하게 살펴보지 않고 정권 처분을 해도 괜찮을 것으로 생각해서는 안 된다. 만일 우리가 성실한 비구에 대해 범계를 범계로 알지 못했다고 하여 경솔하게 정권시킬 경우 승단에는 시비와 다툼이 발생하여 승단이 오염되고 분열되고 말 것이다. 그러므로 비구들이여, 경솔하게 함부로 정권 처분을 내려서는 안 된다."

그런 다음 세존께서는 정권당한 비구를 찾아가 말씀하셨다.

"비구들이여, 범계하고도 나는 범계하지 않았다고 하며 참회할 필요가 없다고 고집해서는 안 된다. 비구들이여, 여기 한 비구가 범계했는데 본인은 범계로 보지 않고 다른 비구들은 범계로 보았다. 만일 이 때 신뢰할 만한 비구들이 범계를 범계로 보지 않는 비구에 대하여 정권시킬 경우, 자신의 범계를 인정하고 드러내야 한다. 만일 그렇게 하지 않으면 승단은 시비와 다툼이 발생하여 결국 더럽혀지고 분열하게 된다."

그 때 비구들은 마을 중심에 있는 식당에서 상식과 교양에 어긋나는 시비를 하고 몸싸움을 하였다. 비구들의 추태를 목격한 주민들로부터 불평과 비난의 여론이 일어났고 이 소식을 전해 들은 부처님이 여러 가지로 비구들을 타이르고 나무라셨다. 그 이후 코삼비 신자들은 분쟁 비구들에 대하여 공경, 공양을 거부했다. 그로 인하여 비구들이 자신의 잘못을 인정하고 화합승가를 회복했다.

『마하박가』

비난받는 승가의 모습, 극복해야 할 승가 모습의 대표적인 예를 경전에서 찾는다면 코삼비 비구들의 분쟁이 아닌가 한다.

바람직한 승가의 모습

부처님이 뜻하신 승가의 모습은 어떤 것일까? 인간관계가 아름답게 가꾸어지는 바람직한 수행공동체 모습으로 제시하고자 했던 승가의 모습은 과연 어떠했을까?

아마도 부처님 생존 당시 부처님에 의하여 높이 찬탄된 바 있는 고오싱가 숲의 비구들을 예로 드는 것이 적절하지 않을까 한다.

그 때 룻다 장로와 난디 장로와 쿰비이라 장로는 고오싱가 숲에서 지내고 있었다.

"존자들이여 가십시다. 우리의 스승 세존께서 오셨습니다."…
한 명은 세존의 발우와 법의를 받아 들었고, 한 명은 앉을 자리를 준비하였고, 한 명은 발 씻을 물과 발판과 수건을 마련하였다. 세존께서는 준비된 자리에 앉아 발을 씻으셨다. 세 존자는 발을 씻은 세존께 공손히 절하고 한쪽에 앉았다.

"그대들은 편안한가? 수용은 괜찮은가? 걸식하는 데 어려움은 없는가?"

"세존이시여, 저희들은 편안하며 지낼 만합니다. 걸식하는 데 어려움이 없습니다."

"그대들은 서로 화합하는가? 서로 다투지 않는가? 우유와 물처럼 조화를 이루고 애정 어린 눈으로 서로를 바라보면서 지내는가?"

"세존이시여, 진실로 저희들은 서로 화합하고 시비하지 않고 우유와 물처럼 조화를 이루고 애정 어린 눈으로 서로를 바라보면서 지내고 있습니다."

"그대들은 어떻게 하였기에 그렇게 지낼 수 있었는가?"

"세존이시여, 저희들은 이렇게 생각하며 지내고 있습니다. '수행을 잘 하는 존자들과 함께 지내는 것은 나의 큰 기쁨이요, 큰 행복이다. 그러므로 나는 내 마음을 접고 존자들의 뜻에 따라야겠다' 하고 마음먹고 지냅니다. 겉과 속이 다름없이 우정어린 마음과 말과 행동으로 서로를 섬깁니다. 저희들은 몸은 여럿이지만 실로 마음은 하나입니다."

"참으로 장하다, 비구들이여. 그대들은 게으르지 않고 노력 정진하며 지내는가?"

"세존이시여, 진실로 저희들은 게으르지 않고 노력 정진하며 지냅니다.… 세존이시여, 저희들은 걸식하고 먼저 돌아온 자가 자리와 발 씻을 물과 발판과 수건과 식기와 마실 물과 음식을 준비합니다.… 걸식하고 늦게 돌아 온 자가 자리를 치우고 발판과 수건과 식기 등을 정돈하고 깨끗이 청소합니다.… 혼자하기 힘든 일은 손짓으로 다른 비구를 오게 하여 함께 처리합니다.… 세존이시여, 저희들은 5일마다 모여 앉아 밤이 다하도록 탁마를 위한 법문의 모임을 가집니다. 세존이시여, 저희들은 이와 같이 하여 게으르지 않고 열심히 노력 정진하며 지내고 있습니다."

"장하다, 비구들이여."

『우리말 팔만대장경』

부처님께서 뜻하신 구체적 화합승가의 모습을 경전에서 찾는다면 고오싱가 숲에서 함께 수행하고 있는 비구들의 모습이 아닐까 한다.

분쟁의 승가와 화합의 승가에 대해선 남북전경율 모두 내용이 일치하고 있다. 당시 경전 편찬자들도 고오싱가 숲의 수행자들의 삶을 바람직한 승가상으로 여겼고, 분쟁을 거듭하는 코삼비 비구들의 모습을 극복해야 할 승가상으로 여겼음을 알 수 있다. 지금 경전을 읽는 입장에서 보아도 고오싱가 숲의 화합승가 모습은 참으로 아름답고 감동적이다. 언제 어디에서든 고오싱가 숲의 화합승가 모습을 유지해 간다면 세상을 구제하고 정법을 영원케 하는 일은 염려하지 않아도 될 것으로 확신한다.

그렇다면 부처님에 의해 바람직한 승가상으로 평가된 고오싱가 숲의 화합승가에 담겨 있는 의미가 어떤 것인지 짚어 볼 필요가 있다. 하나는 물과 우유처럼 서로 조화를 이루는 화합의 생활이요, 두 번째는 서로에 대한 이해와 신뢰의 우정이요, 세 번째는 법문 모임을 통한 자기성찰과 탁마의 정진이요, 네 번째는 솔선수범과 겸허한 헌신이다.

우정과 화합과 불방일의 탁마를 내용으로 하는 승가에 의해 이루어지는 결과가 두 가지로 나타나고 있다. 첫째는 구성원 자신들의 안정과 만족과 기쁨과 향상과 자부이고, 둘째는 지역 주민 대중들이 믿음과 기쁨과 희망을 갖는 것이다. 현실적으로 승가가 이런 내용과 모습과 역할을 갖춘다면 정법의 영원함과 중생의 이익과 안락은 저절로 이루어질 것이라고 믿는다.

부처님이 뜻하신 이부승가의 모습

부처님께서 승가를 형성한 의도가 당신의 출현 목적인 세상을 구제하려는 큰 자비의 실현에 있음을 정리해 보았다. 부처님께서 못마땅해 하며 버리고 떠났던 분쟁의 승가상과 부처님께서 기뻐하며 찬탄해 마지 않았던 화합의 승가상에 대해서도 살펴보았다.

율장에 나타난 분쟁의 승가와 화합의 승가를 통해서 명쾌하게 확인할 수 있는 것이 있다.

첫째, 분쟁의 승가는 정법을 단멸케 하고 대중을 불신과 불만에 빠져들게 한다.

둘째, 화합의 승가는 정법을 영원케 하고 대중으로 하여금 믿음과 기쁨을 갖게 한다.

셋째, 화합승가를 이룰 때 비로소 정법을 영원케 하고 세상을 이익, 안락하게 한다.

넷째, 부처님께서 뜻하신 승가상은 정법을 영원케 하고 세상을 이익, 안락하게 하는 우정어린 화합승가이다.

확인한 바와 같이 비구, 비구니 이부승가도 우정의 화합승가 정신에 의하여 그 관계가 이루어져야 함은 그 누구도 부정할 수 없다. 이유는 단순 명료하다. 부처님의 출현과 승가형성의 목적인 정법의 영원함과 구세대비의 실현을 위해서는 모든 승가가 화합승가를 이루지 않으면 안 되기 때문이다.

이런 전제 아래 부처님이 의도한 이부승가의 관계가 어떻게 형성되고 변화해 왔는지에 대하여 짚어 보고자 한다.

팔경법에 나타난 이부승가의 관계

잘 알려져 있는 바와 같이 비구니승가는 처음 팔경법을 조건으로 만들어졌다. 내용으로 볼 때 팔경법 안에 이부승가의 관계에 대한 입장이 확실하게 나타나 있다. 그러므로 팔경법에서 제시하고 있는 기본적인 큰 틀과 율장 전체에서 다루어지고 있는 내용들을 참고하여 논리를 전개하는 것이 좋을 듯하다.

우선 팔경법을 살펴보자.

① 승납이 백년된 비구니일지라도 비구를 대할 때면 언제나 먼저 합당한 경의를 표해야 한다.

② 비구니는 비구에 대하여 비판하거나 질책해서는 안 된다.

③ 비구니는 비구의 허물을 문제삼거나 비구를 가르치지 못한다.

④ 비구니 구족계는 식차마나의 계를 배운 다음에 비구대중으로

부터 구족계를 받아야 한다.

⑤ 상가바세사 죄를 범한 비구니는 반드시 이부승 가운데서 보름
동안 마나타를 행해야 한다.

⑥ 비구니는 보름마다 비구들에게 교수해 주기를 청해야 한다.

⑦ 비구니는 비구도량에 의지하여 안거를 해야 한다.

⑧ 비구니 대중은 안거를 마치고 비구 대중 가운데서 보고, 듣고,
의심나는 것에 대한 자자를 해야 한다.

『사분율』

현실적으로 비구니 팔경법에 대한 논란의 문제가 있긴 하지만 일단 여기에서는 부처님이 정법을 영원케 하고 세상을 이익, 안락하게 하려는 뜻으로 팔경법을 직접 제정했다고 보는 입장에서 문제를 다루고자 한다.

이에 부처님이 의도한 바 이부승가의 관계가 어떤 것인지 팔경법을 중심으로 간추려 보고자 한다.

① 무조건 비구에게 공경 예배함.

② 언제나 비구의 뜻을 존중함.

③ 항상 비구에게 배워야 함.

④ 반드시 비구들의 지도를 받음.

⑤ 비구도량에 의지하여 생활함.

시대적 상황논리를 배제하고 팔경법을 액면 그대로 적용한다면 이부승가의 관계는 철두철미한 불평등 관계이다. 비구니승가는 절대적으로 비구승가에 종속되지 않으면 안 되게 되어 있다. '무조건 복종하라, 반드시 비구의 지도를 받아야 한다, 절대로 비구를 비판하지 말라' 등 오로지 일방통행만 있고 주체적이고 자립적 입장이 들어설 틈이 없다.

팔경법에 의한 이부승가는 도저히 불교의 이상과 가치를 실현하고자 하는 화합승가라고 말할 수 없다. 부처님이 비판, 부정했던 바라문법과 무엇이 다른지 구분되지 않는다.

팔경법의 전제 아래 그 밖의 율장 내용들을 더 참고하고 보완하여 정리해 보자.

비구니를 두렵게 하지 말라. 비구니를 때리지 말라. 함께 사는 비구니의 병을 간호하라. 대중의 허락 없이 비구니를 가르치지 말라. 친척이 아닌 비구니에게 옷 등을 빨게 하지 말라. 보다 높은 삼학 수행을 위해서라면 비구니가 비구를 꾸짖어도 좋다. 만일 비구가 비구니에게 함부로 하거든 비구니승가는 그 비구에게 무례하다고 꾸짖는 백이 갈마를 행하여 벌을 주라.

「사분율」

비록 율장내용을 참고하여 더 보완한다 하더라도 팔경법의 기본 틀 아래 있기 때문에 비불교·반승가의 틀인 불평등한 종속관계는 그대로이다. 다만 비구라고 하더라도 지나치게 문제가 된다든가 또는 그 비구의 수행을 돕는 차원에서만 비구니가 꾸짖고 타이르고 깨우쳐 주는 일이 허락되고 있다. 작은 변화가 있긴 하지만 여전히 반불교적·비승가적이다.

철저히 불평등한 일방적 종속관계로 이루어진 이부승가가 화합승가일 수는 없다. 혹 문제가 발생하지 않는 승가를 이루었다 하더라도 그 승가가 불평등한 종속관계의 승가라면 불교의 높은 이상과 가치를 추구하는 바람직한 승가라고는 할 수 없는 것이다. 부처님께서 뜻하신 이부승가가 불평등한 종속관계로 이루어졌다는 사실은 어떤 논리로도 납득되지 않는다.

부처님이 뜻하신 이부승가의 관계

팔십 년 부처님 생애에 있어서 그분의 가르침과 실천이 서로 모순되고 충돌하는 경우는 거의 찾아보기 어렵다. 문제를 다룸에 있어서도 일방적이고 권위적이며, 음성적이고 예언자적인 태도를 보인 경우는 거의 없다.

앞에서 살펴본 승가의 형성과정에도 잘 나타나 있듯이 설법 결심을 위시로 넓게는 불교 전체, 좁게는 승가문제를 다룸에 있어서 일방적이거나 권위적이지 않았다. 부처님의 이와 같은 태도를 전통적으로는 수기설법隨機說法, 수범수제隨犯隨制라고 표현해 왔다. 당신 스스로 승단은 상황에 따라 법에 의한 대중의 합의로 운영되는 것이지 특정인에 의해 좌우되는 것이 아니라는 점을 분명히 하였다.

그런데 여성 출가문제와 이부승가 관계에 오면 어떻게도 설명이 안 되는 이율배반적인 모습으로 돌변하고 있다. 당신이 깨달은 진리, 추구하는 이상, 주장하는 내용을 스스로 내팽개치거나 스스로 짓밟아 버리는 꼴로 나타나고 있다. 참으로 황당하고 답답한 일이다.

이럴 때 우리가 돌아가 의지할 곳은 어디일까? 현실적으로 우리는 어떻게 해야 할까? 역시 돌아가 의지할 곳은 경전과 율장이다. 경율을 종합적으로 파악하고 종합적으로 정리하는 데에서 시작하는 수밖에 없다. 실제 경전과 율장에 담겨 있는 승가형성의 사상과 정신, 목적과 방법, 제도와 운영, 성립과 변화과정 등을 종합적으로 차근차근 짚어 보면 불교적 이상과 가치에 합당한 해결의 단서가 나오지 않을까 싶다.

대표적으로 정법을 영원하게 함, 또는 구세대비의 실현을 위해 부처님께서 견지하신 일관된 문제의식과 태도와 방법이 어떠했는지 간추려 보자.

① 정법을 실현하고 대중을 구제하기 위해 문제를 다룸.

② 누군가의 간청을 받아들여 문제를 다룸.

③ 상대의 수준과 입장을 고려하여 문제를 다룸.

④ 사건이 발생했을 때 그에 따라 적절하게 문제를 다룸.

⑤ 법과 대중의 의견을 반영하여 문제를 다룸 등으로 정리된다.

정리한 바에 따르면 당신이 깨달은 법, 당신의 이상, 주장, 실천이 상호모순되거나 충돌함 없이 일관되고 있음이 너무나 명백하다. 어느 구석에도 권위적이거나 일방적인 점은 발견되지 않는다. 불평등 구조의 종속적 승가라고 규정할 만한 모습은 찾아볼 수 없다.

그런데 앞에서 살펴본 바에 의하면 불평등을 원칙으로 하는 이부승가가 부처님이 뜻한 승가라고 하기에는 너무나 모순이 크다. 불교의 이상과 가치를 실현하고자 제시한 수행공동체가 불평등하고 종속적이라는 사실은 어떻게도 설명되거나 이해되지 않는다. 아무리 앞뒤를 따지고 맞추어 보아도 불평등한 이부승가의 모습과 경율에서 전하고 있는 부처님의 공평무사한 태도와는 너무 거리가 멀다. 이상적인 수행공동체로 제시된 화합승가의 모습을 기준으로 하면 불평등한 이부승가의 모습은 이미 불교승가의 모습이 아니다.

그렇다면 부처님이 뜻한 승가상과 모순되지 않는 이부승가의 모습은 어떠했을까? 불교의 사상과 정신을 실현하기 위한 승가상과 일치하는 이부승가의 내용은 어떤 것일까? 이 부분에 대해선 여러 학자들의 연구 내용 중 조계종 교육원이 출판한 『비구니승가』에서 잘 다루고 있으므로 그 내용을 간추리는 것으로 대신하는 것이 좋을 것으로 여겨진다.

경율에 의하면 부처님은 언제나 문제를 다룸에 있어서 옳은 명분과 당시의 상황과 대중의 수준과 합의에 따라 적절하게 조절했다. 때에 따라서는 일리가 있는 제안일 경우에는 흔쾌히 제안을 받아들이기도 했다. 부처님에 의해 제정된 계율도 실제적으로는 부처님의 일방적인 뜻에 의한 것이 아니고 전체적으로 문제가 발생하고 여론이 일고 간청과 권유와 제안이 있을 때 여러 가지를 검토하여 제정하였다. 또는 계율을 제정한 뒤에도 상황의 변화에 따라 자주 수정하고 보완하였다.

부처님께서는 일생 동안 이와 같은 문제의식과 태도로 일관했는데 유독 여성 출가에 대해서만 권위적인 태도를 취한 이유가 무엇일까? 모든 사람에게 그토록 공평하고 관대했던 부처님이 비구니승가 설립에 대해서만 일방적으로 완강하게 거부한 까닭이 어디에 있는 것일까? 앞에서 언급한 바와 같이 『비구니승가』의 내용을 기본으로 하여 부처님이 뜻하신 이부승가의 모습을 그려 보면 모순되어 보이는 이부승가의 문제가 자연스럽게 풀릴 것으로 여겨진다.

그러기 위해서는 우선 기본적으로 우리 모두 함께 공유해야 할 문제의식이 있다. 지금 논의하고자 하는 승가와 승가 운영제도인 율장이 2,500여 년 전 인도라는 시대적 상황의 산물이라는 사실이다. 승가와 계율이 시대적 상황에 따라 형성된 것이므로 당시의 사회배경과의 관계를 살펴야만 그 뜻한 바가 제대로 드러나게 될 것임은 평범한 상식이다.

사실 『비구니승가』를 읽어 보면 비구니승가와 율장이 역사적 상황의 산물이라는 입장에서 저술되어 있음을 알 수 있다. 현실적으로 볼 때 『비구니승가』의 저자처럼 이부승가가 시대상황의 산물이라는 입장에서 접근할 경우 모순되게 보이는 비구니승가의 문제에 대한 해답이 자연스럽게 나올 것임은 의심의 여지가 없다.

이에 구체적으로 비구니승가를 형성할 때 고려해야 했던 상황과 내용들이 어떤 것이었는지 가닥을 잡아 보자.

첫째, 사회적 상황의 문제이다.

당시 바라문의 전통적 통념에 의하면 여성은 집과 동일시되고 있었다. 인간을 억압하는 불평등 구조인 사성계급제도와는 또 다른 형태의 남녀불평등 구조가 관습화되어 있었다.

둘째, 여성 출가자들이 석가족 여성이라는 문제이다.

처음 출가를 희망하는 여성들이 대부분 왕족이거나 귀족들이었다. 아난 존자에게는 어머니 또는 고모, 이모였다. 부처님에게는 아내 또는 이모였다. 라훌라에게는 할머니 또는 어머니였다. 우파리 존자에게는 왕족 또는 주인집 마님이었다. 독신수행을 주장하고 출가연륜으로 상하질서를 삼는 수행자 사회에서 할머니, 어머니, 이모, 고모, 마님들의 출가는 여러 가지 곤란한 문제였을 것이다.

셋째, 여성의 지위와 특성의 문제이다.

남성 중심의 사회에서의 여성의 위치는 매우 종속적이었다. 자기실현과 사회적 역할을 할 수 있는 길이 거의 막혀 있었다. 주체적이고 자율적으로 문제를 다루어 갈 수 있도록 하는 교육이 전무하다. 여성은 심리적으로 섬세함과 강한 보호본능을 갖고 있다. 신체적으로는 힘의 약함과 생리적 문제 등이 남성과는 판이하게 다르다.

넷째, 당시 종교계 경향의 문제이다.

고오타미 비구니가 팔경법의 수정을 요청했을 때 부처님은 외도들 사이에서도 그런 관습이 없으므로 받아들일 수 없다고 하였다. 당시 종교계의 풍습으로는 결코 남성 사문이 여성 사문에게 먼저 경의를 표하지 않았다. 언제나 여성 사문이 먼저 남성 사문에게 경의를 표하는 것이 당시 종교계의 경향이었다.

다섯째, 승가와 재가의 상호의존 관계의 문제이다.

출가사문이란 위로는 진리를 빌고 아래로는 밥을 빌어서 생활하는 자를 뜻한다. 출가자는 법을 베풀어 중생을 이롭게 하고, 재가자는 수행자에게 공양을 함으로써 복을 쌓는다. 부처님은 늘 비구들에게 출가자는 자신의 삶이 재가자의 보시에 의존하고 있음을 잊어서는 안 된다고 강조하였다. 승가는 일상적 생활 자체가 재가와 불가분의 관계에 있으므로 사회적 불신과 불만과 비난이 생기지 않게 해야 하는 책임이 있다.

여섯째, 불교계 자체의 준비상태의 문제이다.

그 당시에는 불교가 신생종교이므로 제대로 뿌리내리지 못했고 사회적 이해와 인식도 매우 낮은 상태였다. 주거공간 등 내부적인 조건과 여러 가지 어려운 상황들을 극복해 갈 수 있는 역량이 갖추어져 있지 않았다. 비구니승가를 설립해도 괜찮을 만큼의 여건이 성숙되기까지는 더 많은 준비가 필요한 상태였다.

일곱째, 승가의 운영 경험과 적절한 시기의 문제이다.

승가 내부의 견해와 지도역량, 신도들의 반응과 사회여론, 안전한 주거지역과 시설, 내외의 반발과 문제 발생에 대한 대책 등 매우 치밀한 계획과 준비가 필요했다. 비구니승가를 설립하기 위한 적절한 시기인지에 대한 안팎의 정황도 고려해야 했다. 비구니승가를 설립한 다음 앞으로 잘 운영하고, 체계를 세우고, 발전시켜갈 수 있을 만큼 승가 운영 경험이 축적되어 있는지에 대해서도 참작해야 했다.

이부승가 관계에 대한 바람직한 모습

지금까지 가닥 잡아 본 바에 따라 그 당시 내외의 시대상황을 고려하는 입장에서 접근해 보면 모순되어 보이는 이부승가의 문제가 상황적으로 불가피했음을 납득하게 되지 않을까 싶다.

① 여성 출가를 허락하지 않은 이유

사회적 상황과 승가의 입장에서 여성의 출가를 허락하고 비구니승가를 설립해도 될 만큼 여건이 마련되지 않았다.

② 팔경법을 조건으로 제시한 이유

비록 당신이 깨달은 진리의 정신과 실현하고자 하는 이상에는 어긋나지만 남녀불평등의 사고가 관행관습이 되어 있는 시대상황과 충돌하지 않게 하기 위한 타협안으로 팔경법이 제시되고 있다.

③ 팔경법을 조건으로 여성의 출가를 허락한 이유

물론 우려되는 점과 어려운 점이 없지는 않겠지만 어느 정도 사회적 상황과 승단 입장이 성숙되었기 때문에 팔경법을 조건으로 할 경우 여성의 출가를 허락해도 괜찮을 것으로 판단했다.

④ 비구니승가를 자립적 체계로 변화시킨 이유

내외의 여건이 성숙됨에 따라 비구니승가의 자립적 체계를 발전적으로 확립시킨 까닭이 무엇일까? 이유는 간단하다. 비구니승가도 부처님이 제시한 이상적 수행공동체인 자립적 화합승가의 체계와 내용을 갖추어야만 정법을 영원케 하고 중생을 이익, 안락하게 할 수 있기 때문이다.

⑤ 비구니승가를 지도하는 비구승가에 대해 규제를 강화한 이유

처음에는 이부승가의 관계가 일방적인 비구 중심의 체계였다. 그런데 상황과 여건의 변화에 맞추어 비구승가에 대한 규제를 강화시킴으로써 비구니승가가 자립할 수 있도록 하고 있다.

이유가 어디에 있는 것일까? 정법을 실현하고 중생을 구제하려고 하는 부처님의 뜻을 실현하기 위해서는 비구니승가도 이상적이고 자립적인 화합승가를 이루지 않으면 안 되기 때문이다.

이러한 시대적 배경을 참고하여 보면 초기의 이부승가가 불평등한 모습으로 나타나게 된 것은 불가피한 선택이 아닌가 한다. 비록 이부승가가 처음에는 불평등한 종속관계로 나타났지만 내외적 여건의 변화에 따라 점차 자립체계를 확립해 간 것을 보면 부처님이 의도한 비구니승가의 모습이 어떤 것이었는지는 설명하지 않아도 분명히 알 수 있다.

여러 차례 언급해 왔던 바와 같이 승가 구성의 목적은 정법을 영원케 하고 중생을 이롭게 하고자 함이었다. 뜻한 바 목적을 실현하기 위한 승가는 반드시 화합승가를 이루어야 한다. 경전에서 실 예로 제시한 이상적 화합승가는 바로 고오싱가 숲의 화합승가이다. 이렇게 볼 때 결론은 단순 명료하다. 부처님이 뜻하신 바는 비구승가가 화합승가여야 하듯이 비구니승가도 화합승가여야 한다. 마찬가지로 비구승가와 비구니승가의 관계도 화합승가여야 하는 것이다.

만일 그렇게 하지 않고 불평등과 모순을 묵인하는 이부승가를 고집할 경우 부처님께서 깨달으신 진리의 정신에 어긋나고 당신이 세우신 본원에 어긋나며 중생의 바람을 어기게 된다. 그것은 결국 진리를 포기하고, 본원을 포기하고, 중생을 외면하는 것이다. 도저히 있을 수 없는 천부당만부당한 일이다.

5. 반성되어야 할 우리의 자세

　한국불교 조계종단의 현실에서 불평등 구조로 이루어진 이부승가의 문제는 뜨거운 감자이다. 현실적으로 뜨거운 감자들이 한두 가지가 아니지만 이부승가의 문제를 특별히 중요하게 생각해야 하는 이유는 무엇인가? 불교 사부대중의 중심에 승가가 자리잡고 있기 때문이다.

　역사적으로 볼 때 모든 불교의 흥망성쇠는 승가가 어떻게 운영되느냐에 따라 좌우되어 왔다. 한국불교 조계종단의 상황도 승가가 어떻게 하느냐에 따라 종단의 오늘과 내일이 결정되게 되어 있다. 불교 집안에서 승가가 차지하는 비중은 절대적이다. 구구한 설명을 하지 않아도 될 만큼 중요한 승가가 불평등 구조로 인하여 갈등과 대립이 심화되고 있으니 심각한 일이 아닐 수 없다.

　더 심각한 것은 문제를 덮어두거나 회피하려고 할 뿐 누구도 직접

나서서 해결하려고 하지 않는 점이 아닌가 한다. 불평등 구조로 인하여 뜨거운 감자가 되어 있는 이부승가 문제를 정직하게 다루자는 제안을 벌써 10여 년 전에 선우도량에서 몇 차례 했었다. 그 때마다 너무 민감한 문제인 만큼 지금은 적절한 시기가 아니기 때문에 다음에 하자는 논리에 의해 계속 미루어졌다. 그 뒤 몇몇 비구니 스님들의 문제제기가 있었지만 감정 섞인 이야기들이 오고가다 말았다. 또 얼마 전에는 여성운동에 관심 있는 불자들과 일반 언론에서 이부승가의 불평등 구조에 대한 비판적인 여론이 있었다. 하지만 단순한 여론으로만 그치고 말았다.

때를 기다린 지 십여 년 세월이 지났지만 달라진 것은 아무것도 없다. 여전히 쉬쉬하고 있을 뿐이다. 반면 사회 대중의 시선은 나날이 날카로워지고 있다. 비구니승가의 불만과 상처는 결국 전체 승가의 갈등과 대립으로 나타나고 있다. 세월과 함께 문제가 계속 악화되고 있다. 구태의연하게 적당히 회피하고 덮어두려고 할 경우 종단의 미래는 어두울 수밖에 없다. 이 문제는 뒤로 미루면 미룰수록 종단의 위상과 이미지는 계속 상처받게 되고 내용적으로는 파행과 파국만 확대될 뿐이다.

늦었다고 생각할 때가 가장 좋은 때라는 말도 있지 않은가. 이런 저런 아픔과 부작용을 각오하고 불평등 구조의 이부승가 문제를 공개적으로 다루어야 할 때가 지금이 아닌가 싶다. 구차한 핑계를 내세우며 시간을 끌어 보아도 어설픈 변명만 늘어날 뿐 해결의 실마리가 풀릴 것을 기대하기는 어렵다고 판단된다.

비록 이 문제에 대한 개인적 문제의식과 고민을 정리하는 수준이긴 하지만 부처님의 생애를 중심으로 부처님이 뜻하신 바람직한 이부승가의 모습이 어떠했는지에 대하여 그림을 그려 보았다. 여러 가지로 미흡한 부분이 한두 가지가 아니지만 부처님 생애와 이부승가에 대한 자료를 종합 정리해 보는 과정에서 이부승가에 대한 그동안의 무지를 깨달았고 나아가 새로운 이해와 인식을 갖게 되었다. 동시에 모순구조의 이부승가 문제를 해결하는 데 앞장서야 할 당사자는 바로 비구승가라고 판단되었다.

내용적으로 볼 때 이부승가의 불평등 구조로 인한 가해자는 비구승가이고 피해자는 비구니승가이다. 현재 절대적인 영향력을 갖고 있는 승가는 비구승가이다. 그렇기 때문에 비구승가의 위신과 체면을 위해서라도 적극적으로 나서서 이 문제를 풀어내는 것이 옳기도 하고 마땅하기도 하다.

이에 불평등 구조의 이부승가 문제에 대한 수행자들의 인식 태도에 대해 반성적으로 성찰해야 할 것들이 어떤 것인지 살펴보고자 한다.

첫째, 부처님의 출현 목적과 부처님의 본의에 대해 왜곡된 인식을 하고 있다.

부처님은 세상의 문제를 회피하려고 이 세상에 출현하고 출가수행한 것이 아니다. 일찍이 중생살이의 온갖 현실적 문제를 회피한 적이 없다. 언제나 무지와 집착, 시비와 다툼, 고통과 불행의 역사현실에서 깨달음과 해탈, 화해와 평화, 희망과 행복을 가꾸고자 헌신하셨다.

그런데 그동안 우리들은 부처님의 뜻한 바에 대한 왜곡된 이해에 근거하여 중생살이의 현실문제를 회피하는 것이 마치 부처님을 잘 본받는 것처럼 여겨 왔다. 이것은 한국불교의 불행이다.

둘째, 불교의 존재 이유와 출가수행의 목적에 대해 그릇되게 이해하고 있다.

불교의 존재 이유는 연기법의 사상과 정신으로 역사현실을 가꾸고자 하는 데 있다. 출가수행의 목적은 중생살이의 현실적 문제를 바람직하게 해결하고자 하는 데 있다. 한마디로 정의하자면 중생의 아픔과 슬픔을 자신의 문제로 끌어안고 살아가신 부처님처럼 살고자 함이다.

그런데 우리들은 출가수행의 목적을 잘못 인식하여 청정수행을 명분으로 세상의 온갖 불의와 사악함을 방관하고 회피하는 비겁함을 당연시해 왔다. 이것은 수행자들의 불행이다.

셋째, 승가의 형성 목적과 부처님이 뜻하신 승가상에 대하여 잘못 알고 있었다.

승가의 형성 목적은 첫째도 둘째도 부처님의 출현 목적과 불교의 존재 이유를 역사현장에 실현하고자 함이다. 부처님이 뜻하신 승가상

은 함께 모여 서로를 향상시키는 우정어린 탁마 수행과 평등한 나눔
과 소박한 기쁨과 평화로움이 피어나는 화합의 수행공동체이다.

그런데 우리들은 승가의 목적과 승가상에 대한 명분으로 오로지 절
을 지키고, 재산을 늘리고, 살림을 챙기는 등 불교 세속화에 매몰되고
있다. 이것은 승단과 수행자의 불행이다.

넷째, 수행자로서 당당하지 못하고 늘 비겁하게 살아 왔다.

평소 불의에 대해서는 눈치껏 슬슬 피하면서도 자기 이익을 위해서
는 팔을 걷어붙인다. 약자의 고통에 대해서는 모른 척하면서도 자기
권리를 위해서는 체면도 돌아보지 않는다. 누군가 문제제기를 하면
청정수행자는 세상일에 관심을 끊고 시비를 멀리해야 된다는 논리로
합리화하는 비겁함을 부끄러워할 줄 모른다. 이것은 수행자의 속스러
움이다.

다섯째, 수행자로서 정직하지 못하고 이중적이다.

계율과 종단법에 대한 진지한 관심이 없다. 계율과 법을 자신에게
적용하려는 성실함도 없다. 다만 자기 권리와 이익을 보호하거나 상
대를 공격하기 위한 논리를 필요로 할 때 계율과 종단법을 운운한다.
특히 비구니를 상대하여 비구로서의 권위와 권리의 정당성을 주장할
때 비구니 팔경법을 들고 나온다. 적용하는 기준이 그야말로 자기 편
리에 따라 이중삼중이다. 이것은 수행자의 위선이다.

여섯째, 법에 의지하고 사람에 의지하지 말며, 뜻에 의지하고 말에

의지하지 말라고 하신 부처님의 유언을 무시한다.

입만 열면 '부처님처럼, 율장대로'를 염불하면서도 부처님의 뜻과 율장에 대해 관심이 없다. 자리만 주어지면 종단화합과 중생교화를 말하면서도 부처님의 본의와 유언과는 정반대로 한다.

법은 불교의 근본 생명이고, 불교의 본뜻은 동체대비의 구현에 있다. 동체대비의 내용은 자유, 평화, 평등의 실현을 뜻한다. 따라서 동체대비의 정신에 일치하도록 실천되지 않는 한 그 어떤 것도 불교적으로 바람직한 수행이라고 할 수 없다. 이것은 불법의 불행이다.

일곱째, 부처님이 뜻하신 승가가 현재 진행형임을 제대로 이해하지 못하고 있다.

부처님이 뜻하신 승가란 승가형성의 궁극적 목적이 완성될 수 있도록 끊임없이 가꾸어 가야 하는 현재 진행형 승가이다. 내용을 더욱 완전하게 변화, 발전시켜 가는 승가만이 불교적으로 올바른 승가이며 현실적으로 바람직한 승가인 것이다.

그런데 우리들은 율장을 명분 삼아 부처님 당시에 이미 승가형성이 완결된 것처럼 집착함으로써 부처님 뜻과는 정반대인 형식주의에 빠져 시시비비하고 있다. 어느 구석에서도 불교의 사상과 정신, 불교적 이상과 가치가 역사현실에 살아 숨쉬는 승가로 변화, 발전해 가려는 지속적인 몸짓이 보이지 않는다. 이것은 승단의 무지이다.

여덟째, 수행자로서의 진정한 자존심과 부끄러움이 없다.

승가 자체의 불평등 구조로 인하여 수많은 여성들과 비구니들이 상처받고 절망하고 있다. 그로 인하여 무수한 대중들이 불교에 대하여 회의하고 실망하는 일이 확대되고 있다.

진리의 정신에 어긋나고, 부처님 뜻에도 맞지 않고, 사람들에게 도움이 전혀 되지 않는다. 그럼에도 불구하고 비구승가의 권위와 이익과 편리에 집착하여 문제를 방치하는 것은 비구로서 염치없는 일이고 수행자로서 자존심 없는 일이다. 이것은 수행자의 수치다.

아홉째, 비구의 권위를 지키는 일이 약자인 비구니 위에 군림하는 데 있지 않고 불평등 구조를 타파하기 위해 앞장서는 데 있음을 모르고 있다.

승가 자체가 비불교·반승가의 본질인 불평등 구조를 고집하고 있는 한 비록 불교승가라는 간판은 버젓할지 몰라도 그 내용은 이미 형해화되어 버린 파간의 불교유적과 다를 것이 없다. 이 문제를 회피하거나 방관하는 것은 스스로 승가이길 포기하는 것이요, 비구 수행자로서의 권위와 자존심을 버리는 비겁함이다. 이것은 비구 수행자의 어리석음이다.

열째, 승단이 '발로참회發露懺悔'와 '양어가추揚於家醜'를 혼돈함으로 인하여 계속 자정력을 잃고 혼란에 빠져들고 있음을 모르고 있다.

곰팡이는 덮으면 더욱 왕성하게 번지지만 드러내어 햇볕을 쬐면 저절로 사라진다. 마찬가지로 양어가추의 논리를 명분으로 내세워 승가

자체의 치부를 쉬쉬하면 할수록 승가의 모순과 치부는 더욱 확대, 재생산되어 간다.

승가 자체의 문제를 허심탄회하게 드러내고 토론의 탁마를 통해 문제를 다루어 가는 것은 불교만이 갖는 위대하고 아름다운 전통이다. 수행의 최대 덕목인 솔직 겸허함으로 승가 자체의 모순과 치부를 자발적으로 드러내지 않는 한, 승단의 자정력은 질식하고 말 것이다. 참으로 한국불교의 안타까움이다.

불평등 구조의 이부승가 문제를 위시하여 승가의 제반 문제를 온전히 드러내고 공론화하여 정리하고 처리하도록 하는 데 승가가 발벗고 나서야만 승단의 미래, 한국불교의 미래가 열릴 것이다.

이부승가 문제를 살펴보는 과정에서 명확하게 드러나는 바가 있다. 현실적으로 우리 모두 불교적 사유와 삶의 방식으로부터 너무 멀리 이탈해 있다. 불교적 사유방식이란 연기법의 사상과 정신으로 모순에 찬 역사현실의 문제를 해결하려는 동체대비의 역사의식이다. 상호의존의 관계성과 개성의 존귀성과 공평무사성으로 표현되는 연기법의 진리, 그 진리의 정신으로 세상을 구제하려는 대자비의 부처님 본뜻을 전제하지 않는 한 불교적 사유방식이란 애당초 성립되지 않는다. 연기법의 진리정신과 부처님 출현의 본의를 전제했을 때에만 불교의 승단과 수행과 교화 등 불교의 모든 문제에 대한 올바른 이해와 실천이 가능하다는 것은 불교의 상식이다.

엄밀히 말하면 이부승가에 대해 반성적으로 성찰하면서 제기한 문제들은 불교적 사유방식의 상식 부재로 인하여 나타난 현상들이다. 더 이상 회피하거나 쉬쉬해서는 안 된다. 곧 바로 비구승가가 발벗고 나서야 옳다.

서둘러 발로참회와 공론화의 자리를 마련해야 한다. 불교와 승단과 수행자와 역사대중의 불행을 막고 진정한 희망의 장을 여는 길은 이 길 외에 다른 길이 없다.

入滅
제10장
입멸

1. 부처님의 입멸을 공부하는 우리의 입장

절집에서 자주 강조되는 주제가 있다면 무엇을 들 수 있을까? 수행 과정에서 반드시 챙겨야 할 중요한 내용으로 제시되는 것이 있다면 어떤 것이 있을까? 물론 헤아릴 수 없이 많을 것이다. 사람 수만큼이나 다르기도 할 것이다.

그 중에서 한두 가지를 골라 보자. 아마도 '부처님처럼' 또는 '생사대사生死大事' 라는 말을 꼽을 수 있지 않을까 한다. 비록 습관적으로 이루어지는 일이라고 할지라도 '부처님처럼' 또는 '생사대사' 라는 주제는 매우 중요하다. 차근차근 정리해 보자.

첫째, '부처님처럼' 이라는 말 속에는 우리가 추구해야 할 인간상 또는 수행자상은 바로 부처님이라는 뜻이 담겨 있다.

'부처님처럼 되겠다' 라는 바람과 다짐은 모든 불교수행자들의 공통적인 염원이다. 부처님을 모범으로 삼으려고 할 경우 부처님을 온전히 아는 일부터 시작해야 한다. 부처님을 온전히 아는 일은 불교수행의 시작이면서 끝이다. 부처님을 온전하게 알기 위해서는 부처님의 삶 전체에 대한 종합적인 파악과 정리가 필요하다. 경전에서는 부처님의 일생을 팔상성도八相成道로 표현하고 있다. 탄생에서부터 열반에 이르기까지 어느 한 가지도 도道 아닌 것이 없음을 나타내고 있다.

'여래의 진실한 뜻 알아지이다'라는 불교인들의 바람은 부처님을 온전히 아는 일을 뜻한다. '부처님처럼' 이라는 말이 늘 강조되고 있는 것은 부처님의 본뜻이 역사현실에 살아 숨쉬고 있음을 의미한다. 하지만 '부처님처럼' 이라는 말이 습관에 젖어 잠든 언어, 죽은 언어가 되어 있음을 직시해야 할 필요가 있다. 동시에 '부처님처럼' 이라는 말이 살아 있는 언어가 되도록 하는 데 깊은 관심을 기울여야 한다. '부처님처럼' 이라는 말에 생명을 불어넣는 것은 부처님을 온전히 알아갈 때 가능하다. 부처님을 온전히 알기 위해 부처님 입멸을 공부하는 것은 부처님의 성도를 아는 것과 같은 의미를 갖는다.

그럼에도 불구하고 우리들은 부처님 입멸의 위대함만 강조해 왔을 뿐, 부처님 입멸에 대해 정밀하게 살피려는 노력을 소홀히 해 왔다. 부처님을 온전히 알지 못하고도 바람직한 수행이 가능하다고 여기는 것은 나무에 올라 고기를 잡으려고 하는 것만큼이나 어리석다. 부처님을 온전히 아는 일은 불교수행을 바람직하게 하기 위해 반드시 필요하며 부처님을 온전히 알기 위해 부처님의 입멸을 공부하는 것은 매우 중요하다.

둘째, '생사대사' 라는 말 속에는 우리가 실현해야 할 불교수행의 가치가 잘 나타나 있다.

일반적으로 생사라고 표현하고 있지만 절집의 정서를 들여다보면 오로지 죽음의 문제에 시선이 집중되어 있다. 심지어는 수행자의 수행 정도를 어떻게 죽느냐로 가늠하려는 경향이었다. 앉아 죽고, 서서 죽는 것을 수행의 목표처럼 여기는 경우도 있다.

이 글을 쓰고 있는 나 자신도 어머님의 위독을 계기로 죽음의 문제에 눈뜨게 되었다. 그 길로 존재 이유와 가치에 대한 문제의식과 씨름하며 오늘에 이르렀다. 정확히 기억나지는 않지만 어디에선가 '인간 최대의 불안과 공포는 죽음이다' 라는 말을 본 적이 있다. 문제의 본질을 정확하게 꿰뚫어 본 적절한 표현이다.

> 홍안의 젊은이가 흰 수염 바라보며 수심에 잠겨 있네.
> 지금은 동산에 노닐지만 언제 북망산 지키게 될꼬.
> 인생의 덧없음 차마 말하기 조심스럽네.
> 백발 노인의 마음 갈기갈기 찢길 터인데.

『한산시』

죽음의 문제에 대한 인간적 고뇌는 예나 지금이나 다름이 없다.

세월은 물처럼 흐르고 사람의 목숨은 반드시 죽음 있도다. 그 누구도 죽음의 법 피할 길 없고 언제 죽음의 신 덮쳐 올지 예측할 수 없는데 동산에 나아가 유람하는 일이 무슨 의미가 있겠는가? 수레를 돌려 궁중으로 돌아가자. 나는 죽음의 문제에 대하여 생각해 보아야 하겠다.

『불본행집경』

싯다르타가 세속의 길을 마다하고 출가수행의 길을 찾아 나선 것도 죽음의 문제에서 비롯되고 있다. 죽음의 문제가 가슴에 물결치는 순간 싯다르타의 눈에 비치는 인간의 삶은 생명이 시들어 버린 회색빛이었다.

삶의 허무 앞에서 회의와 고뇌를 안고 불안해하는 싯다르타의 모습이 매우 사실적이다. 죽음의 문제를 짊어지고 있는 한 삶의 희망과 가치를 논하는 것 자체가 허무하다고 여겼다.

마치 불로초不老草를 구하려던 진시황의 이야기처럼 죽음을 극복하려는 인간의 몸부림은 실로 눈물겹다. 어쩌면 죽음을 넘어서려는 몸짓으로 이루어진 것이 인간의 역사라고 해도 틀리지 않다. 같은 관점으로 생각할 때 절집에서 '생사대사' 라는 주제를 붙잡고 있는 것은 훌륭한 일이다. 불교의 중심 가치가 오늘의 역사현장에 살아 숨쉬고 있음을 보여주는 좋은 예이다.

그렇지만 오늘을 살고 있는 대부분의 우리들은 본능적으로 죽음을 두려워할 뿐이다. 자신의 전 존재를 바쳐 그 정체를 정확하게 파악하고 극복하려고 하지 않는다. 맹목적으로 죽음을 회피하려고만 한다. 정면으로 마주 서서 해결하려는 치열함이 보이지 않는다. 간혹 죽음의 문제를 붙잡고 씨름하는 경우가 있기는 하다. 하지만 십중팔구는 매우 왜곡된 관념과 방법에 매달려 헛고생을 하는 경향이다.

우리들이 이처럼 무기력한 모습을 보이게 되는 데는 이유가 있다. 문제의 본질을 정확하게 직시하고 그에 대한 올바른 방향과 관점을 확립하지 못한 결과이다. 삶에 대한 불성실함과 용기 없음 때문이기도 하다. 언제 어디서나 직접적으로 문제와 당당하게 마주 서는 정직함과 현명함이 요구된다.

진정 죽음이란 무엇인가? 우리의 관념대로 죽음은 실재하는 것인가? 죽음이란 참으로 두렵고 고통스러운 존재인가? 인간 싯다르타가 출가 이전에 고민했던 죽음과 부처가 된 후 몸소 맞이하는 죽음은 어떻게 같고 다른가?

우리는 흔히 '죽은 자는 말이 없다'라고 한다. 여전히 죽음은 비밀로 남겨져 있다. 현실적으로 밤과 낮이 분리, 독립되어 있지 않듯이 삶과 죽음도 역시 분리되어 있지 않다. 그물의 그물코처럼 삶의 그물코에는 반드시 죽음의 그물코가 함께 하고 있다. 죽음의 그물코를 떠난 삶의 그물코는 성립될 수도 없고 존재하지도 않는다. 삶의 문제를 이해하는 데 죽음의 문제는 매우 중요하다. 죽음을 모르는 한 삶에 대한 어떤 지식도 반쪽 지식일 수밖에 없다.

삶을 제대로 알기 위해서는 죽음을 알아야 한다. 삶의 문제를 제대로 다루기 위해서는 죽음의 문제를 먼저 다루어야 한다. 죽음을 모르고도 죽음을 극복할 수 있는 길은 그 어디에도 있지 않다. 결코 적당히 짐작해서 되는 일이 아님을 분명하게 인식해야 한다. 인생을 모르면서 인생을 제대로 살 수 있는 것처럼 여기는 것은 허망하기 그지없는 어리석음이다. 죽음을 모르면서 인생을 잘 아는 것처럼 생각하는 것은 철없음이다.

우리가 부처님의 입멸에 대해 공부하는 것은 부처님을 온전히 알고 부처님처럼 살고자 함이다. 아울러 죽음을 알고 이해하려는 것은 삶을 제대로 다루고자 함이며, 죽음의 문제를 해결하고자 함이다. 부처님의 입멸을 공부해야 하는 까닭이 바로 여기에 있다.

살펴본 바와 같이 부처님의 입멸을 공부하는 것은 부처님을 온전히 알기 위해서이다. 부처님을 온전히 아는 일은 수행의 첫걸음이라는 확신이 있다. 한 걸음 더 나아가 최고의 불안과 공포인 죽음의 문제를 깊이 이해함으로써 삶에 대한 바른 안목을 갖고 삶을 바람직하게 가꾸어 가고자 하는 뜻 깊은 일이다.

이에 『불본행집경』과 『대반열반경』을 중심으로 부처님의 입멸 또
는 죽음의 문제를 살펴보고자 한다.

2. 싯다르타가 고뇌했던 죽음과 부처님의 입멸

　부처님의 탄생을 장엄한 일출이라고 한다면 부처님의 입멸은 아름다운 일몰이다.

　부처님의 아름다운 입멸과정을 사실적으로 기술한 대표적인 경전을 꼽는다면 대부분 팔리어 『대반열반경』을 든다. 지금까지 우리들에게 많이 읽혀지지는 않았지만 초기경전으로 평가되고 있는 팔리어 『대반열반경』을 번역한 분의 견해를 들어 보자.

　고타마 붓다는 만년(80세)에 이르러 스스로 사바의 인연이 다 되었음(죽음이 임박)을 알고… '마지막' 여로에 나섰다. … 영축산을 출발하여 코티 마을, 나다카 마을, 상업도시인 베살리, 그리고 마지막 입멸의 땅 쿠시나가라에 도착하여 평온하게 입멸하기까

지… 석존의 모습을 가장 생생하고 자세하게 전하고 있는 경전이
바로 팔리어로 된 『대반열반경』이다.

『대반열반경』

이에 부처님의 일생을 살펴보면서 죽음과 입멸의 문제를 정리하고
자 한다.

미혹의 관점에서 본 죽음

"오! 나의 하느님, 나의 하느님. 어찌하여 나를 버리시나이까." 죽
음 앞에서 온몸으로 토해낸 예수 그리스도의 처절한 절규이다. 기독
교적 의미를 접어 놓고 보면 죽음 앞에서 공포에 떨고 있는 한 인간의
모습이 너무나 사실적이다. '왜 나를 버리시나이까' 라는 외마디 부르
짖음 자체가 죽음이 무엇인지에 대하여 잘 웅변하고 있다.

나를 삼키려는 죽음의 용을 피할 수 없다는 엄연한 사실의 진
리를 인식하면서도 삶의 나뭇가지에 매달려 바둥거리는 격이 아
닐까.… 나는 분명 눈앞에 있는 죽음의 용을 보고 있다. 때문에
달콤한 꿀(사랑, 명예, 재산 등)은 나에게 이미 꿀이 아니다.… 죽음

의 용에 대한 공포를 잊으려고 애써 쌓아올려 온 삶의 기쁨〔사랑, 명예, 재산 등〕이라는 것들이 허무하기 그지없는 것으로써 이미 자신을 기만할 수 없게 되었다. … 나로 하여금 오랫동안 엄연한 진리〔필연적 죽음〕에 대하여 눈멀게 했던 두 방울의 꿀〔가족과 예술에 대한 사랑〕마저도 감미로운 것이 못된다. 어느 순간에 죽음의 귀신이 다가오면 가족, 사랑, 예술 따위의 달콤한 꿀들이 일시에 허무하게 절멸한다는 사실이 엄연히 존재함에도 불구하고 마치 그것만이 인생의 영원한 가치인 것처럼 매달려 왔다.… 죽음의 용과 내 생명의 밧줄을 갉아 먹는 허무의 쥐를 보는 순간 그 어떠한 꿀의 달콤함도 나에게는 감미로울 수 없게 되었다.… 모든 것을 허무하고 무의미하게 만들어 버리는 죽음이라는 암흑의 공포는 너무도 절대적인 절박함이다.

『톨스토이 인생 일기』

톨스토이는 가족과 예술에 대한 뜨거운 사랑과 열정으로 살았다. 어느 날 열정을 바쳐 쌓아올린 모든 것들을 허무하게 만들어 버리는 죽음의 문제에 직면하게 되었다. 순간 어찌할 바를 모르고 불안과 공포에 떨게 된 자신의 심정과 모습을 솔직, 겸허하게 보여주고 있다.

"태자시여, 사람은 누구나 죽게 되어 있습니다. 사람이 죽으면 일생 동안 애지중지해 온 모든 것을 상실할 뿐만 아니라 사랑하는 부모, 형제, 처자, 이웃, 친구들과도 영원히 이별하게 됩니다.”

“아! 태어난 자는 모두 죽게 되는구나. 나도 마침내 죽어야 되는구나. 어느 순간 죽음의 귀신이 덮쳐올 지 알 수 없으니 두렵고 두려운 일이로다.

부모형제들이 나를 사랑하듯이 나도 배나 더 그들을 사랑한다. 다만 두렵고 두려운 죽음의 공포와 고통으로부터 벗어나는 길을 찾고자 출가하려는 것이다.

차라리 칼로 살을 도려내고 큰 불무더기에 들어가며, 스스로 목을 찔러 죽는 한이 있을지라도 생사를 벗어나는 길을 찾지 못하는 한 결코 집으로 돌아가지 않을 것이다.”

「불본행집경」

죽음이 무엇이기에 저토록 두려워하는 것일까? 얼마나 절실하고 절박하면 저토록 불안해하는 것일까? 도대체 죽음이 무엇이기에 목숨을 바치는 한이 있을지라도 죽음을 해결하지 않으면 안 된다고 여기는 것일까?

싯다르타는 죽음의 문제를 해결하지 못하는 한 어떤 삶도 허무할 뿐이라는 생각을 하고 있다. 죽음의 공포와 고통으로부터 벗어나는 길을 찾지 못하는 한 인생의 그 무엇도 무의미할 뿐이라고 여기고 있는 것이다.

나고 늙고 병들고 죽는 법이 엄연함에도 불구하고 즐거운 마음이 생긴다면 그것은 새, 짐승과 다를 것이 없다.

『불본행집경』

싯다르타는 죽음의 귀신이 눈앞에 덮쳐오고 있는데도 인생이 즐겁다고 시시덕거리는 것은 새, 짐승과 다를 것이 없다는 극단적 표현을 쓰고 있다. 인생 일대에 반드시 해결하지 않으면 안 되는 최대의 문제가 바로 죽음임을 분명히 하고 있다.

매우 단편적이지만 그리스도와 톨스토이와 싯다르타의 경우를 살펴보았다. 물론 죽음에 대한 견해와 태도는 사람마다 다르고 사람 수만큼이나 다양하다. 천차만별의 사람들이 갖고 있는 죽음에 대한 견해와 태도를 나열한다면 어떤 표현들이 가능할까? 아마도 두렵다, 알수 없다, 허무하다, 단절이다, 소멸이다, 상실이다, 암흑이다, 파멸이다, 종말이다, 고통이다, 비극이다, 어쩔 수 없다 등의 범주를 크게 벗어나지 않을 것이다.

이처럼 사람마다 다르고 사람 수만큼 다양하고 표현도 각양각색이지만 앞뒤를 종합해 보면 죽음에 대한 반응들이 시대와 지역과 사람의 차이를 넘어 거의 공통적이다.

무리가 따르겠지만 죽음에 대한 일반적인 이해의 관점을 정리해 보자. 명료하게 하기 위해 정리해 보면 죽음은 '죽음의 실상에 대한 왜곡과 무지의 선입견과 관념으로 인한 불안과 공포의 존재'라고 할 수 있을 것이다.

불교의 관점에서 본 죽음

경전 여기저기에 '여실지자如實知者'라는 말들이 사용되고 있다. 부처님의 덕을 나타내는 표현들이다. '현재의 실상을 있는 그대로 잘 알아보는 지혜를 지닌 사람'이라는 뜻이다.

여실지자인 부처님은 여실지견만을 가르치신다. 현재의 실상을 잘 알아보아야만 삶의 문제를 올바르게 해결할 수 있다는 의미이다. 아마도 부처님 가르침의 핵심을 한 마디로 요약한다면 여실지견이라고 할 수 있을 것이다. 부처님은 여실지견만이 참다운 길임을 강조하기 위해 스스로를 여어자如語者, 실어자實語者, 불이어자不異語者, 불망어자不妄語者라고 엄숙히 선언하고 있다.

사실 부처님이 천 갈래 만 갈래의 길을 제시하는 것처럼 보이지만 본질적으로 보면 여실지견이라는 한 길로 통일되어 있다. 『반야심경』의 '조견오온개공 도일체고액照見五蘊皆空 度一切苦厄'이라는 내용이 좋은 예이다. 이해를 돕기 위해 그 의미를 쉽게 풀어 보자. '현재의 실상이 모두 비어 있음(五蘊皆空)을 꿰뚫어 보면(照見) 일체의 고난, 액난으로부터 저절로 해탈한다(度一切苦厄).' 아무것도 더 필요하지 않다. 그어떤 행위와 역할도 요구되지 않는다. 다만 현재의 실상을 여실하게 지견할 뿐이다. 여실지견만이 문제를 근원적으로 해결하는 참다운 길이다. 길은 이 길 한 길뿐이다. 마음써야 할 것은 여실하게 지견할 수 있는 여건을 형성하는 일이다. 한 마디로 '현재의 실상을 있는 사실대로 꿰뚫어 보는 즉시 문제로부터 저절로 자유롭게 된다'는 입장이다. 불교의 기본 관점은 시종일관 여실지견으로 귀착된다.

이쯤에서 불교는 죽음의 문제를 어떻게 바라보고 있는지 경전내용을 한두 가지 살펴보자.

청년도, 장년도, 어리석은 자도, 지혜로운 자도 모두 죽음 앞에 굴복한다. 모든 사람은 반드시 죽는다.

보라! 친척들이 애타는 마음으로 지켜보지만 사람은 도살장에 끌려가는 소처럼 한 사람씩 한 사람씩 사라져 간다.

『숫타니파타』

형성되어진 것은 모두 끊임없이 변화한다. 이것은 나타나고 사라지는 영원한 진리이다.

　일단 죽음은 피하거나 거부할 수 없는 필연적 사건으로 인식하고 있다. '태어난 자는 반드시 죽는다' 는 사실을 있는 그대로 받아들이고 있다. 그 누구도 예외일 수 없다. 하지만 죽음을 받아들이는 불교의 기본 관점을 인정한다 하더라도 '죽음이 무엇인가' 하는 문제는 여전히 문제로 남아 있다.

> 나고 죽는 관계를 알고자 하는가.
>
> 물과 얼음의 비유로 설명하리라.
>
> 물이 얼면 그대로 얼음을 이루고
>
> 얼음이 녹으면 도리어 물이 된다.
>
> 이미 죽었으면 반드시 태어날 것이요,
>
> 이미 태어났으면 도리어 다시 죽으리니
>
> 물과 얼음 서로 해치지 않는 것처럼
>
> 태어남과 죽음 모두가 아름다워라.

「한산시」

　죽음을 바라보는 불교의 관점이 잘 나타나 있다. 시에서 말하고 있는 바와 같이 본래 태어남과 죽음은 분리되어 있지 않다.

　죽음 없는 태어남도, 태어남 없는 죽음도 찾아볼 수 없다. 현실로 나타나는 그 어떤 현상도 총체적 관계, 즉 시절인연이 무르익어 나타난 존재 아닌 것이 없다.

태어날 만한 시절인연이 무르익으면 태어남으로 드러난다. 죽음으로 나타날 조건이 형성되면 죽음으로 나타난다. 시작도 끝도 없이 총체적 관계의 작용, 즉 시절인연이 성숙됨에 따라 생사의 파도현상이 펼쳐지는 것이다.

형성되어지는 조건에 따라 물이 얼음으로 바뀌고, 얼음이 물로 바뀐다. 시절인연의 성숙 여하에 따라 태어남이 죽음으로 바뀌고 죽음이 태어남으로 흘러가는 것이다. 다만 한 가지 '생사가 모두 아름답다' 는 시구의 의미는 생사라는 현재의 실상을 여실하게 지견했을 때의 일임을 놓치지 않아야 한다.

태어남은 어느 곳으로부터 찾아왔으며
죽음은 어느 곳을 향하여 떠나가는가.
태어남이여, 한 조각구름이 나타남이요
죽음이여, 한 조각구름이 사라짐이로다.
뜬구름 자체는 본래 실체가 없나니
태어남과 죽음의 오고 감도 또한 그러하네.

조건 따라 구름이 나타나고 사라진다. 태어남과 죽음도 인연 따라 오고 가는 것임을 말하고 있다. 태어나고 죽음이 시작과 끝남으로 실재하는 것이 아니다. 조건 따라 끊임없이 전개되는 생명활동 현상인 것이다.

모든 존재는 인연 따라 태어나고 모든 존재는 인연 따라 사라진다. 불자가 그 이치 따라 실행하면 오는 세상에는 반드시 부처를 이루리라.

잘 알고 있듯이 부처님이 깨달은 법을 연기법이라고 한다. 부처님 가르침의 핵심인 연기법의 논리로 보면 이 세상 그 무엇도 연기의 존재 아닌 것이 없다. 태어남과 죽음도 겹겹으로 무궁무진하게 관계 맺어진 인연에 따라 이루어지는 생명의 활동상태이다. 불교에서는 불생불멸, 즉 태어남과 죽음이 본래 있지 않다고 한다. 일반적인 관념대로 태어나면서 시작되고 죽으면서 끝나는 그런 실체는 애당초부터 있지 않았다고 한다.

현실의 삶을 정밀하게 관찰해 보자. 삶이란 매순간 태어남과 죽음이 조건 따라 동시에 이루어지고 있는 활동상태 이상도 이하도 아니다. 마치 밤과 낮이 언제나 함께 맞물려 오고 가듯이 태어남과 죽음도 동전의 양면처럼 늘 함께 하고 있는 것이다.

불교에서의 죽음에 대한 논의는 결코 죽음의 문제 자체로 한

정되어 있는 경우가 없다. 그에 대한 논의는 항상 보다 더 보편적인 진실의 세계를 밝히는 한 부분으로 이루어져 있다.

「죽음이란 무엇인가?」

같은 맥락으로 볼 때 태어남의 상태 자체가 총체적 관계의 현상이므로 거기에는 반드시 죽음의 상태가 함께 하고 있다. 마찬가지로 죽음의 상태 자체도 시절인연의 성숙됨에 의하여 나타나는 현상이므로 거기에는 반드시 태어남의 상태가 함께 하고 있는 것이다.

지금까지의 살펴본 바에 의하면 불교의 관점에서 바라본 죽음과 일반적 관점에서 바라본 죽음은 확연하게 다르다. 일반적 관념, 즉 전도된 사고방식으로 보면 태어남이 따로 있고 죽음 따로 있다. 태어남은 시작이고, 죽음은 끝이다. 태어남은 기쁨이고, 죽음은 슬픔이다. 태어남은 소득이고, 죽음은 상실이다. 태어남은 성취이고, 죽음은 파멸이며 불안이요, 공포요, 고통이다.

반면 불교적 관점, 즉 연기법의 논리로 보면 태어남과 죽음은 형성된 조건에 따라 이루어지는 생명의 활동상태로 동전의 양면과 같다. 서로 분리되고 단절된 태어남과 죽음은 존재하지 않는다. 태어남과 죽음이란 인연 따라 끊임없이 변화하며 전개되는 생명활동의 두 모습이다.

죽음은 삶의 끝이 아니라 또다른 시작이다. 죽음은 상실이 아니라 새로운 전환점이다. 죽음은 모든 가능성의 소멸이 아니라 비약적인 자기향상을 위한 발판이다. 죽음은 구태의연하고 낡은 모든 것들을 청산하고 새로운 변화를 위한 출발이다.

죽음의 실상을 여실히 통찰하면 끊임없는 생명활동이 있을 뿐 종말로서의 죽음이란 본래 있지 않다. 바람이라는 조건에 따라 구름이 나타나고 사라지듯이 인연 따라 태어남 또는 죽음으로 나타난다.

실체로서의 죽음은 그 어디에도 존재하지 않는다. 태어남이 없는 죽음은 본래 있지 않았다. 죽음이란 인연 따라 이루어지는 생명의 활동현상이다. 회피하거나 두려워해야 할 대상이 아니다. 생명활동의 한 현상으로 받아들이고 나아가 새로운 태어남과 성장의 계기가 되도록 잘 가꾸어야 할 대상인 것이다.

부처님의 입멸과 그 의미

인간 싯다르타는 인생의 존재 이유와 가치에 대한 원초적 회의 때문에 밤잠을 설치곤 했다. 인생의 모든 것을 허무하게 만들어 버리는 죽음 앞에서 어찌할 바를 몰라 불안, 초조해하는 나약하기 그지없는 한 인간이었다. 길을 찾지 못해 고뇌하던 싯다르타가 어느 순간 본래 있었던 옛 길을 찾아냄으로써 끝없는 윤회와 고통의 방황에 종지부를 찍었다. 생사 해탈자, 즉 붓다가 된 것이다.

이제 우리와 다를 바 없는 평범한 인간 싯다르타로 하여금 깨달은 자를 뜻하는 '붓다'가 되게 한 그 길이 어떤 길인지 공부해야 할 차례이다.

> 고요히 명상〔선정〕에 잠긴 수행자에게
>
> 진실의 법칙〔연기법〕이 드러났다.
>
> 그 순간 모든 의혹이 사라졌으니
>
> 괴로움의 발생과 소멸의 원인을 알아낸 까닭이다.
>
> 『마하박가』

> 고요히 명상에 잠긴 수행자에게
>
> 진실의 법칙〔연기법〕이 드러났다.
>
> 태양이 어두움 몰아내듯이
>
> 악마의 암흑을 마침내 쳐부수었다.
>
> 『자설경』

깨달음을 이룬 세존이 자신이 깨달은 내용을 사유, 음미하고 정리하여 읊은 시구이다. 존재의 실상인 연기법을 깨달은 순간 존재에 대한 모든 의혹이 사라지고 고통의 악마로부터 해탈했음을 설파하고 있다.

인간 싯다르타로 하여금 완성자인 붓다가 되게 하는 내용은 그 무엇도 아닌 지금 여기에서 존재의 진실을 여실하게 통찰하는 일이다.
불안과 공포에 떨고 있는 한 인간으로 하여금 유유자적하는 대자유인
으로 태어나게 하는 길은 직면한 현재의 실상을 여실하게 지견하는
데 있다. 존재의 진실에 눈뜨는 순간 삶을 덮고 있던 어두움이 일시에
사라졌다. 천근 만근 되는 고통의 짐을 훌훌 벗어버리는 큰 길이 활짝
열렸다.

부처님의 입멸

아난다여, 여래는 스스로 작정만 한다면… 1겁 혹은 1겁 이상
도 더 이 세상에 머물 수 있다오.

『대반열반경』

입멸의 때가 가까워 올 무렵 부처님이 아난다에게 하신 말씀이다.
마음만 먹으면 수명을 연장할 수 있다는 말씀을 세 차례나 하고 있다.
그런데도 아난다가 세존께 오래오래 머물러 계시기를 간청하지 않았
다. 그 때 바로 이어서 마왕 파순이 세존이 계신 곳에 나타나 '때가 되
었다' 며 열반에 들 것을 권유한다.

"세존이시여, 열반에 드시옵소서.… 열반에 드셔야 할 때가 온

것입니다.… 예전에 세존께서 앞으로 '나에게 비구제자가 나오고, 비구니제자가 나오고, 남성 재가제자가 나오고, 여성 재가제자가 나오고, 그들이 가르침을 받들어 지니고 가르침대로 행동하며… 다른 사람에게 설명하고 이해시키며… 또 외도의 삿된 설이 나타날 때는 그 삿된 설을 진리로 제지할 수가 있고,… 나의 범행梵行이… 온 세상에 번성하여 널리 이해되고, 실행되는 상태가 될 때까지는 결코 열반에 들지 않는다' 고 하셨습니다. 그런데 지금 이러한 바람이 모두 성취되었습니다.…그러므로 열반에 드실 때가 온 것이옵니다."… "악마여, 여래는 머지않아 열반에 들 것이니라. 지금으로부터 3개월 후에 여래는 열반에 들 것이니라. "

『불본행집경』

악마의 간청을 받아들여 입멸을 결심하는 형식으로 되어 있다. 내용을 보면 당신이 해야 할 일을 다 하고 떠나야 할 때가 되었기 때문에 입멸을 결심하고 있다. 입멸을 결심한 다음 그 결심을 구체적으로 실행하는 장면으로 이어지고 있다.

세존께서는 차팔리 영지에서 유수행[생명을 연장하는 행위]을 중지하셨다.… 그 때 대지의 진동이 일어났다.… "세존이시여, 참으로 희유한 일이옵니다. 어떤 원인이 있기에 이런 큰 진동이 일

어나는 것입니까?” … “아난다여, … 마지막으로 여래께서 남김
없이 완전한 안락함의 세계(무여열반)에 드실 때 대지는 크게 진
동한다.… 아난다여, 나는 악마에게 3개월 후에 열반에 든다고
말했단다.”

『불본행집경』

대지의 진동이 일어나는 이유 일곱 가지를 설명한 다음 입멸한다는
말씀을 하고 있다. 입멸의 말씀을 들은 아난다가 황망하게 세상을 떠
나시면 안 된다고 간곡히 간청을 한다.

“세존이시여, 부디 입멸하시는 것을 그만두소서. 1겁 동안이라
도 이 세상에 더 머무소서. 많은 사람들의 안락을 위해… 신과 인
간들의 복락을 위해…”“아난다여, 만약 네가 그 때 나에게 지금
처럼 간청했더라면 여래는 두 번까지는 거절했더라도 세 번째는
너의 청을 수용했을 것이니라.… 아난다여, 이제는 너의 청을 받
아들일 수 없느니라.”

『대반열반경』

부처님께서 입멸을 결심하는 과정을 간추려 보았다. 입멸을 결심했
다는 말을 듣고 아난다가 간곡히 만류하지만 부처님은 단호하게 거절

하고 있다. 그리고 비구들에게도 3개월 후에 입멸에 들겠다고 공개적으로 말씀하신다.

"비구들이여, 만들어진 것〔有爲法〕은 결국 소멸해 간다. 그대들은 게으르지 말고 정진하여 수행을 완성하라. 여래는… 3개월 후 열반에 들 것이니라.… 아난다여, 여래가 베살리 마을을 보는 것도 이것이 마지막이 될 것이니라. 자, 아난다여. 이제 반다 마을로 가도록 하자… 자, 우리들은 핫티 마을로 가자." … 춘다로부터 공양을 받은 세존께 심한 병이 엄습하였다. 피가 섞인 설사와 계속되는 고통으로 죽음이 오고 있음을 느끼셨다.… "자, 아난다여. 지금부터 쿠시나가라로 가자.… 가사를 네 겹으로 깔아라. 피곤하니 조금 쉬고 싶다.… 물을 길어다 주지 않겠는가. 나는 몹시 목이 말라 물을 마셔야만 하겠느니라." … "세존이시여, 참으로 희유한 일이옵니다. 여래의 피부색이 청정하게 빛나고 있습니다." … "아난다여, 위없는 깨달음을 얻어 부처될 때와 완전한 열반에 들 때 여래의 피부색이 빛나게 되느니라.… 오늘 밤 쿠시나가라 근교… 사라나무 숲 속에서 열반에 들 것이니라.… 아난다여, 춘다에게 다음과 같은 비난이 있을지도 모른다.… '여래께서는 춘다가 올린 공양을 마지막으로 입멸하였다' 고… 아난다여, 춘다를 잘 위로하라.… '그대 춘다여, 조금도 후회할 것 없소. 나

에게 음식을 시여함에 큰 공덕을 가져오는 것에 두 가지가 있나
니, 하나는 깨달음을 얻어 부처될 때이고, 또 다른 하나는 부여열
반에 들 때이니라.… 춘다 존자, 당신은 선업을 쌓은 것이오. 이
어찌 훌륭한 일이 아니겠소’ 라고. 아난다여, 춘다에 대한 비난이
있을 때 이렇게 말하여 춘다를 변호하고 위로하여라.”

『대반열반경』

부처님은 춘다의 공양을 받은 다음 심한 설사병을 앓으셨다. 이 일
로 춘다 스스로 죄책감에 빠지거나 대중들로부터 비난받는 일이 생길
까 염려하시면서 그에 대한 대책을 당부하고 있다.

"자, 아난다여! 사라나무 사이에 머리가 북쪽으로 향하도록 침
상을 준비하여라. 나는 피로함으로 누워서 쉬고 싶다.… 아난다
여, 너는 나의 입멸을 한탄하거나 슬퍼해서는 안 되느니라.… 항
상 말하지 않았더냐. 태어나고… 무너져 가는 것에 대하여 아무
리 무너지지 말라고 만류해도 그것은 순리에 맞지 않는 것이니
라. 아난다여, 이제부터 쿠시나가라의 사람들에게 알려라. ‘오늘
밤에 여래께서는 열반에 드신다네.… 여래를 뵙지 못하였다고 후
회하는 일이 없도록 지금 여래를 만나도록 하자’ 라고.… 아난다
여, 스밧다를 가로막지 마라. 스밧다가 나에게 묻고자 하는 것은

깨달음을 얻으려는 것이지 나를 번거롭게 하려는 것이 아닐 것이
니라.… 아난다여, 내가 입멸한 후에는 내가 지금까지 너희들에
게 설해 왔던 법과 율, 이것이 너희들의 스승이 될 것이니라. 비
구들이여, 의혹이 있으면 무엇이든 물어라.… 뒤에 후회하는 일
이 없도록 하라.… 그럼 비구들이여, 이제(마지막으로) 너희들에게
알리노라. 만들어진 것은 모두 변해 가느니라. 게으름 피우지 말
고 열심히 정진하여 너희들의 수행을 완성하라.”… 이것이 여래
께서 이 세상에 남기신 최후의 말씀이셨다.… 이 말씀을 남기시
고 세존께서는 열반에 드셨다. … 아누룻다 존자는 슬퍼하는 비
구들에게 말했다.… “그만두시오, 여러분. 슬퍼하지 마시오. 세
존께서 항상 말씀하지 않았습니까? ‘이 세상의 모든 것은 태어나
고 무너져 가는 것, 아무리 무너지지 말라고 해도 그것은 순리에
맞지 않는 것이라’ 고. 여러분, 세존의 육신도 예외일 수 없는 것
입니다.”

『대반열반경』

스스로 죽을 때가 되었음을 알고 스스로 죽음을 맞이하는 부처님의
모습은 시종일관 평화롭고 여유롭다. 직면한 죽음에 대하여 불안해하
는 기색을 어디에서도 찾아볼 수 없다. 오히려 살아 있는 제자들과 세
상 사람들에게 타이르고 위로하며 나아갈 길을 자상하게 가르치고 있

다. 마치 여행을 떠나는 어머니가 집에 남아 있는 아들, 딸들에게 이것 저것 주의를 주는 모습이다. 할 일을 다 하고 때가 되었다고 판단하여 스스로 기꺼이 죽음을 맞이하는 부처님의 모습은 매우 감동적이다.

붓다로 하여금 인간 최대의 불안과 공포인 죽음을 평화롭게 맞이 할 수 있도록 하는 그 힘이 무엇일까? 그 의미를 더듬어 보는 것이 좋 겠다.

부처님 입멸의 의미

생을 밝히고 죽음을 밝히는 것이 불가의 일대사인연이니라.

『정법안장』

사람이 비록 백년을 산다 해도 생사를 밝혀내지 못하면 하루 를 살면서 생사의 도리를 해명함만 같지 못하다.

『법구경』

경전과 어록 내용을 현실적이고도 일반적인 논리로 바꾸어 정리하 면 어떻게 될까?

'존재 이유를 밝히지 못한 채 살아가는 것은 끝없는 허무요, 고통이 다. 존재 이유를 밝히고 그 가치를 실현하는 삶만이 진정 인간적이고

도 행복한 삶이다.'

아마 대체적으로 이런 내용이 되지 않을까 한다. 엄밀하게 볼 때 인생의 존재 이유를 묻지 않는 삶은 본능에 의지한 맹목적인 삶이 되고 만다.

존재 가치를 실현하려는 문제의식이 없는 삶은 천박하고 불행한 삶이 될 수밖에 없다. 우리 모두의 영원한 바람인 대자유·대평화의 삶을 기대할 수가 없다. 인간적 소망인 행복을 꿈 꾸는 것 자체가 부질없는 일이 되고 만다. 경전과 어록에서 한결같이 생사문제를 중심 주제로 삼는 것은 인생문제의 핵심이 무엇인지 정확하게 짚고 있음을 뜻한다.

역사적으로 볼 때 부처님은 인생의 근원적 문제인 생사문제를 온몸으로 끌어안고 살아간 대표적 인물이다. 생사문제를 완전하게 해결한 자의 삶과 죽음이 어떤 모습인지를 역사현장에서 모범을 보여주신 분이 부처님이다. 그리고 현실적으로도 올바르고 바람직한 수행을 위해 부처님을 아는 일은 대단히 중요하며, 부처님을 제대로 알기 위해 부처님 입멸의 의미를 살펴보는 것은 반드시 필요하다.

성급한 감이 없지 않지만 논리를 쉽게 전개하기 위해 결론을 먼저 말하는 것이 효과적이겠다. 한 마디로 앞에서 다루었던 '불교의 관점에서 바라본 죽음'과 '부처님의 입멸'이 털끝만큼의 어긋남도 없이 일치하고 있다.

　지금 내린 결론에 맞는 논리를 위해 '불교의 관점에서 본 죽음' 에서 인용했던 내용 중 몇 가지를 다시 인용할까 한다.

　형성되어진 것은 모두 끊임없이 변화한다. 이것은 나타나고
사라지는 영원한 진리이다.

　나고 죽는 관계를 알고자 하는가.
물과 얼음의 비유로 설명하리라.
물이 얼면 그대로 얼음을 이루고
얼음이 녹으면 도리어 물이 된다. …
물과 얼음이 서로 해치지 않는 것처럼
태어남과 죽음 모두가 아름다워라.

　태어남이여, 한 조각구름이 나타남이요
죽음이여, 한 조각구름이 사라짐이로다. …
태어남과 죽음의 오고 감도 또한 그러하네.

　모든 존재는 인연 따라 태어나고 인연 따라 사라진다.

　고요히 명상(선정)에 잠긴 수행자에게 진실의 법칙(연기법)이

드러났다. 그 순간 모든 의혹이 사라졌으니 괴로움의 발생과 소
멸의 원인을 알아낸 까닭이다.… 태양이 어두움 몰아내듯이 악마
의 암흑을 마침내 쳐부수었다.

'불교의 관점에서 본 죽음'에서 인용한 내용과 부처님의 입멸의 모
습을 연결시키면서 부처님의 입멸에 깃들어 있는 의미를 몇 가지 짚
어 본다.

첫째, 깨달음의 중요성

부처님 입멸에 담겨진 의미를 제대로 파악하기 위해서는 맨 먼저
깨달음에 대한 관점이 선행되어야 한다. 왜냐하면 미혹의 눈으로 본
생사와 깨달음의 눈으로 본 생사의 내용이 본질적으로 다르기 때문
이다. 잘 알고 있는 바와 같이 미혹의 눈으로 보면 생사는 엄연히 현
실적으로 존재한다. 생사는 시작과 끝이요, 공포요, 고통의 대상이
다. 반면 깨달음의 눈으로 보면 생사는 본래부터 있지 않았다. 시작
과 끝으로서의 생사란 그 어디에서도 찾아볼 수 없다. 공포와 고통의
대상이 아니라 잠 오면 잠자고 배고프면 밥 먹는 것과 같은 생명활동
이다.

이 소식을 『반야심경』에서는 '존재의 실상을 조견(照見 : 깨달음)하
면 일체의 생사의 고액苦厄이 소멸(해탈)된다'라고 했다. 『한산시』에

서는 '태어남과 죽음 모두 다 아름답다'고 노래하고 있다. 초기경전 에서 '명상에 잠긴 수행자에게 진실의 법칙(연기법)이 드러났다(깨달 음), 그 순간 모든 의혹이 사라졌다' 고 설명하고 있는 것도 같은 맥락 이다. 이런 관점에서 볼 때 깨달음의 가치는 아무리 강조해도 지나치 지 않다고 하겠다.

둘째, 변화를 진리로 받아들임.

'만들어진 모든 것은 끊임없이 변화한다.'

'무너지도록 되어 있는 것에 대하여 무너지지 말라고 만류하는 것 은 순리에 맞지 않다.'

'모든 형성되어진 것은 끊임없이 변화한다. 변화는 영원한 진리이 다.'

불교에서는 변화를 진리로 보고 있다. 변화는 그 누구도 거역할 수 없는 진리인 것이다. 이 세상 그 무엇도 변화하지 않은 것은 없다. 변 화하지 않는 것은 이 세상 그 어디에도 존재하지 않는다. 태어남이 변 화의 한 현상이듯이 죽음도 변화의 한 현상이다. 조금만 정밀하게 관 찰해 보면 태어남과 죽음이 언제나 함께 하고 있다.

매순간 태어남과 죽음이 항상 동시이다. 그러므로 부처님은 '변화 하는 것이 진리인데 변화하지 않기를 바라는 것은 순리가 아니다' 라 고 조용하지만 확고하게 말하고 있다.

셋째, 본래 죽음은 없다.

아, 집 짓는 자여. 나는 이제 너의 정체를 보았노라. 너는 이제

더 이상 집을 짓지 못하리라.

『법구경』

깨달음을 이룬 다음 부처님은 자신의 심경을 이렇게 읊었다. 여기에서 '집'은 '생사윤회하는 사대오온四大五蘊'을 뜻하고 '집 짓는 자'는 '무명'을 가리킨다.

이것이 있으므로 저것이 있다.… 즉 무명에 의해… 태어남이

있고 태어남에 의해 죽음이 있다.

『자설경』

깨달은 다음 존재의 원인과 결과를 체계적으로 설명한 것이 십이연기이다.

한 가지 분명한 사실은 사대오온이라는 생사윤회의 실체가 본래 있지 않다. 다만 무명에 의하여 조작된 것일 뿐이다. 즉 생사는 본래 없는데 다만 무명의 조작에 의하여 있는 것처럼 여겨지고 있을 뿐이다.

모든 존재의 실상은 불생불멸이며 늙고 죽음도 없다.

『반야심경』

여기에서는 생사만 없는 것이 아니다. 생사를 조작해 내는 무명도 본래 없다. 실상의 세계(본래면목, 진실, 진여, 마음, 본성, 자성, 불성, 여래장)에는 불안과 공포, 고통과 불행의 실체로 인식되고 있는 죽음이란 존재하지 않는다.

죽음이 현실에 실재하는 것처럼 인식되는 이유는 무엇일까? 존재의 진실에 대한 무지와 집착의 업력 때문이다. 실상의 세계에는 실체로 인식되는 죽음을 찾아볼 수가 없다. 실체로 인식되고 있는 죽음이란 실상에 대한 무지와 집착의 업력이 조작해낸 거짓이요, 헛것일 뿐이다.

그러므로 무지와 집착을 타파해 내고 존재의 실상을 터득한 부처님의 입멸과정에는 불안과 공포의 그림자가 보이지 않는 것이다. 존재의 실상 그 자체의 순리적 활동이 펼쳐지고 있을 뿐이다. 일반적으로 우리가 생각하고 있는 형태의 죽음이란 본래 없는 것임이 부처님의 입멸 과정에 잘 나타나 있다.

넷째, 순리대로 할 일을 다함.

"아난다여, 태어나고 무너지도록 되어 있는 것에 대해 '무너지지 말라' 고 막는 것은 진리의 정신에 부합하지 않는다오."

"아난다여, 그러한 것〔입멸하지 말고 더 머물러 주십시오〕을 간청하지 마오. 지금은 적절한 때가 아니오. 때를 지나 간청하는 것은 진리를 거역하는 행위라오."

『불본행집경』

부처님과 아난다의 대화를 옮겼다.

앞 구절은 부처님의 입멸을 슬퍼하는 아난다에게 태어나고 죽는 것은 변화의 진리이므로 부정하려고 해서는 안 된다고 말씀하신 것이다. 뒷부분은 입멸을 결심한 이후에 입멸을 만류하는 아난다에게 '세상만사는 때가 있는 법인데 때에 맞지 않는 간청은 진리를 거역하는 행위' 라고 나무라는 듯이 하신 말씀이다.

"세존이시여,… 깨달음을 얻었으니 열반에 드십시오." "지금은 열반에 들 때가 아니다.…" "비구, 비구니, 우바새, 우바이 제자들이 생겼으니 열반에 드십시오.…" "아직은 해야 할 일이 더 남아 있다.…" "제자들이 가르침을 잘 받고, 행하고, 전하고, 삿된 교설에 잘 대응하는 등 세존의 바람이 모두 성취되었으니 열반에 드셔도 좋을 때입니다.…" "악마여, 이제 할 일을 다했고 때가 되었으므로 여래는 3개월 후에 입멸할 것이니라."

『불본행집경』

부처님과 악마의 대화를 간추렸다. 내용을 일반적 표현으로 바꾸어 보자. '시절인연이 이르렀다', '사바세계의 인연이 다 되었다', '해야 할 일을 다 마쳤다'. 그러므로 '이제 세상을 떠난다'. 즉 이쯤에서 생을 마감한다는 내용이 될 것이다. 순리의 길을 걸림없이 물처럼 흘러가는 부처님의 입멸 표정이 잘 나타나 있다.

다섯째, 주체적으로 때를 조절함.

"아난다여, 라자가하 마을은 좋은 곳이다.… 영취산은 좋은 곳이다. 그런데 아난다여, 여래는 작정만 한다면 일 겁 혹은 일 겁 이상도 더 이 세상에 머물 수 있다오."

"아난다여, 베살리 마을은 좋은 곳이다.… 우다나 영지는 좋은 곳이다. … 마음만 먹는다면 여래는 일 겁 이상도 더 이 세상에 머물 수 있다오."

"아난다여, 그대는 쿠시나가라 마을에 나아가 사람들에게 '오늘 밤이 깊어지면 여래께서 열반에 드신다오. 나중에 후회가 없도록 지금 찾아뵙도록 하시오' 라고 말하시오."

"비구들이여, 이제 때가 되었다오. 그대들은 게으름 피우지 말고 열심히 정진하여 자신의 수행을 완성하도록 하시오."

『대반열반경』

부처님이 열반의 땅으로 가는 동정과 입멸 직전에 남긴 말씀이다.

부처님은 할 일을 다 했고 사바의 인연이 다 되었으므로 사람과 신들의 복리와 안락을 위해 스스로 때를 조절하여 입멸하였다. 자유로운 입멸의 모습을 잘 보여주고 있다. 군더더기 같지만 부처님의 일생을 마무리하는 차원에서 한 마디 보태 보자.

부처님은 존재의 실상인 연기무아적으로 태어나고, 살고, 돌아가셨다. 법으로 태어나고, 법으로 살고, 법으로 돌아가신 것이 바로 부처님의 일생인 셈이다.

3. 반성되어야 할 우리의 자세

불교의 본질적 핵심은 연기법이다. 시작과 끝, 태어남과 죽음이 모두 다 연기의 상태요, 불일불이의 관계이다. 연기적으로 보면 이 세상 그 무엇도 총체적인 존재 아님이 없다. 생성과 소멸, 소멸과 생성은 동전의 양면처럼 언제나 불일불이의 관계이다.

향나무는 뿌리와 가지 어느 하나도 향나무 아닌 것이 없고, 중요하지 않은 것이 없다. 마찬가지로 부처님의 일생 중 그 무엇도 부처님 일생 아닌 것이 없고, 중요하지 않은 것이 없다.

경전에서 부처님의 일생을 팔상성도로 표현하고 있는 의도도 바로 같은 소식인 것이다. 팔상성도는 태어남에서 입멸에 이르기까지 도道 아닌 것이 없고 아울러 어느 한 가지도 중요하지 않은 것이 없음을 정확하게 보여주고 있다.

고인들께서 부처님 입멸을 주제로『열반경』을 편찬한 것도 부처님 입멸의 의미가 얼마나 중요한 것인지를 분명하게 보여주는 좋은 예이다. 남방불교와 북방불교 모두가『열반경』을 갖고 있는 것을 보더라도 불교인들이 부처님 입멸의 중요성을 깊이 인식하고 있음을 알 수 있다.

같은 맥락에서 볼 때 한 가지 확실한 것이 있다. 고인들께서 부처님을 온전히 아는 일의 중요성을 깊이 인식함과 동시에 부처님을 제대로 잘 알고 있었다는 사실이다. '여래의 진실 뜻 알아지이다' 라는 기본적이고도 궁극적인 불교 염원에 충실했고, 그랬기 때문에 올바른 수행도 가능했다고 할 수 있겠다.

고인들께서 보여준 높은 문제의식과 투철한 정신은 중생의 역사를 밝히는 한 줄기 찬연한 빛이다. 그런데 언제부터인지 참으로 탁월한 고인들의 정신과 수행의 전통이 혼란에 빠져 방황하기 시작했다. 오늘 우리들도 그 흐름에 빠져 허우적거리고 있는 셈이다.

사실은 우리가 처한 현실은 대단히 어려운 상황이다. 비록 그렇더라도 길이 없는 것은 아니다. 특히 부처님은 문제가 현실에 있으므로 해결의 길도 현실에 있고 해결의 첫 출발점도 현실에서 시작되어야 한다고 했다. 더 늦기 전에 첫 발심의 용맹심으로 현실을 정확히 직시해야 한다. 그동안의 과오와 오류를 진지하게 반성해야 한다. 그리고 나아가야 할 길을 열어 가는 차원에서 몇 가지 제안을 해 볼까 한다.

첫째, 불교수행에 있어서 부처님을 온전히 아는 일이 무엇보다도 우선되어야 함에도 불구하고 그 중요성에 대하여 제대로 인식하지 못했다.

둘째, 부처님을 제대로 알기 위해서는 출가, 수행, 성도, 전법과 마찬가지로 입멸을 제대로 알아야 하는데, 이 점을 소홀히 취급해 왔다.

셋째, 불교의 궁극적 가치인 대자유·대평화의 삶이 어떤 것인지 구체적으로 보여준 것이 바로 입멸임에 대하여 무지했다.

넷째, 부처님의 입멸에 불교의 세계관과 철학, 그리고 생명관과 가치관이 온전히 깃들어 있음을 자세히 살펴보려고 하지 않았다.

다섯째, 부처님의 위대성을 극명하게 보여줌과 동시에 사람들로 하여금 정신이 바짝 들게 하는 힘이 입멸에 있음을 깨닫지 못했다.

고인들께서는 부처님처럼 되려고 하면 부처님을 제대로 알아야 하며 부처님을 알려고 할 경우 부처님 입멸의 중요성에 주목해야 된다고 하였다.

이제 새로 시작할 때이다. 초발심의 신심으로 올바른 수행을 위해, 중생들의 깨달음을 위해, 세상의 이익과 안락을 위해, 그 어떤 일보다도 우선적으로 부처님을 온전히 알기 위한 공부를 해야 한다. 왜냐하면 자신이 사는 길, 우리 모두가 사는 길, 불교를 살리는 길, 세상을 살리는 길이 그 곳에 있고 그 곳에서 시작되어야 하기 때문이다.